철학자가 들려주는 철학 이야기 001~010권

아비투어 철학 논술 1

●

고급편

철학자가 들려주는 철학 이야기
아비투어 철학 논술-고급 1

ⓒ 육혜원, 김광식, 박민수, 최지윤, 유성선, 2011

초판 1쇄 인쇄일 | 2011년 6월 20일
초판 1쇄 발행일 | 2011년 6월 30일

지은이 | 육혜원, 김광식, 박민수, 최지윤, 유성선
펴낸이 | 강병철
펴낸곳 | (주)자음과모음

주　　간 | 정은영
제　　작 | 장성준, 김우진
마 케 팅 | 박제연, 정지운
영　　업 | 조광진, 안재임, 강승덕

출판등록 | 2001년 5월 8일 제20-222호
주　　소 | 121-753 서울시 마포구 동교동 165-1 미래프라자빌딩 7층
전　　화 | 편집부 (02)324-2347, 총무부 (02)325-6047
팩　　스 | 편집부 (02)324-2348, 총무부 (02)2648-1311
e-mail | jmseries@jamobook.com
Home page | www.jamo21.net

ISBN 978-89-544-2688-6 (04100)
ISBN 978-89-544-2687-9 (set)

• 잘못된 책은 교환해 드립니다.

아비투어 철학 논술

고급편

1

㈜자음과모음

차례

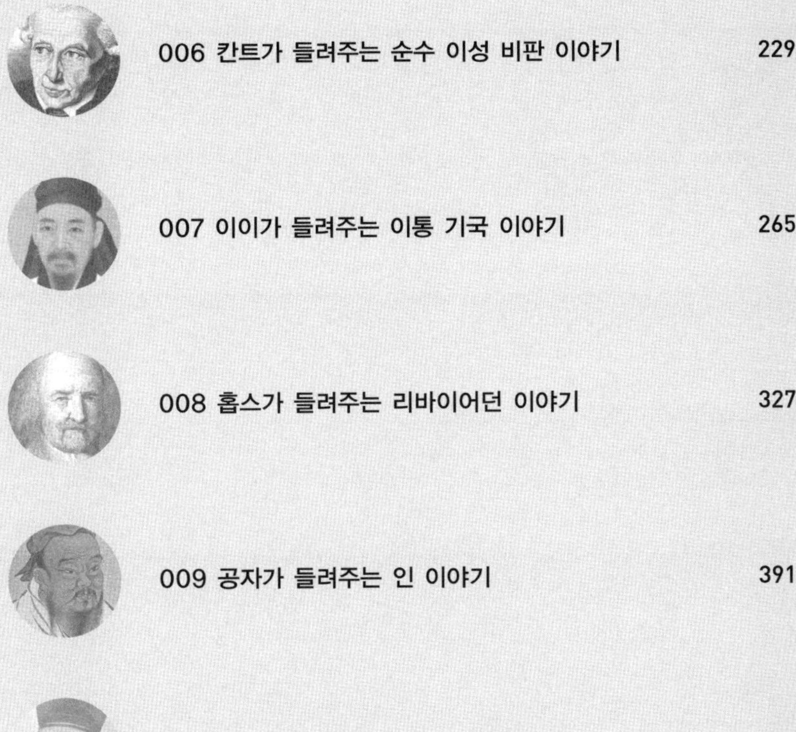

철학자가 들려주는 철학이야기 001

플라톤이 들려주는 이데아 이야기

저자_육혜원

이화여자대학교를 졸업하고, 독일 베를린 자유대학에서 석사 및 박사 학위를 받았다. 플라톤의 정치 철학을 주제로 한 박사 논문을 썼고 현재 고대 정치사상에 관해 대학에서 강의 및 연구 활동을 하고 있다.

내 머리가 넘 크다?!
호잇
짜잔
멍
철학수사대

01_강 이데아

가면 인간: 그래, 철학 수사대가 바보들의 모임은 아닌 모양이구나. 방금 팽이가 말한 대로 가장 좋은 이데아, 다시 말해 이데아 가운데서 가장 높은 이데아를 선의 이데아라고 한다. 모든 이데아들은 가장 높은 선의 이데아를 닮으려고 하지. 그리고 가장 높은 곳에서 이데아들을 비추고 있는 이런 선의 이데아 때문에 우리는 이데아들을 볼 수가 있는 것이다.

가면 인간이 매우 만족스러운 듯 웃으며 대답했다.

팽이: 우와, 이 방에는 이데아가 아주 가득 있어요. 아까보다 더 많이 보여요. 이데아는 모두 몇 개나 있을까요? 만 개? 십만 개?

팽이가 주위를 둘러보며 물었다.

가면 인간: 만 개, 십만 개라고? 허허, 네가 아직 이데아에 대해 잘 모르는구나. 이 세
상 모든 것에는 저마다의 이데아가 각각 있다. 머리카락의 이데아, 진흙의 이데
아, 심지어 먼지의 이데아도 있지. 삼각형, 사각형, 원의 이데아도 있고, 책상,
갈색, 분홍색, 검정색의 이데아도 있어. 이것들 모두 이데아가 있으면 이 세상에
존재하는 이데아는 모두 몇 개나 될 것 같으냐?

두 눈이 동그래진 우리는 어깨를 으쓱하며 셀 수가 없겠다는 표정을 지어 보였다.

가면 인간: 그래, 그 셀 수 없이 많은 이데아들이 선의 이데아를 닮고자 한다. 인간
의 삶 또한 선의 이데아를 닮아 가는 것이 가장 가치 있는 삶이다.

– 《플라톤이 들려주는 이데아 이야기》 중에서

생각 쓰기

case 2 다음 글을 참고하여 플라톤이 말하는 이데아를 구체적으로 논하시오.

가면 인간: 아까 팽이가 물었지? 이데아들 사이에도 등급이 있냐고.

팽이: 네, 선의 이데아가 최고의 이데아라면 그보다 아래 등급의 이데아들이 있다는 거잖아요. 그렇죠?

가면 인간: 그렇다. 진흙, 먼지, 침대와 같은 구체적인 것의 이데아와 정직, 아름다움, 진실과 같은 추상적인 것의 이데아는 등급이 다르지. 구체적인 사물의 이데아보다 추상적인 것의 이데아가 좀 더 높은 등급을 가진다.

설록홈: 그건 도대체 누구의 생각인가요?

나의 질문에 이데아 유령이 흠칫 놀랐다.

가면 인간: 그, 그게 누구의 생각인지가 뭐 그리 중요하나? 하하하. 자, 저기 그려진 수직선을 자세히 좀 볼까?

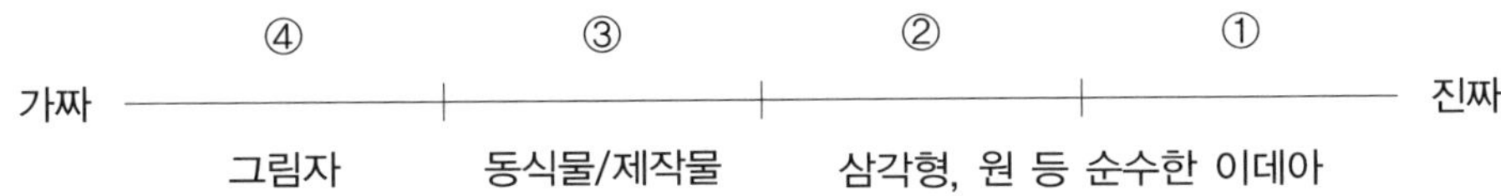

이 순서는 진짜에 가까운 순서야. 첫 번째와 두 번째가 이데아의 세계에 속하는 것들이다. 아까 말한 것을 기억하는지 모르겠다만, 눈으로 볼 수 있는 것이 아니라 머리를 써서 알 수 있는 것들이다. 알겠니? 그 가운데 생각으로 알 수 있는 이데아가 진짜로서 가장 높은 것이라면 그다음은 삼각형, 원과 같은 수학적 혹은 기하학적인 것이야. 그런 도형이나 숫자가 순수한 이데아의 바로 아래 단계로, 추론을 통해 알 수 있는 것들이야.

그래. 그리고 세 번째와 네 번째가 바로 저 아래 세계, 그러니까 너희가 사는 세계에 속하는 것들이지. 이것들은 모두 눈으로 볼 수 있어.

– 《플라톤이 들려주는 이데아 이야기》 중에서

생각 쓰기

case **3** 도덕과 선의 이데아가 있을까? 성경의 십계명 율법과 같이 모세가 신으로부터 도덕의 이데아를 직접 가지고 왔다면, 율법이라는 절대 도덕 기준에 따라 우리는 의심 없이 살 수 있다. 모세의 율법과 같은 시대와 상황을 초월한 도덕의 이데아가 일상적인 행위에서 모든 가치의 기준이 될 수 있는지 자신의 견해를 논하시오.

우리가 이순신을 떠올렸을 때, 그 떠올리는 정신적인 능력을 '상기하다', '기억하다', '상상하다' 혹은 '선험하다' 등 여러 가지 방식으로 표현할 수 있다. 우리는 옛날 사람인 이순신을 내 정신 가운데 어떤 이미지로 떠올려서 재현시킨다. 이렇게 재생된 이미지의 정신적 기능을 다른 말로 표현하면 '인식한다' 고 한다. 즉 이데아의 인식 기능은 선험을 통해서 가능하다. 플라톤은 이러한 기억(선험, 상상) 능력을 통해서 우리가 참된 지식을 습득할 수 있다고 보았다.

이데아를 재현하는 능력은 옛 '신정 정치' 시대에도 있었다. 우리나라의 최초 국가인 고조선의 단군왕검은 신(영원불변한 실재)의 뜻을 재현한다면서 신의 이미지를 자신의 통치 이념으로 보여 주고자 하였다. 신은 현실에 존재하지 않지만 신이 뜻하는 바는 '널리 인간을 이롭게 한다' 는 것이었다. 이것은 홍익인간이라는 고조선의 나라 건국 이념이 되었다.

플라톤에 따르면 우리가 생각 속에서 이데아를 '인식하는 과정' 은 네 단계가 있다.

① **허상의 단계**: 첫 번째 단계로 세상의 가치관을 그대로 받아들이는 단계이다.

② **통념의 단계**: 이 단계는 호기심을 가지고 비판적 사고력을 키우며 노력하는 단계이다. 세상의 가치관을 의심해 보기 시작한다.

③ **사고의 단계:** 이 단계에서는 논증적인 사고를 할 수 있다. 논리와 추론을 통해서 현실을 추상적으로 파악하는 단계이다. 이 단계로 올라가면 과학, 수학, 기하학과 같은 추상적이고 보편적인 개념을 깨닫게 된다.

④ **철학의 단계:** 마지막 단계로 전제에서 결론까지 추론을 따라 생각하기보다는 지식 구조의 전체를 파악하게 되는 통찰력을 지니게 되는 단계이다. 플라톤은 변증법적 대화술을 통해서 철학의 단계에 들어갈 수 있다고 보았다. 이 마지막 단계에서 우리는 참된 지식을 습득하게 된다.

설록홈: 그래 맞아. 이데아를 말한 사람은 플라톤이 맞아. 너 이데아에 대해서 외숙모

　　　한테 들은 거 있니?

팽이: 음, 있어. 엄마 말로는 이데아는 변하지 않는 진리를 말한대.

설록홈: 변하지 않는 진리?

팽이: 응, 플라톤은 이 세상이 모두 이데아를 모방한 것에 지나지 않는다고 말했어.

설록홈: 모방이라…….

팽이의 설명을 좀 더 들으면 사건을 해결하는 데 도움이 될 것 같았다.

설록홈: 팽아, 아는 거 있으면 다 말해 줘.

자신이 지식을 뽐낼 수 있는 기회를 얻어서인지 팽이가 들뜬 목소리로 설명하기 시작했다.

팽이: 플라톤은 이데아의 세계가 있고, 또 그와는 구별되는 현실의 세계가 있다고 했
어. 이상과 현실은 완전히 구분된다는 뭐 그런 뜻이야. 쉽게 얘기하면, 이 다락
방에 많은 책들이 있는데 이것들은 다 불완전한 책이야. 완전한 책은 이데아의
세계에만 있어. 그 완전한 책을 책의 이데아라고 불러. 그러니까 여기 있는 책
들은 모두 그 책의 이데아를 본뜬 모조품이라고 할 수 있어.

설록홈: 음, 그렇다면 내가 삼각형을 그리면 그 삼각형도 진짜 삼각형이 아니고 가짜
겠네?

(······)

설명을 듣다 보니 〈TV 쇼 진품명품〉을 보고 있는 것 같은 기분이 들었다. 이 세상에
있는 것들이 가짜라니, 정말 충격적인 말이었다.

설록홈: 그러니까 진짜는 이데아의 세계에 있고 이 세상은 가짜 모조품으로 가득 차
있다는 말이네?

팽이: 쉽게 말하자면 그런 거지.

우리는 갑자기 조용해졌다. 아마 나처럼 팽이도 이데아에 대해 생각하는 모양이
었다.

– 《플라톤이 들려주는 이데아 이야기》 중에서

– 관련 기출 문제: [2003] 연세대학교 논술 고사

생각 쓰기

주 요 개 념 및 배 경 지 식

1 이데아(Idea)

이데아는 변하지 않는 진리를 말한다. 그리스어로 '바라보다' 라는 말에서 생겨났다. 플라톤에 따르면 감각적으로 경험되는 현상의 세계는 참다운 세계가 아니다. 오직 이성에 의해 파악될 수 있는 이데아의 세계만이 참된 세계이다.

현상의 세계가 끊임없이 변화하는 데 반해 이데아의 세계는 영원히 변치 않는다. 플라톤은 이 세상의 모든 사물마다 이데아가 있으며, 그 가운데 최고의 이데아를 '선(善)의 이데아' 라고 하였다. 이러한 관점에서 그는 감각적 욕망을 이성에 의해 잘 지배하고 조절하는 인간을 이상적 인간으로 보았다.

그리고 이러한 이상적 인간인 철인(哲人)이 통치자가 되고 모든 계층의 사람들이 자기 본분에 해당하는 덕(德)을 잘 발휘하여 전체적으로 조화를 이룬 국가를 이상 국가로 보았다. 결국 참과 거짓을 판정하는데 제대로 볼 수 있는 눈인 이데아가 중요한 의미를 지닌다.

2 이념(an idea, 理念)

가장 이상적인 것으로 여겨지는 생각이나 견해를 말한다. 철학적으로는 순수한 이성에 의하여 얻어지는 최고 개념을 뜻한다. 플라톤의 이론에서는 존재자의 원형을 이루는 영원불변한 실재(實在)를 뜻하고, 근세의 데카르트나 영국의 경험론에서는 인간의 주관적인 의식 내용인 관념을 말한다.

독일의 관념론, 특히 칸트 철학에서는 경험을 초월한 선험적 이데아 또는 순수 이성의 개념을 뜻한다.

02강 철인 왕

case 1 플라톤은 《국가》에서 이데아의 참된 세계를 꿈꾸며 이데아를 현실로 실현할 수 있는 이상 국가를 제시하였다. 그리고 '철인 왕'이 통치할 때 이상 국가를 유지할 수 있다고 생각했다. 그렇게 생각한 이유는 무엇인지 제시문을 참고해서 논술하시오.

㉮ "철인 정치가는 나라를 다스리는 일과 전쟁에서 사병을 지휘하는 일을 담당하며 국가의 모든 백성을 교육시켜야 하는 의무가 있다. 특히 철인 정치가는 모든 백성을 골고루 살펴 그들에게 각자의 신분에 맞는 직업과 지위를 찾아 주는 역할을 해야 한다. 이런 이유로 철인 정치가는 개인의 이익이나 가정의 이익을 생각해서는 안 된다. 철인 정치가는 절대로 개인적인 생활을 할 수 없는 고독한 자?이기도 한다. 물론 철인 정치가는 개인적인 재산도 가질 수 없다. 그리고 철인 정치가는 군대에서 병사들과 공동생활을 해야 한다. 결국 철인 정치가는 육체의 고난을 통해 정신적 이상 국가라는 꿈을 좇는 존재라고 볼 수 있다."

㉯ "왕이 철학을 공부하여 나라를 다스리든지 아니면 철학자들이 왕이 되어 통치를 하지 않는 한 우리의 이상 국가는 실현되기 어려울 걸세. 즉 정치권력과 철학적 정신

"

이 합해져서 나라를 세우는 원동력이 되도록 현재의 교육제도를 바꾸지 않는다면, 나라 안에 불행은 제거되지 않을 걸세. 여보게, 글라우콘, 이것은 어느 나라에서도 마찬가지라고 보네. 이러한 이치는 우리가 세울 이상 국가에도 적용되며, 그러한 조건이 갖추어지지 않는 한 이상 국가의 실현은 매우 어려울 걸세."

– 플라톤, 《국가》 참고

생각 쓰기

 '정의로움'은 옳고 그름의 판단을 요청하는 문제이다. 현실 속에서 개인의 이익과 상충되는 정의를 실현하기를 기대하는 것은 불가능하다. 현실적 논리에 맞고 탄력적인 기준이 될 수 있는 '정의로움'은 무엇인지 제시문을 참고하여 자신의 견해를 논술하시오.

트라시마코스: 플라톤 선생, 양치기들이 양을 중요하게 생각하겠소, 아니면 양보다 자신을 더 중요하게 생각하겠소? 지금 양이라고 말씀하셨소? 천만에요. 자기 자신을 더 중요하게 생각합니다. 통치자도 마찬가지일 게요. 그 사람들이 자기 자신보다 통치받는 사람들을 더 생각할까요? 양치기와 마찬가지로 자기 자신을 더 생각할 것입니다. 아무리 생각해도 선생님은 너무 순진하신 것 같습니다. 그리고 이 점도 분명히 아셔야 합니다. 정의로운 사람보다 불의한 사람이 항상 더 이익이라는 것을요.

플라톤: 어허, 이 사람이 꼬여도 단단히 꼬였구먼.

트라시마코스: 세금 문제만 봐도 그렇습니다. 불의한 사람은 국가를 속이고 세금을 적게 냅니다. 그런데 정의로운 사람은 정직하게 세금을 내기 때문에 항상 더 많이 내게 되지요. 이 경우를 봐도 불의한 사람이 더 이익이지 않습니까?

플라톤: 아니, 하필이면 세금 문제를 가지고……

설록홈: 세금 얘기를 들으니까 정말 그런 것 같아요. 불의한 사람은 세금을 더 적게 내니까 그만큼 더 이익인 셈이잖아요.

트라시마코스: 록홈아, 너도 그렇게 생각하지? 봐요. 록홈이도 다 알고 있는 걸요. 계속 들어 보세요. 조그만 물건을 탐해서 도둑질하다 들킨 사람은 벌을 받고 사람들의 손가락질을 받습니다. 그런데 정말 나쁜 통치자가 시민들의 재산을 강제로 모두 빼앗을 경우를 생각해 보세요. 누가 용기 있게 나서서 그 통치자를 처벌할 수 있을까요? 아무도 쉽사리 나설 수 없어요. 피해를 당할까 봐 두려워 전전긍긍할 뿐이지요. 이것만 봐도 결국 불의한 것이 정의로운 것보다 더 강하지 않습니까? 강한 통치자는 시민들의 이익은 생각하지 않아요. 오로지 생각하는 건 자신의 이익밖에 없어요. 그렇기 때문에 정의란 통치자에게만 이익이 되는 것입니다.

플라톤: 아니, 그러면 정의롭지 못한 것이 정의로운 것보다 더 높다는 말입니까? 그것 참 이상한 말입니다. 바르게 말하자면, 정의로운 것이 훌륭한 것이고 정의롭지 못한 것이 나쁜 것 아닙니까?

트라시마코스: 천만에요. 아닙니다. 저는 정의는 '순진함'이고 정의롭지 못한 것은 '훌륭한 판단'이라고 생각합니다.

- 《플라톤이 들려주는 이데아 이야기》 중에서

- 관련 기출 문제: [1999] 성균관대학교 논술 고사

생각 쓰기

1 현대의 대표적인 정의론: 존 롤스(John Rawls, 1921~2002)의 '정의론'

존 롤스는 20세기 철학계의 거목이자 '윤리학을 되살린 인물'이다. 1921년 미국 볼티모어에서 태어나 프린스턴 대학과 대학원에서 공부하였다. 그는 하버드 대학 철학과 교수로 재직하면서 1971년에 《정의론》, 1993년에 《정치적 자유주의》라는 유명한 저서를 펴냈다. 롤스는 형이상학이 철학의 주류를 이루던 하버드 대학 철학과를 윤리학이 주류가 되도록 바꾸어 놓았다.

롤스는 《정의론》을 통해 '정의란 철학적 진리나 종교적 신념이 아니라 사회적 합의의 대상이다' 라는 독창적인 이론을 제시했다. 롤스는 《정의론》에서 자유주의 사회가 사회 구성원 개개인의 자유를 인정하면서도 왜 사회의 혜택을 제대로 받지 못하는 사람들을 만들어 냈는가를 집중적으로 연구하였다. 이 연구는 자유주의에 평등주의의 장점을 도입했다는 평가를 받는다.

존 롤스는 《정의론》에서 정의로운 사회에서 각 개인은 기본적 자유에 있어 평등한 권리를 가져야 하며(평등한 자유의 원칙) 사회적, 경제적 불평등은 다음 두 조건을 만족시켜야 한다.

첫째, 가장 불리한 여건에 있는 사람, 즉 최소 수혜자에게 최대의 이득이 되어야 하며(차등의 원칙), 둘째, 그 같은 불평등은 기회균등의 원칙하에 모든 사람에게 개방된 직책이나 지위와 결부된 것이어야 한다(기회균등의 원칙).

이러한 정의의 원칙들은 자신의 개인적 특성이나 사회에서의 위치를 모르며 서로에게 무관심한 합리적 당사자들이 모든 사람들에게 적용되기를 바라는 분배 원칙을 선택하는 가상적 상황, 즉 ‘원초적 입장’ 이다. 이 상황에서 당사자들은 자신이 가장 불우한 계층이 될 가능성을 염두에 두기 때문에 불평등한 분배가 모든 사람, 아니면 적어도 사회의 최소 수혜자들에게 이득이 되는 경우에만 경제적 자원을 평등하게 분배하는 방식을 택한다는 것이다.

2 민주주의

민주주의(democracy)의 어원은 그리스어로 ‘국민’ 혹은 ‘인민’ 을 뜻하는 ‘demos’ 와 ‘지배’ 혹은 ‘권력’ 을 뜻하는 'kratos' 의 합성어로 ‘인민에 의한 지배’ 를 의미한다. 문자 그대로의 의미로 볼 때, 민주주의란 인민이 권력을 가지는 동시에 권력을 스스로 행사함을 말한다. 즉 민주주의는 국민 주권의 정치 원리이며, 또 그 원리가 표현되는 정치 형태를 포괄하는 개념이다.

현대에 있어서 민주주의는 두 종류로 나뉘는데 ‘국민에 의한 지배’ 라는 고전적인 의미를 갖는 ‘직접 민주주의’ 와 국회의원과 같은 대표를 뽑아서 민주주의를 행사하는 ‘간접 민주주의’ 가 있다.

04강 교육

case 1 다음 제시문은 플라톤의 《프로타고라스》와 《메논》에 나오는 교육에 관한 상반된 주장을 부분적으로 요약한 것이다. 두 제시문을 읽고 '아이들에게 도덕 교육은 가능한가'에 대해 자신의 견해를 논술하시오.

㉮ 히포크라테스라는 젊은이가 흥분하여 소크라테스의 집 대문을 두드리는 것으로 시작한다. 때는 꼭두새벽, 소크라테스는 놀라서 왜 그러냐고 묻자 젊은이는 프로타고라스가 지금 아테네에 와 있다고 말한다. 그러니 지금 당장 자신을 그에게 데려가서 가르침을 받을 수 있게 해 달라고 한다. 민주 사회에서 좋은 말주변은 큰 무기이다. 남을 잘 설득할 수 있으면 관직에 나가기도 좋고 재판에서 이기기도 쉽다. 소피스트란 바로 말 잘하는 법을 가르치는 사람들이다. 그러니 히포크라테스가 인기 절정의 소피스트 프로타고라스에게 안달했던 것은 너무도 당연했다.

소피스트들에게서는 도대체 무엇을 배우는가? 말을 잘하는 법? 무엇에 대해 말을 잘하는 법인가? 돈을 싸들고 프로타고라스를 찾아가기 전에 먼저 그네들의 가르침이 어떤 것인지 면밀히 검토해 봐야 되지 않을까? 하며 소크라테스는 달뜬 히포크라테스를 단번에 진정시켜 버린다.

소크라테스는 한결 누그러워진 히포크라테스를 데리고 아테네의 최고 부자였던 칼

리아스의 집으로 간다. 그곳에서 소크라테스는 우여곡절 끝에 히포크라테스와 함께 프로타고라스와 '교육 상담'을 시작한다. 그대는 이 젊은이에게 무엇을 가르쳐 줄 수 있는가, 라는 질문에 프로타고라스는 명쾌한 답변을 준다. 나랏일이나 집안을 다스리는 기술(techne)과 덕(德, arete)을 자신에게 배울 수 있다고 말이다.

이에 소크라테스는 의외의 반문을 던진다. 프로타고라스가 가르친다는 덕은 사실 누구도 가르칠 수 없는 것 아닌가? 제아무리 뛰어난 정치가라 해도 자신이 갖춘 덕을 남에게 가르칠 수 없다. 위대한 정치가 페리클레스도 자기 아들은 훌륭하고 덕스러운 사람으로 만들 수 없었다는 사실을 보면 이 점은 명확하다.

🔵 《메논》에서 덕은 가르쳐서 습득할 수 없는 신이 주신 선물이라고 한다. 또한 《메논》에 따르면 교육이란 지식을 습득하는 과정이 아니라 지식을 회상해 내는 과정이다. 예컨대, 《메논》에서 등장하는 노예는 이전에 전혀 알지도 배우지도 못한 수학 문제를 풀 수 있다. 이러한 예를 들면서 소크라테스는 지식을 '습득되어서' 얻기보다는 태어나기 전부터 얻은 지식을 '상기하는' 것이라고 말한다.

– 플라톤, 《메논》 중에서

생각 쓰기

주요 개념 및 배경 지식

1 소피스트

'지식을 가진 자' 라는 뜻으로, 이들에 의해 학문적 관심의 대상이 자연에서 인간으로 바뀌게 되었다. 이들은 진리를 추구하기보다는 다른 사람과의 논쟁에서 궤변으로 이기는 기술에만 치중했기 때문에 후세에 궤변론자라고 불리기도 한다. 플라톤과 소크라테스는 이러한 소피스트들의 궤변을 비판하고, 이들의 주장에 맞서 참된 진리의 길을 제시했다.

2 프로타고라스

상대론적 진리관의 대표적인 소피스트이다. 그는 '인간은 만물의 척도이다' 라고 말했다. 이는 똑같은 사물이라도 사람에 따라서 각기 다르게 받아들일 수 있기 때문에 모든 판단의 기준은 각 개인에게 있다고 생각했다. 프로타고라스의 논리에 따르면, 모든 진리는 상대적인 것이 되고, 선과 악의 가치 판단도 개인에 따라 달라지므로, 보편적인 윤리는 존재하지 않게 된다.

— 고등학교 교과서 《윤리와 사상》, 교육인적자원부, 104쪽 참고

3 페리클레스

페리클레스(Perikles, BC 495?~ BC 429)는 여자, 외국인, 노예를 제외한 시민, 즉 성년 남자 모두가 민회에 참석하여 다수결로 국가의 일을 결정토록 하였다. 장군 등 특수한 직종을 제외한 모든 공직자를 추첨으로 뽑았고, 무산 시민이 배심관이나 관리의 일을 할 때는 귀족들에게 세금을 거두어 수당을 지급하였다.

외교상으로 그는 446년에 스파르타와 화약을 맺는 한편 델로스 동맹의 지배를 강화하여 이웃 나라들과 평화를 누렸다. 454년에 그의 제안으로 델로스 동맹의 기금을 델로스 섬에서 아테네로 옮겼는데, 이때부터 동맹의 도시국가는 거의 모두 아테네의 속국이 되었고, 아테네는 제국으로 불리게 되었다. 또한 그 재정에 힘입어 447년부터는 파르테논신전의 건조를 시작하였고, 아테네 시가를 아름답게 만들었으며 민주주의의 꽃을 피웠다. 그는 해마다 장군직에 선출되었고, 민주정이었지만 일인 지배라 할 만큼 페리클레스의 시대를 구가하였다.

4 아테네의 노예 제도

스파르타처럼 아테네도 주요 생산 활동은 모두 노예가 담당했고 시민들은 노예제 덕분에 정치에 참여할 수 있었다. 아테네의 시민은 아테네에서 태어난 남성만을 의미한다. 그 외의 여자, 어린이, 외국인, 노예는 시민의 개념에 포함되지 않는다.

아비투어 철학 논술

예시 답안

case 1　플라톤은 '이데아'를 알 때 참된 지식을 얻게 된다고 하였다. 모든 구체적인 사물에는 각각의 이데아가 있다. 예를 들면, 침대는 모양이나 기능에 따라 여러 종류가 있다. 우리는 가장 좋은 침대를 갖고자 한다. 이처럼 머릿속에 그리는 완전한 침대가 이데아이다. 우리는 일상에서 사물을 관찰할 때 그 사물 이면에 있는 이데아를 상상한다.

이데아는 완전한 형상을 의미하기 때문에 부족함이 없다. 이데아에는 단계가 있다. 이데아들은 가장 높은 선의 이데아를 닮으려고 한다. 선의 이데아는 절대적이어서 어느 시대나 사회에서도 도덕적 기준으로 보편타당성을 지닌다.

누군가 우리가 사는 세상이 가장 작은 단위의 입자로 되어 있다고 말한다면, 이것은 유물론적으로 세상을 보는 것이지, 이데아의 관점에서 보는 것이 아니다. 이데아는 감각(촉각, 미각, 후각, 시각, 청각)적 경험을 통해서는 알 수 없다. 이데아는 우리가 정신을 훈련함으로써 얻을 수 있다. 감각을 통해 사물을 파악한다면 우리는 착각에 빠질 수 있다. 또한 사물도 변화하기 때문에 감각을 통한 지식은 불안정할 수밖에 없다. 하지만 이데아는 영속적이고 불변하며, 감각이 아닌 이성을 통해서만 파악할 수 있다.

플라톤은 그의 저서에서 이데아(idea)를 형상(eidos)이라 표현하기도 한다. 형상은 '이미지', '도식' 혹은 '예'를 의미한다. 이데아가 존재한다는 것은 이데아의 '이미지'가 구체적으로 존재한다는 것이다. 이데아는 눈으로 보고 경험할 수 없다. 그러나 우리는 이데아를 이성으로 파악하여 머릿속에서 그려 볼 수 있고 이미지화하거나 모형, 보기 등으로 구체화시킬 수 있다.

우리가 "이 사람은 용기가 있다"라고 말할 때, 우리는 그 예로서 '이순신'을 떠올릴 수 있다. 이순신은 분명 옛날 장군이지만 우리는 현재 그를 머릿속에 떠올려 이미지화시킨다.

이데아의 세계는 등급이 있는데, 우선 제시문에서 보듯이 감각적으로 보이지 않는 세계인 ① 순수 이데아와 ② 수학의 세계이다. 다음 등급으로는 눈으로 볼 수 있는 세계인데, 두 범위로 나누어서 ③ 제작물이 우선이고, 제작물을 모방해서 ④ 실물들의 그림자나 영상이 그다음 등급이다. 이데아는 영원불변하고, 완전하며, 시각적으로 직접 보이지 않는다. 이데아는 감각적으로 보거나 느낄 수 있는 사물의 원형이다. 플라톤은 이러한 이데아의 성질을 수학의 세계가 잘 설명해 줄 수 있다고 보았다. 즉, 우리는 삼각형을 말할 때 눈앞에 그려 놓은 삼각형의 이미지를 말하지 않고 머릿속에 있는 완전한 삼각형, 바로 삼각형의 이데아를 말한다. 이렇게 되면 이데아를 현실에 재현한 불완전한 이미지들도 등급이 생긴다.

①은 진짜 이데아이고 ②번에 해당되는 이미지들이 가장 완전한 이데아에 가까운 이미지가 된다. 머릿속에서 완전한 것을 상상하여 그린 설계도는 ②번에 해당되고, 제작자인 목수가 만든 침대는 ③등급에 속하는 재현된 이미지이다. 또한 그 침대를 보고 모방하여 그림을 그리거나 영화로 찍는 것은 ④등급에 속한다.

따라서 이데아는 원본이며 이미지들은 복사본이라고 말할 수 있다. 우리가 사는 세계는 원본이 보이지 않는 복사본의 세계이다.

case 3 도덕의 이데아 문제는 일상적 행위에서 '가치'의 문제와 연관된다. 누군가 "용기 있는 한 사람을 떠올려 보세요"라고 우리에게 요청한다면, 이 요청은 '가치'의 문제와 연관된다는 사실을 염두에 두어야 한다. 플라톤에게 있어서 '가치'의 개념과 관련된 도덕의 이데아 혹은 선의 이데아는 이데아 중에서도 가장 높은 곳에 위치한다. 즉 이데아의 세계로 가는 데는 등급이 있다. 우리가 용기 있는 자를 아무나 떠올려서 이야기한다면 상식적으로 사람들은 동의하지 않을 것이다. 용기와 같은 덕목에 관한 문제는 훌륭함, 선함, 아름다움과 같은 높은 등급의 선의 이데아의 속성을 갖고 있어야 한다. 그래서 우리는 그 누구도 아닌 상식적으로 동의할 수 있는 이순신을 용기 있는 자의 한 사람으로 떠올릴 수 있다.

플라톤은 현실 세계의 이미지를 복사품, 가짜라고 하였다. 그런데 이들 이미지 중에서도 이데아의 세계에 가장 가깝게 모방한 ①등급 이미지가 있다. 이 ①등급 이미지가 바로 시대와 상황을 초월하여 일상적 행위에서 가치의 기준이 될 수 있다. 따라서 이순신은 누구나 동의할 수 있는 '용기 있는 자'의 이미지로서 용기 있는 자에 관한 '가치의 기준'이 될 수 있다.

case 4 이미지에 관한 인식은 우선 세상을 이분법으로 보는 관점에서 출발한다. 즉 보이는 세계와 보이지 않는 세계이다. 이미지는 우리가 보이지 않는 세계를 상상할 때 머릿속에서 떠오르는 표상이다. 우리가 두 가지 돋보기로 세상을 바라본다면 이데아에 대한 생각은 현상적인 보이는 세계에서 쉽게 찾을 수 있을 것이다. 어떤 사물을 관찰하든 그 본질 속에 있는 이데아적인 원형이 무엇일까 하고 생각한다면 원본과 복사본은 우리의 인식 세계에서 명확히 구별될 수 있을 것이다.

플라톤의 철학에서 인식 과정을 보면 우리가 사물을 관찰하는 방법을 자세히 분석하고 있다. 허상이라는 색의 선글라스를 끼고 사물을 보면, '저 멀리 산이 있구나' 하고 생각하는 정도다. 다음의 통념은 '산은 어떻게 만들어졌을까' 하는 호기심의 생각이다. 사고의 단계는 지리산, 속리산, 한라산 등에서 산이라는 추상적이고 포괄적인 개념을 생각하는 단계이다.

철학적 단계는 앞의 단계를 통찰하여 산에 대한 지식을 파악하는 단계이다. 우리는 앞의 단계 중에서 사고의 단계에 들어서면 앞의 이분법적 사고를 생각 속에서 경험하게 된다. 산이라는 개념은 눈앞에 보이는 산이 아니라 눈에 보이지 않는 세계의 개념적인 산이 되기 때문이다. 우리가 모든 사물을 관찰할 때 앞의 인식 과정으로 분석해서 본다면, 우리는 플라톤이 말한 이데아의 세계를 경험하게 된다.

case 5   우리가 "이 사람은 용기가 있다"라고 말할 때, 우리는 그 예로서 '이순신'을 떠올릴 수 있다. 이순신은 분명 옛날 장군이지만 우리는 현재 그를 떠올려서 이미지화시킨다. 용기 있는 자로서 하나의 예, 혹은 모델이 될 수 있는 구체적인 형상이 현실 세계에 재현되었을 때 이를 용기 있는 자의 이미지라고 한다. 이러한 이미지는 특히 역사소설이나 이야기 속에서 우리가 배우게 된다. 이미지는 영혼의 눈으로 볼 수 있는 형상을 말한다. 이순신과 유사한 용기 있는 수많은 사람들을 우리가 그려 볼 수 있지만 이들 속에서 진짜 용기 있는 자를 찾기란 어렵다. 대부분이 가짜이고 이순신과 같은 진짜 용기 있는 자를 찾는다면 그것은 시공간을 초월해서 언제나 항상 용기 있는 자로 평가되어야 할 것이다. 마치 수학에서 항상 진리 값은 동일하듯이 흉내만 낸 것이 아니라, 항상 진짜 모델 혹은 진짜 도식을 표현한 것이 될 수 있어야 한다.

이미지가 긍정적으로 평가될 수 있는 경우는 역사가나 이야기꾼이나 예술가들에 의한 통찰력을 통해서 진실성을 가지고 이데아가 현실화되었을 때이다. 이데아의 현실화는 제작가가 만들기 위한 모델로서 기능한다. 전쟁의 잔혹함을 고발하는 한 장의 사진은 우리에게 어떠한 말보다도 더 많은 메시지를 전달하는 이미지이다. 이렇게 역사가나 이야기꾼이나 예술가들은 자신이 관찰한 현실의 본질을 깊은 통찰력으로 간파한 뒤 매체를 이용하여 숙련되게 훌륭한 이미지로 형상화시킨다. 플라톤은 이데아를 현실화시키는 이야기꾼, 예술가의 작업을 교육하는 과정과 같다고 봤다.

반면 이미지가 현실 세계의 가짜 모조품의 예로서 등장하는 것은 허위 광고의 경우이다. 광고 이미지는 소비자의 만족과 환상을 이끌어 내어 욕망을 실현하고 쾌락을 얻을 수 있을 것이라는 환상을 심어 줌으로써 심오한 현실을 은폐하고 변질시킨다. 상품의 질과 관계없이 우리가 광고에 나온 것을 마트에서 선호하게 되는 것은 허위 광고 때문이다.

허위 광고에서의 이미지는 대중의 자발성을 말살하여 소비자의 상품 구매 욕구를 자극하고 있다. 허위 광고는 그 제품을 사면 모든 행복이 주어지는 것처럼 대중을 기만함으로써 이익의 극대화에 매달린다.

반면 예술로 표현된 이미지는 진실된 현실과 인생의 본질을 밝혀 준다. 하나의 이미지가 어떤 의도에서 어떤 의미를 보여 주고자 한 것인지에 따라 이미지에 대한 우리의 관점도 달라야 한다. 예술가에 의해 창조된 이미지와 기업의 사업주에 의해 만들어진 상업적인 이미지가 서로 같은 관점에서 이해되고 해석될 수는 없다. 소비자는 상품을 구매할 때 자신의 욕망과 일치하는 사회 문화적 상징을 동시에 구매하기 때문에 만일 광고도 열린 광고, 참여 광고의 의도로 나아간다면 소비자들은 광고에 참여하여 스스로 광고를 완성해 나갈 수 있을 것이다.

현대사회에서 이미지의 남용으로 인한 폐해가 생기지 않도록 현명한 독자, 현명한 소비자가 되어야 하고, 이미지의 남용을 냉철한 판단력으로 분별해 낼 수 있어야 한다.

주 제 탐 구 **02** (강) 철인 왕

case 1 플라톤은 모든 사람이 살고 싶어 하는 이상 국가를 만들기 위해 《국가》를 저술하였다. 플라톤에 따르면 이상 국가는 '철인 왕'이 다스려야만 한다. 철학을 공부한 사람이 국가를 통치하지 않으면 이상 국가는 멸망할 것이라고 보았기 때문이다. 그는 철인 왕 통치에 관한 자신의 생각이 아테네뿐만 아니라 모든 나라에 적용되기를 바랐다. 그래서 플라톤은 통치자나 통치자가 되고자 하는 사람은 철학을 공부하기를 권유했다.

철학을 공부한 사람이 한 나라의 정치가가 된다면 이상 국가는 현실에서 실현될 수 있다고 보았다. 그는 더욱이 철인 정치가가 자신의 재산을 소유하지 않고 가정을 거느리지 않는다면, 자신의 사리사욕을 챙기기보다는 백성들을 더 잘 보살필 수 있다고 생각했다. 그래서 철인 정치가는 군인들과 군영 생활을 하며 살아가야 한다. 플라톤은 부정부패에 휘말리지 않을 수 있고 철학을 공부한 현명한 철인 정치가가 나라를 통치할 때 이상 국가가 유지될 수 있다고 보았다.

case 1

제시문은 《플라톤이 들려주는 이데아 이야기》에서 발췌한 것이다. 이 글에서 트라시마코스는 플라톤의 생각을 비판하면서 '정의로운 것'에 대한 나름의 주장을 개진하고 있다. 제시문에서 트라시마코스는 현실적으로 개인은 자기 이익을 좇는다는 것을 주장하고 있다. 더욱이 지배자들은 자신들이 권력을 가지고 있기 때문에 더욱 자기 이익만을 생각할 거라는 것이다.

트라시마코스의 주장은 정의로운 것이 항상 좋은 것은 아니며 오히려 정의롭지 않은 것을 행하는 편이 이로울 수도 있다는 것이다. 트라시마코스는 세금과 같은 반증 사례를 통해서 플라톤의 주장을 비판한다.

현실에서는 오히려 올바르지 않은 것을 행하는 자가 올바른 것을 행하는 자보다 훨씬 많은 이익을 얻는다. 트라시마코스가 보기에 플라톤의 생각은 현실과 동떨어진 관념적인 생각일 뿐이다. 트라시마코스는 정의는 '순진함'이고 정의롭지 못한 것이 '훌륭한 판단'이라고 주장한다. 플라톤은 정의롭지 못함이 이익이 될 수는 있어도 정의로울 수 있는지 반문한다.

플라톤의 비판과 더불어 오늘의 현실과 관련하여 트라시마코스의 견해를 어떻게 평가할지의 문제가 남는다. 트라시마코스의 견해에 동의할 것인가, 아니면 트라시마코스를 비판해야 할 것인가?

우선 트라시마코스의 견해에 찬성해 보자. 오늘날 플라톤처럼 정의로운 것만을 행해야 한다는 주장이 통할 수 있을까? 예컨대, 트라시마코스의 견해에 따라 국제사회를 보자. 무엇보다 자국의 이해가 최우선으로 여겨지는 국제 사회에서는 더욱더 트라시마코스의 입장을 보게 된다. 세계의 국지전이 여전히 일어나고 국가가 강하지 않으면 불이익을 당하게 된다.

물론 이와 정반대로 트라시마코스의 견해를 비판하는 입장도 예를 들 수 있다. 국제 사회에서 특히 인권 문제는 자국의 법 테두리 안에서 만들 수 없다. 인간 존엄성은 보편적으로 정의를 실현해야 할 인간의 기본권이다. 자의적인 자국의 법으로 인권을 유린하는 나라가 있다면 국제적인 공론에 힘을 실어 제재를 할 필요성을 갖는다. 침략보다는 평화적인 외교 수단으로 정의의 문제를 실현해야 할 것이다.

현실에 맞게 탄력성을 가지고 정의의 문제를 실현하는 일은 오늘날 자본주의 사회에서 쉬운 일이 아니다. 그러나 관용과 양보의 정신으로 약자와 강자가 서로 공존하는 길을 모색하는 방향으로 작성해 보자.

case 1 이 문제에 답하기 위해서 우선 자신의 입장을 정리하고 주제를 정해야 한다. 제시문 ㉮에서 보면 프로타고라스와 소크라테스는 교육에 관한 논쟁을 벌인다. '덕은 교육 가능하다' 는 것이 프로타고라스의 생각이고 '덕은 가르칠 수 없다' 가 소크라테스의 생각이다.

제시문 ㉮에서만 보면 '아이들에게 도덕 교육이 가능한가?' 에 대하여 '덕은 교육 가능하다' 와 '덕은 가르칠 수 없다' 로 두 가지 입장이 가능하다.

첫 번째 입장은 프로타고라스의 입장이다. 두 번째 입장은 이러한 논의 자체를 무의미하게 만들 수 있다. 도덕성을 갖춘 인간 형성이 불가능하다면 과연 아이들에게 도덕 교육이 필요한지 고민할 필요조차 없기 때문이다. 바로 두 번째 입장이 소크라테스의 입장인데, 제시문 ㉯만 보자면 소크라테스조차 논리의 덫에 걸려 있다.

제시문 ㉯에서 보면 플라톤이 당시의 노예제도에 대한 비판을 직접적으로 언급한 바는 없지만 노예까지도 인식할 수 있는 능력이 있음을 전제하고 있다. 노예의 예를 통해서 지식은 소피스트들에게 전문적으로 그 내용을 배워서 '습득하기' 보다는 지식은 '상기하는' 것이라는 것이다. 수학은 특히 이데아의 세계에 속하는 것으로 추상적으로 추론하고 논리력을 키워 주는 학문이다. 누구나 이데아의 세계를 추론하여 생각할 수 있다는 것이다.

이러한 생각에는 플라톤이 이상 국가를 지상에 실현한 후에 이루어지는 계층 사회 이전의 단계를 전제한다. 《메논》에서 나타나는 계층적 인식의 확대는 현실 아테네 사회에 플라톤이 환멸을 느끼면서 '말로써 세우는 이데아적인 이상 국가' 로 나아가는 과도기 과정에서 상상해 볼 수 있는 교육에 관한 플라톤의 생각이다.

이와 같은 플라톤 사고의 배경을 전제한 뒤《메논》에서 나타난 추론과 논리력의 인식 과정은 앞서 본 플라톤의 인식의 네 단계에 이르는 과정으로 설명될 수 있다.

우선 서론에서는 '교육은 가능한가' 에 대해서 현실적으로 '지식은 가르칠 수 있는 것인가? 를 나름대로 자신이 장래에 교사가 된 듯한 마음으로 생각해 보고 문제 제기를 하는 것이 좋다.

본론에서는 '교육 가능성' 에 대한 자신의 입장을 밝혀야 한다. 자신의 입장을 밝히기 위해서는 제시문 속에 나타난 상반된 견해를 어떻게 생각하는지 적어 보고 '덕은 교육 가능하다' 와 '덕은 가르칠 수 없다' 의 두 가지 입장에서 제시문이 의미하는 바의 통합적 의미를 파악해야 할 것이다.

《프로타고라스》의 플라톤의 논리에 따라서 '제아무리 뛰어난 정치가라 해도 자신이 갖춘 덕을 남에게 가르칠 수 없고, 위대한 정치가 페리클레스라 해도 자기 아들조차도 훌륭하고 덕스러운 사람으로 만들 수 없었다는 사실' 때문에 '지식은 가르칠 수 없다' 는 것이 명확하다는 논지이다.

《메논》에서는 '가르칠 수 있다' 는 논지를 제시하고 있다. 그런데 여기서 우리가 신중해야 할 것은 《메논》의 제시문에서 보여 준 교육에 관한 정의(定義, definition)이다. 즉 소크라테스는 "지식은 '습득되어서' 얻기보다는 태어나기 전부터 얻은 지식을 '상기하는' 것" 이라고 말한다.

결론적으로 《메논》의 소크라테스 말대로 지식이 '가르칠 수 있는 것' 이라면, 지식은 단순히 지식을 가르쳐서 그 결과 습득되는 것이 아니라, 지식은 상기하는 것이므로 학생이 상기할 수 있도록 교사는 돕는다는 것이다. 즉, 교육(가르치는 것)은 상기할 수 있도록 돕는 것이며 이 결과 학생은 지식을 습득하게 된다.

이와 같은 플라톤의 교육론을 생각해 보고 교사가 된다면 어떻게 교육하여야 하는가 한 번쯤 생각해 보고 준비하자.

철학자가 들려주는 철학이야기 002

아리스토텔레스가 들려주는 행복 이야기

저자_육혜원

이화여자대학교를 졸업하고, 독일 베를린 자유대학에서 석사 및 박사 학위를 받았다.

플라톤의 정치 철학을 주제로 한 박사 논문을 썼고 현재 고대 정치사상에 관해 대학에서 강의 및 연구 활동을 하고 있다.

01강 쾌락

case 1 **아리스토텔레스는 사람은 누구나 살기를 바라므로 쾌락을 욕구한다고 하였다. 아래의 제시문을 읽고, 아리스토텔레스의 관점에서 산다는 것은 무엇을 의미하는지 설명하시오.**

우리는 특정한 사물을 보거나 임의의 소리를 들으며 즐거움을 느끼는 경우가 있다. 이와 같이 모든 감성에는 각자 거기에 대응하는 쾌락이 발생할 수 있다. 그중에서도 감각의 대상과 주체자 모두가 최선의 상태에 있을 때에는 항상 쾌락이 존재한다. 그 순간에는 쾌락의 주체와 객체가 같이 있게 되는 것이다.

쾌락이 사람의 움직임을 완벽하게 만드는 것은 움직임의 주체에 내포되어 있는 상태가 그 움직임을 완벽하게 만드는 것과는 차이가 있다. 쾌락은 오히려 한창 나이의 왕성한 몸의 기운을 지니고 있는 사람들에게 따르는 꽃다운 청춘과 같은, 덧붙인 하나의 목적으로서의 행동을 완전하게 만든다. 따라서 감성적 대상이나 지적 대상 그리고 관조하는 능력이나 식별하는 능력 모두가 마땅히 같이 있어야 할 상태에 있는 경우는 언제나 쾌락이 그 활동과 같이 있을 것이다. 주체와 객체가 다 같이 변하지 않고 동일한 방식으로 서로 연결되어 있을 때에는 동일한 결과가 따를 것이기 때문이다.

그러면 그 누구도 지속적으로 즐거워할 수 없는 까닭은 무엇일까? 우리가 피로를 느끼기 때문일까? 실제로 사람은 지속적인 활동이 어렵다. 그렇기 때문에 활동에 동반되는 쾌락 역시 지속적일 수는 없다.

어떤 일들은 우리에게 참신하다는 이유로 즐거움을 주지만, 그 즐거움은 시간이 조금 지나면 사라지고 만다. 이와 같이 어떤 물건을 우리가 바라볼 때 우리의 시각이 그러하듯이 우리의 정신이 자극을 받아 활발히 움직이지만 시간이 지나 익숙해지면 자극은 줄어들거나 사라진다. 이런 이유로 쾌락도 힘을 잃게 된다.

사람은 누구나 살기를 바라므로 쾌락을 욕구한다고 말할 수 있다. 산다는 것은 활동이다. 자기가 가장 사랑하는 대상에 대해서는 자신이 가장 사랑하는 능력을 가지고 활동하려 한다. 이를테면 문학을 좋아하는 사람은 이론적인 문제에 대해서 이지(理智)로 활동하며, 음악가는 여러 가지 음률에 관해서 청각으로 활동한다.

그런데 이러한 활동들을 쾌락이 완전케 만들기 때문에 사람들이 욕구하는 삶도 완전케 된다. 그 결과 사람들이 쾌락을 찾는 것도 당연한 일이다. (······) 사실 활동이 없으면 쾌락이 생기지 않는다. 또한 모든 활동은 거기에 따르는 쾌락으로 말미암아 완전하게 되는 것이다.

– 아리스토텔레스, 《니코마코스 윤리학》 참고

– 관련 기출 문제: [2002] 서강대학교 논술 고사 제시문 참고

쾌락주의란 인간의 행복을 위해 감각적 쾌락이나 만족을 지나치게 강조하는 입장을 의미한다. 쾌락은 인간의 삶에서 필요한 것이지만 최고선으로 간주되는 것은 바람직하지 않다. 왜냐하면 우리가 쾌락을 최고선으로 추구하게 되면 개인의 보람된 삶과 공동체의 질서를 유지하기 위해서 요청되는 많은 선들이 피해를 입거나 희생당하기 때문이다.

과학 기술의 발달은 인간을 힘든 노동으로부터 해방시켜 주었고, 여가를 즐길 수 있는 다양한 기회를 마련해 주었다. 그런데 현대인들은 이러한 기회를 이용하는 과정에서 더 많은 쾌락을 얻는 것, 그리고 그러한 쾌락을 가져다주는 물질을 더 많이 가지는 것이 인간의 행복이라는 믿음을 갖게 되었다. (……) 이러한 풍조 속에서는 일이나 직업은 단지 쾌락을 충족시키기 위한 돈벌이 수단에 불과한 것이 되고 만다. 그 결과 일이나 직업이 갖는 진정한 의미, 즉 자아실현의 수단이며, 공동체적 삶에의 참여 수단이라는 가치는 사라지게 된다.

– 고등학교 교과서 《도덕》, 교육인적자원부, 22쪽 참고

모든 감성에 있어서 각기 거기에 대응하는 쾌락이 생길 수 있음은 분명한 일이다. (우리는 보는 것이나 듣는 것에 대해서 즐겁다고 말한다.) 또한 감성이 최선의 상태에 있으

면서 최선의 대상에 대해서 활동할 때에 두드러지게 쾌락이 생긴다는 것도 분명한 일이다. 대상과 지각자가 모두 최선의 상태에 있을 때에는 언제나 쾌락이 있는 법이다. 거기엔 쾌락의 주체와 객체가 모두 있으니 말이다. 쾌락이 활동을 완전하게 하는 것은 활동의 주체에 내재하는 상태가 그렇게 하는 것과는 다르다. 오히려 쾌락은 마치 한창 나이의 왕성한 기력을 가지고 있는 사람들에게 따르는 꽃다운 청춘과 같은, 부가적인 하나의 목적으로서 활동을 완전케 한다. 그러므로 지적 대상 혹은 감성적 대상과 식별하는 능력 혹은 관조하는 능력이 다 같이 마땅히 있어야 할 상태에 있는 한 그 활동에는 언제나 쾌락이 있을 것이다. 주체와 객체가 다 같이 불변하고 또 같은 방식으로 서로 관계하고 있을 때에는 같은 결과가 자연히 따를 것이기 때문이다.

그러면 아무도 계속해서 즐거워할 수 없음은 무슨 까닭인가? 우리가 피로해지기 때문에 그러한 것인가? 사실 모든 사람은 계속적으로 활동할 수 없다. 그러므로 쾌락 역시 계속적일 수 없다. 쾌락은 활동에 수반하는 것이니 말이다. 어떤 일들이 새로운 것일 때 우리를 즐겁게 해 주지만, 얼마 있으면 처음만큼 즐겁게 해 주지 않는 것도 같은 이유에서이다. 이것은 마치 어떤 물건을 우리가 응시할 때에 우리의 시각이 그렇듯이 처음에는 정신이 자극을 받아 그런 일들에 대해서 강렬히 활동하지만, 얼마 후에는 우리의 활동이 이완되기 때문이다. 이런 까닭에 또한 쾌락도 힘을 잃게 되는 것이다.

누구나 살기를 희구하는 까닭에 또한 쾌락을 욕구한다고 말할 수 있을 것이다. 산다는 것은 활동이요, 또 사람마다 자기가 가장 사랑하는 것에 관해서 자기가 가장 사랑하는 능력을 가지고 활동한다. 가령 음악가는 여러 가지 음률에 관해서 청각으로 활동하고, 학문을 사랑하는 사람은 이론적인 문제에 관하여 이지(理智)로 활동한다.

그런데 쾌락은 이러한 활동들을 완전케 하며, 따라서 사람들이 욕구하는 삶도 완전케 한다. 그러므로 사람들이 쾌락을 찾는 것도 당연한 일이다. (······) 사실 활동이 없으면 쾌락이 생기지 않으며, 또 모든 활동은 거기에 따르는 쾌락으로 말미암아 완전하게 되는 것이다.

– 아리스토텔레스, 《니코마코스 윤리학》 참고

형이상학(形而上學)

형이상학은 meta(메타: '뒤에', '다음에' 혹은 '위에', '넘어서' 라는 뜻)와 phusike (푸시케: '물리' 혹은 '자연' 이라는 뜻)를 합성한 말이다. 따라서 형이상학은 '자연적인 것', '감각적인 것' 을 넘어서 그것의 토대, 근거, 원리를 연구하는 학문을 뜻한다.

아리스토텔레스는 플라톤의 이론, 즉 세계를 실제 사물의 세계와 이데아의 세계 둘로 나눈 것에 반대하여 사물 안에 사물의 본질이 있다고 말하며, 그의 '제1철학', 즉 형이상학을 정립하게 된다. 형이상학은 모든 현상의 바탕이 되며 어떤 일의 근본이 변하지 않는 실재로서 '가장 참되게 있는 것' 에 관하여 연구하는 학문이다.

02_강 시와 역사

case 1 **다음은 시인과 역사가의 역할에 대해 아리스토텔레스의 견해가 나타난 글이다. 아리스토텔레스의 입장에서, 시가 역사보다 더 훌륭한 이유를 논술하시오.**

시인은 일어날 수 있는 일(필연성이나 개연성에 따라 가능한 일)을 이야기하는 것이지 실제로 일어난 일을 이야기하는 것은 아니다.

시인과 역사가의 차이를 헤로도토스의 작품에서 찾아보면, 이 작품을 운문으로 고쳐 쓸 수도 있을 것이나 운율이 있든 없든 간에 역시 일종의 역사임에는 변함이 없다. 따라서 시인과 역사가의 차이는 산문으로 이야기하나 운문으로 이야기하나의 차이가 아니라 역사가는 실제로 일어난 것을 이야기하고, 시인은 일어날 수 있는 것을 이야기한다는 차이를 갖는다. 그로 인해 시는 역사보다 진지하며 철학적이다.

시에서는 등장인물들에게 특정한 이름을 붙이기도 하지만, '보편적인 것을 이야기한다' 하는 것은 변함없는 사실이다.

이는 여러 유형의 인간이 개연적·필연적으로 행하거나 말할 수 있는 일을 이야기함을 뜻한다.

'개별적인 것을 이야기한다' 는 것의 예로는 알키비아데스가 무엇을 행하였으며 무엇을 경험하였는가를 이야기하는 것이다.

– 아리스토텔레스 《시학》 참고

– 관련 기출 문제: [1998] 서강대학교 논술 고사 제시문 참고

생각 쓰기

1 《시학》

《시학》은 아리스토텔레스가 지은 책으로 '예술 활동은 모방 본능에 바탕을 둔다'라고 하였으며, 비극의 본질을 카타르시스라고 설명하는 등 후세의 서양 문학과 예술에 큰 영향을 주었다. 오늘날은 2권 가운데 비극과 서사시를 논한 한 권만이 전해지고 있다.

2 개연성

절대적으로 확실하지 않으나 앞으로 일어날 수 있을 것이라고 생각되는 성질을 개연성이라 한다.

3 필연성

한 사물이 어떤 결과로밖에는 될 수 없는 요소나 성질을 필연성이라 한다.

4 헤로도토스

헤로도토스(Herodotos, 기원전 484?~기원전 425?)는 소아시아의 할리카르나소스에서 출생한 그리스의 역사가이다. 키케로는 그를 '역사의 아버지'라고 불렀다.

그는 기원전 445년경에 아테네로 가서 페리클레스, 소포클레스 등과 친교를 맺었다. 아테네에서 시를 낭독하여 크게 인기를 얻기도 했다. 그 뒤 기원전 443년경에 이탈리아로 가서 그곳 시민이 되었으며, 거기에서 여생을 마친 것으로 알려져 있다. 헤로도토스의 대표 저서는 페르시아 역사를 다룬 《역사》인데, 일화와 삽화를 많이 담고 있다. 《역사》는 역사적 사실을 시가 형식이 아닌 실증적 학문의 방법으로 서술했으며 그리스 산문 사상 최초의 걸작으로 평가받는다.

5 산문

율격과 같은 외형적 규범에 얽매이지 않고 자유로운 문장으로 쓴 글로 소설, 수필 따위를 말한다.

6 운문

언어의 배열에 일정한 규율이 있는 글을 운문이라 말하며, 대표적인 예로 시가 있다. 운문은 산문과 대립된다.

7 알키비아데스

알키비아데스(Alkibiades, 기원전 450?~기원전 404)는 아테네 출생으로 아버지가 돌아가신 뒤 외숙이자 후견인인 페리클레스에 의하여 양육되었다. 소크라테스의 제자였으며 기원전 420년에 장군으로 선출되었다. 정치 군사적으로 재능을 가지고 있었으나 사리에 치우쳐, 404년에 스파르타의 첩자에게 암살당했다.

8 호메로스

호메로스(Homeros, 기원전 800?~기원전 750)는 기원전 9세기 또는 기원전 8세기경에 활동한 고대 그리스의 서사 시인으로 알려져 있다. 유럽 문학 최대의 서사시 《일리아스》와 《오디세이아》를 지었다고 전해진다.

9 소포클레스

소포클레스(Sophocles, 기원전 496~기원전 406)는 아이스킬로스, 유리피데스와 더불어 고대 그리스의 3대 비극 작가로 통한다. 소포클레스는 정치가로도 성공하여 페리클레스와 더불어 최고 지휘관직에 뽑히기도 하였다. 대표작으로 《아이아스》, 《안티고네》, 《오이디푸스 왕》 등이 있다.

10 페리클레스

페리클레스(Perikles, 기원전 495?~기원전 429)는 아테네 민주 정치의 토대를 닦은 정치가로 알려져 있다. 또한 그는 뛰어난 수사학적인 웅변으로도 유명하다. 당시 아테네에서는 민주주의 정치를 실시하고 있었으며, 그는 카몬에 대항하기 위하여 귀족파가 아닌 민주파의 지도자가 되었다. 페리클레스는 여자, 노예 등을 제외한 성인 남자 시민들이 민회에 참석하여 국가의 일을 다수결로 결정하도록 하였다. 장군을 제외한 모든 공직자를 추첨으로 뽑았으며, 배심관이나 관리의 일을 무산 시민이 할 경우에는 세금을 귀족들로부터 거두어 급여를 주었다. 그는 외교상으로 주변의 나라들과 좋은 관계를 유지하였다. 기원전 447년부터는 파르테논 신전을 건설하기 시작하였고, 아테네를 아름답게 만들었으며 민주주의의 꽃을 피웠다. 당시에 장군직은 매년 선거로 뽑았는데, 페리클레스는 50번 이상 선출되었다. 결과적으로 민주정이었지만 일인 지배라 할 만큼 페리클레스의 시대라 일컬을 수 있다. 페리클레스는 세금을 횡령했다는 이유로 벌금형을 받았으며 그 뒤에 전염병으로 세상을 떠났다.

03_강 정의

case 1 다음 제시문을 읽고, 민주주의에서 정의의 의미는 무엇이며, 현대 민주주의 사회에서 아리스토텔레스가 말하는 정의는 어떻게 실현될 수 있는지 설명하시오.

"가능하다면 누구에게도 다스림을 받지 않을 수 있고, 불가능하다면 순서를 정해서 번갈아 가며 지배하고 지배받는다는 요구가 생긴다. (……) 다음과 같은 것을 민주 정치라 부를 수 있다. 행정 기관의 관점에서 보면 관리들이 모든 사람에 의해서, 모든 사람들로부터 선출되며, 모든 사람이 각자를 지배하고, 각자는 모든 사람을 지배하는 형태이다. 모든 관직은 실제적인 경험이나 직업적인 기술을 요구하지 않는 이상, 추첨에 의해 모두 선출되어야 한다. 이러한 점에서 관리에 대한 재산의 자격 요건이 있어서는 안 되며, 있더라도 가능한 최저 수준이어야 한다. 또한 군사 위원, 이를테면 장군의 직책을 제외하고는 같은 사람이 관직을 두 번 연임할 수 없거나 혹은 몇 번밖에 연임할 수 없도록 한다. 이러한 것도 소수의 관직에만 국한시킨다. 그리고 모든 관직 혹은 될 수 있는 한 많은 관직의 임기는 짧아야 하며 민회, 재판소, 행정 관청 등지에서 봉사하는 시민에게는 수당이 지급되어야 한다."

– 아리스토텔레스, 《정치학》 참고

생각 쓰기

1 아리스토텔레스의 《정치학》

아리스토텔레스는 이 책에서 '인간은 사회적 동물이다' 라고 하였다. 그는 공동체 생활 가운데서 인간의 최고선(最高善)이 실현된다고 보았다. 또한 중산층이 주축이 되어 민주정을 이룩할 때 최선의 정부 형태가 될 수 있다고 주장하였다.

2 중산층

계급 서열상으로 보면 상류 계급과 노동 계급 사이에 존재하는 계층이다. 중산층은 소득, 직업, 생활양식 등의 여러 요인들에 의해 종합적으로 결정되며, 그중에서도 소득에 의해 결정되는 경우가 대부분이다. 아리스토텔레스의 경우 중산층은 재산과 교양을 가진 시민을 뜻했다.

3 민주주의

민주주의(democracy)의 어원은 그리스어로 '국민' 혹은 '인민' 을 뜻하는 'demos' 와 '지배' 혹은 '권력' 을 뜻하는 'kratos' 의 합성어로서 '인민에 의한 지배' 를 의미한다. 문자 그대로의 의미로 볼 때, 민주주의란 인민이 권력을 가지는 동시에 스스로 권력을 행사함을 말한다. 즉 민주주의는 국민 주권의 정치 원리이며, 또 그 원리가 표현되는 정치 형태를 포괄하는 개념이다.

현대의 민주주의는 두 종류로 나뉘는데 '국민에 의한 지배'라는 고대 아테네와 같은 형태의 '직접 민주주의'와 오늘날과 같이 국회의원을 대표로 뽑아서 민주주의를 행사하는 '간접 민주주의'가 있다. 예컨대 오늘날의 정치 행태에서 '국민투표'가 직접 민주주의 요소이며, 직접 민주주의로 정치를 하는 나라는 스위스가 있다.

— 고등학교 교과서 《윤리와 사상》, 교육인적자원부, 142쪽 참고

4 자아실현

자아실현은 개인의 자기 발견을 통해 타고난 소질과 잠재된 능력을 계발하고 자유와 창의성을 최대한으로 발휘하여 평소 꿈꾸어 왔던 이상을 실현하는 것을 의미한다. 그리고 자아실현의 한 모습인 인격 완성은 자기반성과 욕구와 욕망에 대한 훈련을 통하여 도덕적으로 여러 사람들의 존경을 받을 수 있는 품성을 갖춘 인격자가 되는 것을 의미한다.

— 고등학교 교과서 《시민윤리》, 교육인적자원부, 37쪽 참고

04강 욕망

case 1 다음 제시문은 '욕망' 에 관한 글이다. 두 글을 읽고 욕망 추구와 조절에 관해서 자신의 의견을 논술하시오.

㉮ 노인, 즉 인생의 절정을 지난 사람의 성격은 젊은이의 성격과 반대되는 것들로 이루어져 있는 법이다. 그들은 여러 해를 살았고, 사는 동안 속은 적도 많고 실수도 많이 저질렀으며, 살아온 날들을 돌이켜 보면 모든 일이 뒤죽박죽 뒤엉켜 있어 만족스럽지 못하다. 그래서 노인들은 그 어떤 것에 대해서도 확신이 없으며 모든 일을 끝까지 수행하지 못한다. 그들은 '생각' 은 하지만 분별하고 판단하지 못하며, 늘 미적거리다 보니 '아마도' , '그럴지도 모른다' 는 조건을 달면서 그 어느 것도 분명하게 주장하지 않는다.

노인들은 냉소적이다. 다시 말해서 모든 일의 가장 나쁜 점만을 보는 것이다. 게다가 노인들의 인생 경험은 남들을 믿지 못하게 하고, 남을 못 믿으니 의심이 많다. 따라서 그들은 뜨겁게 사랑하지도 않고, 심하게 남을 미워하지도 않으며, 편견이 이끄는 대로 언젠가는 증오할 것처럼 사랑하며 언젠가는 사랑할 것처럼 증오한다. 노인들은 인생살이 앞에 굴복하였기에 속이 좁고, 그들의 욕망은 그저 그들을 살아남게 하는 것보다 더 훌륭하고 더 비범한 것을 겨냥하는 법이 없다. 노인들은 겁이 많고 늘 염려하며 산다. 뜨거운 열정과 패기를 지닌 젊은이들과는 달리 그들의 기질은 차디차다. 노년이 비겁함에 이르는 길을 열어 주니, 이들은 두려움으로 차갑게 얼어 있는 것이다. 노인들은 삶을 사랑한다. 모든 욕망의 대상은 우리가 갖고 있지 않은 것이기 마련이고, 우리는 우리에게 가장 절박하게 필요한 것들을 갈구하는 것이니, 노인들은 살 날이 얼마 남지 않았기에 남아 있는 삶을 더욱 사랑하는 것이다.

– 아리스토텔레스, 《수사학》 참고

– 관련 기출 문제: [2005] 연세대학교 논술 고사 제시문 참고

❹ 탐욕

어느 병실에 두 사람의 환자가 있었는데 한 사람은 창 쪽에, 한 사람은 벽 쪽에 나란히 누워 있었습니다. 벽 쪽의 환자가 답답해할 때면 창 쪽의 환자는 바깥 풍경을 열심히 설명해 주곤 했습니다.

막 꽃봉오리를 터뜨린 꽃나무의 이야기, 아장아장 걸어가는 아기와 젊은 엄마의 이야기……. 그러던 어느 날, 벽 쪽의 환자는 창 쪽의 환자가 위급함을 알았지만, 창 쪽 자리를 탐내어 간호사를 부르지 않았습니다.

창 쪽의 환자가 죽자, 그는 그 자리를 차지하게 되었습니다. 그러나 그가 보게 된 것은 높다란 붉은 담뿐이었습니다.

이웃의 사랑과 친절을 우리는 때로 이기심과 시기심으로 받고 있지는 않은지요?

– 오인숙, 중학교 교과서 《도덕 1》, 교육인적자원부, 23쪽 참고

생각 쓰기

1 욕망

우리가 하고 싶어 하거나 원하는 것을 욕구 또는 욕망이라 부른다.

2 '만족한 돼지보다 불만족한 소크라테스가 낫다'

이 말은 벤담의 뒤를 이어 공리주의를 주창한 J. S. 밀이 한 말이다. 벤담은 쾌락주의 윤리설의 개인주의적인 측면을 사회적 쾌락주의로 확장, 발전시켰다. 즉, 최대 다수의 최대 행복을 달성할 수 있는 방향으로 행동하는 것이 올바른 윤리라는 의미의 공리주의를 제시했다.

밀은 쾌락에도 질적인 차이가 있다고 말했다. 그 질적인 차이가 배부른 돼지와 배고픈 인간, 즉 만족스러운 바보와 불만족스러운 소크라테스이다. 이는 곧 밀이 행복의 조건을 정신적 영역에서 찾고 있음을 보여준다.

3 충동

충동이란 무의식 중에 강하게 일어나는 일종의 욕구가 밖으로 드러난 행위이다.

아무 이유나 목적 없이 그렇게 하지 않고는 참을 수가 없기 때문에 충동적 행위를 하게 되며 후에 생각해 봤을 때 그 당시의 기억은 불완전하고 불명료할 때가 많다.

4 자기반성

자신의 판단이나 행위를 스스로 되돌아보고 숙고하는 일을 자기반성이라 한다.

05 강 공동체

가   정치란 다양한 이해관계를 조정하여 공동체를 통합, 지속시키기 위한 인간 활동
의 하나이다. 아리스토텔레스는 정치와 인간의 연관성에 주목하여, '인간은 타고날 때
부터 그 본성이 정치적 동물이다. 그러므로 단순히 우연적 결과가 아니라, 인간으로 태
어날 때부터 국가 없이도 살아갈 수 있는 사람은 신과 같은 인간 이상의 존재이거나,
아니면 동물과 같은 인간 이하의 존재이다' 라고 하였다. 정치와 인간은 따로 떼어서
생각할 수 없는 관계로 '사회가 있는 곳에 정치가 있다' 는 것이다.

현대사회에 와서 정치의 역할은 더욱 폭넓어지고 있다. 정치의 세계가 횡적(橫的)으
로 확대되어 국가 간의 관계가 중요해졌고, 종적(縱的)으로 심화되어 정치는 개인 생활
전체에 폭넓게 영향을 끼치게 되었다. 그래서 정치의 세계를 구성하는 여러 정치권에
대한 다양한 설명이 제시되었다.

첫째는 가장 큰 단위의 정치 세계인데 지구촌이 여기에 속한다. 여기에서는 지구상
에 존재하는 크고 작은 여러 가지 형태의 국가들이 때로는 우호적으로 때로는 적대적
으로 공존한다. 광역(廣域) 정치권의 주요 행위자는 주권 국가 혹은 주권 국가들이 구

성하는 국제 조직이다. 따라서 이 세계에서 정치는 외교의 형태를 띤다.

둘째는 중간 단위의 정치 세계로, 지구상의 개별 국가가 여기에 속한다. 하나의 국가는 독립적 정치권을 구성한다. 따라서 우리나라도 하나의 독립적 정치권에 해당된다. 중역(中域) 정치권의 주요 행위자는 집단이다. 이 정치 세계에서 사회 구성원들은 집단을 중심으로 대립과 협력을 반복하면서 공존하며 정치는 주로 국내 정치의 형태를 띤다.

셋째는 가장 작은 단위의 정치 세계로서 한 국가 내 개별 집단이 여기에 속하는데 각각의 집단이 독립적 정치권을 형성한다. 협역(狹域) 정치권의 주요 행위자는 대체로 해당 집단을 구성하는 개인이며, 경우에 따라 복수의 개인으로 구성된 집단 내 소집단인 경우도 있다. 이 정치 세계에서는 한 집단의 의사 결정 과정에 영향을 미치려는 개인 간의 협조와 갈등이 반복되며 정치는 대체로 리더십의 형태를 띤다.

– 관련 기출 문제: [2007] 동국대학교 인문계 논술 고사 제시문 참고

🕒 사회와 개인 중에서 우선하는 것이 무엇인가 하는 문제는 암탉과 달걀 중에 어느 것이 먼저인가 하는 문제와 같다. 논리적인 문제로 다루든 역사적인 문제로 다루든, 이 것은 똑같이 일방적인 그 반대편의 의견에 의해 수정될 터이므로 어느 쪽으로도 의견을 제시하기 힘들 것이다. 마찬가지로 사회와 개인은 분리될 수 없다.

이 두 가지는 서로에게 필수적이며 보완적인 것이지 대립적인 것이 아니다. 인간은 '함께 모이기' 이전에도 존재했고, 또 어떤 종류의 실체를 가지고 있다고 전제하는 것은 잘못이다. 우리가 태어나자마자 세계는 우리에게 작용하기 시작하여 우리를 생물

학적인 단위부터 사회적인 단위로 변화시킨다. 역사의, 혹은 역사 이전의 모든 단계에서 인간은 누구나 한 사회 속에서 태어나고, 유아기부터 그가 속해 있는 사회에 의해 형성된다.

인류학자들은 흔히 원시인은 문명인보다 덜 개인적이며 사회에 의해서 더 완전하게 형성된다고 말한다. 여기에는 진리의 한 요소가 포함되어 있다. 보다 단순한 사회가 더 균일하다고 말하는 것은 그 사회가 더 복잡하고 더 발전한 사회에 비해서 사회적으로 필요한, 그리고 사회가 제공하는 개인적인 기술과 직업이 훨씬 다양하지 못하다는 의미에서이다. 심화되고 있는 개별화(individualization)는 이러한 의미에서 발전한 근대 사회의 필연적인 산물이며, 그것은 저 꼭대기에서부터 밑바닥까지 그 사회의 모든 행위들을 파고든다. 그렇다고 해서 이 개별화의 과정과 증대하고 있는 사회의 힘 또는 응집력 사이에 대립 항을 설정하는 것은 치명적인 오류일 것이다. 사회의 발전과 개인의 발전은 함께 진행되며 서로를 조건 짓는다. 사실 우리가 이해하고 있는 복잡한 혹은 발전한 사회란 개인들 상호간의 의존 관계가 발전한 그리고 복잡한 형태를 취해 온 사회를 말한다.

— E. H. 카, 《역사란 무엇인가》 참고

— 관련 기출 문제: [2004] 경희대학교 인문계 논술 고사 제시문 참고

생각 쓰기

주 요 개 념 및 배 경 지 식

1 지구촌

'지구는 하나의 마을이다' 라는 생각을 표현한 말이다. 마셜 맥루한(Herbert Marshall Mcluhan, 1911~1980)이 처음 사용했다. 그는 캐나다의 미디어 이론가이자 문화 비평가이며 대표 저서로《미디어의 이해》가 있다.

2 E. H. 카

카(E. H. Carr, 1892~1982)는 영국 런던에서 태어난 정치학자이자 역사가이다. 주요 저서로《역사란 무엇인가》가 있다. 이 책에서 카가 서술한 역사는 객관적 역사로 역사를 기술하는 역사가의 개인적 의견이나 역사관이 포함되어 있지 않다.

아비투어 철학 논술

예시 답안

case 1 대상과 지각자가 모두 최선의 상태에 있을 때에는 언제나 쾌락이 있는 법이다. 지적 대상 혹은 감성적 대상과, 식별하는 능력 혹은 관조하는 능력이 함께 있는 한 그 활동에는 언제나 쾌락이 있을 것이다.

따라서 누구나 살기를 바라는 까닭에 또한 쾌락을 욕구한다고 말할 수 있을 것이다. 산다는 것은 활동이다. 사람들은 각자가 자기가 가장 사랑하는 것에 관해서 자기가 가장 사랑하는 능력을 가지고 활동하는 것이다.

case 2 쾌락주의란 인간의 행복을 위해 감각적 쾌락이나 만족을 강조하는 입장을 의미한다. 그러나 쾌락을 지나치게 강조하거나 최고선의 항목으로 설정할 때 심각한 문제가 발생한다. 개인 자신의 행복, 즉 쾌락을 위해서 공동체의 질서를 유지하기 위해 요청되는 많은 선(善)들이 피해를 입거나 희생당할 수 있기 때문이다.

그런데 아리스토텔레스가 말하는 최고선의 상태에서의 쾌락은 자기가 가장 사랑하는 능력을 가지고 활동하는 것을 말한다. 즉 최고선의 상태에서의 쾌락은 자아실현의 수단이며, 공동체적 삶에의 참여 수단인 직업을 의미한다. 따라서 지극한 상태에서의 쾌락은 직업의 활동을 통하여 사람들이 욕구하는 삶을 완전케 한다.

case 1　아리스토텔레스는 시가 역사보다 더 철학적이고 진지하다고 보았다. 왜냐하면 시가 역사보다 더 보편적인 것을 이야기하기 때문이다. 아리스토텔레스에 따르면 헤로도토스나 알키비아데스 이야기와 같은 우연적이고 특수한 경험으로 가득 찬 역사는 보편적인 것을 추구할 수 있는 성격의 것이 아니다. 그러나 호메로스나 소포클레스의 비극은 그 주인공들이 이런저런 인간 유형들의 개연적인 혹은 필연적인 특성을 그리고 있다는 점에서 보편적 성격을 갖는다.

좋은 시에서 주인공들의 인간 유형은 선과 악의 모방적인 본성들을 독자들로 하여금 잘 구분하도록 묘사해 주고 있다. 따라서 덕을 기뻐하고 갈망함에 있어 시가 사람들에게 도덕적이고 철학적인 유형을 제공하고 있다고 볼 수 있다.

case 1　아리스토텔레스는 정의란 '각자에게 그의 몫을 주는 것'이라고 하였다. 그는 민주주의에서 '정의'는 가능하다면 누구에게도 다스림을 받지 않는 것, 불가능하다면 순번을 정해 번갈아 지배하고 지배받기를 요구하는 것이라고 말한다.

아리스토텔레스가 살던 시대의 작은 도시국가를 현대사회와 비교한다는 것은 규모상 불가능하다고 본다. 그러나 가상적으로 아리스토텔레스가 제안한 정의가 실현될 수 있을지 생각해 볼 수는 있다.

우선 통치한다는 의미를 국가에만 국한시키지 않는 방법이다. 예를 들어 모든 행정 기관이나 관공서에서 번갈아 통치하고 또 통치 받는 것을 순번제로 우두머리를 정할 수 있다. 그런데 여기서 지배와 피지배에 관한 민주사회적 가치의 몫을 향유한다는 것은 단순히 순번을 보장받는 것을 의미하지 않는다. 아리스토텔레스에 따르면 시민들이 공동체 안에서 순번제로 정치 행위를 하는 것은 곧 자신들의 선을 추구하여 자아실현을 완성하는 것인 동시에 사회 정의를 이루는 것이다.

<h2>주 제 탐 구 04강   욕망</h2>

case 1 우리는 누구나 욕구와 욕망을 채워 가면서 살아야 하며, 그런 과정에서 기쁨, 만족, 행복을 느낀다. 우리가 원하는 것을 이루지 못하면 오히려 더 많은 욕구와 욕망을 느끼게 되고, 삶에 대해 불만과 좌절을 경험한다. 그래서 욕구의 만족은 삶에서 중요하다. 그러나 모든 욕구와 욕망을 전부 만족시킨다는 것은 불가능하다. 또 어떤 욕망도 결코 완전히 만족되지 않는다. '만족한 돼지보다 불만족한 소크라테스가 낫다' 라는 말이 있듯이 우리는 삶의 질에 관해서도 생각해 보아야 할 것이다. 삶에는 양으로 채울 수 없는 그 무엇인가가 있다. 어떤 사람은 배부르게 먹는 욕구의

양으로 만족하는가 하면, 어떤 사람은 좋은 분위기에서 맛있게 먹는 질적인 욕구의 만족을 선호한다.

　이때 우리는 먼저 자신의 욕구와 욕망이 옳은 것인지를 생각해 보아야 한다. 또한 우리는 욕망 추구와 조절에 관하여 자신만의 좌우명 같은 것을 정해야 한다. 이것은 욕구가 충동에 의해 일어날 경우 '탐욕'에 대한 제시문과 같은 일이 발생할 수 있기 때문이다. 우리가 우리의 욕망이 옳고 그른지를 판단할 수 있는 분명한 기준을 갖고, 욕망을 조절할 수 있도록 노력하는 삶을 산다면 우리는 다른 사람보다 더 가치 있는 삶을 누릴 수 있을 것이다.

주 제 탐 구 **05** 강 공동체

case 1 　인간이 다른 동물과 구별되는 가장 중요한 특징 가운데 하나는 인간은 혼자서 살 수 없으며 공동체를 이루고 산다는 것이다. 때문에 인간이 속해 있는 공동체가 올바르지 못하면 인간에게 불행을 초래할 수 있으므로 인간은 공동체가 지향하는 선의 문제에 대해서 관심을 갖게 된다.

　아리스토텔레스는 인간이 사회적 존재로서 공동체를 원활히 운영하기 위해서 도덕적 생활을 해야 한다고 강조하였다. 이러한 아리스토텔레스의 철학은 오늘날에 이르기까지 다양한 형태의 정치권을 형성하는 데 긍정적인 영향을 주었다. 이는 다양한 형태의 정치권이나 모든 지구상의 공동체는 개인과 사회의 관계가 서로 분리될 수 없다는 점에 기초하고 있다. 개인과 사회는 정치 행위를 통해서 서로 간에 다양한 이해 관계를 조정하고 통합하고 유지한다. 즉, 모든 공동체는 개인들 상호 간의 의존 관계와 병행 발전하여 형성되는 것이다.

철학자가 들려주는 철학이야기 003

최한기가 들려주는 기학 이야기

저자_김광식

서울대학교 철학과에서 학사·석사 과정을 마치고 독일 베를린 자유대학교 철학과에서 박사과정을 마쳤다. 저서로는《사회철학대계 4: 기술시대와 사회철학》(공저)이 있고, 역서로는《흄 —나는 존재하지 않는다》,《마르크스 정치경제학의 변증법적 방법 I, II》(공역),《철학대사전》(공역) 등이 있으며, 논문으로는〈본질과 현상의 범주를 통해 본 인식들 사이의 모순의 문제〉,〈사이버네틱스와 철학〉 등이 있다. 서양철학과 동양철학을 비교하는데 많은 관심을 가지고 있다.

가 최한기는 19세기 초인 조선 시대 후기에 살았던 학자인데, 그때는 관리들이 부패해서 자기 배를 채우는 데만 급급했었어. 그러다 보니 백성들은 살기 어려웠지. 최한기는 그러한 세상을 보면서 실학을 연구했던 분이야. 실제로 생활에 도움이 되는 학문이라는 뜻의 실학을 다들 알고 있지? 백성은 굶어 죽는데도 이것저것 이름을 붙여서 강제로 세금을 거두고, 또 곡식을 빌려 주고는 몇 배로 갚게 했단다. 최한기는 그런 세상을 한탄하면서 백성들이 잘살 수 있는 길을 찾아보려 힘썼던 선비였어.

당시 조선은 외국의 문물이 들어오는 것에 반대해 굳게 문을 닫고, 외국의 발달한 문명 기술 등을 받아들이지 않았단다. 조선의 뿌리가 흔들리게 될 것을 염려한 거지. 그러나 최한기는 우리 것만 지켜서는 살기 어렵다고 생각했단다. 그래서 선진 문물을 받아들이고 변화하는 시대에 발을 맞추어야 한다고 주장했어. 나라의 문을 굳게 닫아 두는 동안 결과적으로 나라의 발전만 더디게 됐거든.

― 《최한기가 들려주는 기학 이야기》 중에서

（나） 최근 심각하게 인식되는 인문학의 위기는 갑자기 나타난 현상이라고 할 수 없다. 위기란 개념적으로 위기 이전의 정상적인 상태를 전제하는 표현이다. 그렇다면 한국의 인문학이 '정상적이고 긍정적으로 제 기능을 하고 있었던 시기'가 존재했다고 할 수 있을까? 그러나 한국의 인문학은 이런 질문에 대해 긍정적인 대답을 자신 있게 내놓을 만한 전통을 지니지 못하고 있다. 그리고 이에 대한 적절한 대응도 부족했음을 인정해야 할 것이다.

그동안 한국의 인문학은 현실과 완전히 괴리되어, 소위 인간이 인간답게 사는 것이 무엇인가에 대한 질문을 던지고, 이에 대한 대답을 찾으려는 고유의 학문적 임무를 수행하지 못하는 상황에 놓여 있었다. 이런 차원 높은 논의를 떠나서 한국의 인문학은 이를 배운 학생들에게 별다른 현실적인 도움도 주지 못하였다. 여기에 여러 가지 외적 요인, 가령 한국의 상황과는 상관없는 외국 인문학의 이론과 체계의 무분별한 도입, 성장과 근대화 위주의 국가의 정책 기조, 특정한 문제에 대한 논의를 금기시하는 이념적인 상황 등에 영향을 많이 받았지만 근본적으로는 위기를 자초했다고 할 수 있다. 이런 심화된 위기론은 1990년대 중반 이후 한국 고등교육 정책의 기조, 소위 '교육개혁'이라는 모토하에 진행된 '대학의 다양화와 특성화'에 대한 궤도 수정 요구로 이어졌다. 신자유주의의 흐름 속에서 교육정책의 기조는 경쟁을 위한 대응이었다. 하지만 문제는 이런 교육개혁 정책의 구체적인 내용이 대학의 학부제 도입, 대학원 중심 대학의 육성 및 지원과 이의 효과적인 실행을 위한 소위 'BK 21' 사업과 같은 선별적 지원 정책 등으로 이루어져 있다는 점이다. 결국 인문학이 고사할지도 모른다는 위기론이 본격적으로 제기하게 되는 계기가 되었다고 할 수 있을 것이다. 현재 인문학이

겪고 있는 위기의 성격은 바로 이와 같은 인문학 외부의 요인들에 의해 추동된 외재적 위기라고 할 수 있는 것이다. 물론 이는 이미 존재하고 있었던 인문학의 내재적 위기가 해소되지 않은 상황에서 나타나고 있는 위기이다. 그런 의미에서 현재 한국의 인문학의 위기는 '이중적·중층적 위기'라고 할 수 있다. 그러나 이 글에서 주로 다루고자 하는 바는 인문학의 내재적 위기보다는 외재적 위기에 초점을 두고자 한다. 인문학의 내재적 위기는 인문학 연구자들 스스로 위기 해소를 위한 노력을 기울이고 있기 때문에 스스로의 문제 해결 노력에 맡겨 두는 것이 바람직하다.

생각 쓰기

1 인문과학

인문과학이란 사람에 대하여 배우는 학문이다. 사람이 만들어 낸 언어, 문학, 역사, 철학 등의 연구를 통해 사람에 대해 이해하고자 하는 학문이라고 할 수 있다.

인문과학이란 개념은 서양에서 생겨났다. 고대 로마의 철학자 키케로(Marcus T. Cicero, B.C.106~B.C.43)는 이상적인 인간형을 길러 내기 위한 교육으로 '후마니타스(Humanitas)' 라는 과정을 만들었는데, 이 '후마니타스' 에서는 고전과 문법에 대한 연구는 물론 음악, 기하학, 천문학, 물리학, 법학 등 당시의 모든 학문을 다 포괄하고 있었다. 키케로의 '후마니타스' 라는 말은 로마제국의 멸망과 함께 잊혔으나, 그로부터 1,000여 년이 지난 르네상스 시기에 키케로의 '후마니타스' 에 눈을 돌린 사람들이 있었다.

그들은 신학의 하녀가 되어 버린 중세의 학문에 등을 돌리고 인간에 대한 탐구에 눈을 돌림으로써 역사의 물줄기를 바꾸어 놓았다. 그들은 고대 그리스어와 라틴어, 문법, 수사학, 시, 역사, 철학 등 '세속적' 인 분야를 연구하는 자신들의 문예·학술 활동을 가리켜 '스투디아 후마니타티스(studia humanitatis)' 라고 불렀다. 이는 '사람됨을 배운다' 는 뜻으로, 우리말로는 '인문학(人文學)' 이라고 한다.

이로부터 사람됨에 대하여 연구하는 것을 '휴머니즘(인문주의)' 이라 하고, 그 연구자를 '휴머니스트(인문주의자)'라고 부르게 되었다.

르네상스 시기 인문주의자들의 인문학은 '신의 영역(신학)'과는 선을 분명히 그었으나, 세속의 학문 사이의 경계는 없었다. 이 시기의 인문학에는 문학, 역사, 철학 등 오늘날에도 인문과학의 영역에 남아 있는 분야는 물론, 천문학, 물리학, 법학 등 오늘날 자연과학이나 사회과학으로 분류되는 분야의 내용까지도 모두 담고 있었다.

그러나 자연과학의 발달과 더불어 맨 먼저 천문학이, 이어 물리학, 수학, 화학, 생물학, 지질학 등이 인문학으로부터 독립을 선언했다. 인문학에서 떨어져 나간 이 과학들은 '자연과학'이라는 새로운 영지를 개척했다. 한편 18~19세기에는 자연과학의 방법론을 이용해 사회를 분석하는 학문이 대두했다. 경제학, 사회학, 정치학, 법학 등이 그것들인데, 이들도 르네상스 시기에는 인문학의 영역에 속했다.

인문학 안에 남아 있던 언어학, 문학, 역사, 철학은 19세기 말 '정신과학'이라는 이름으로 불리다가 20세기에 들어와서는 '인문과학'이라는 이름으로 묶이게 되었다.

이렇게 학문의 지형도는 많은 변형을 거쳤지만, 중세 신학의 도그마(dogma)에 저항해 인간 개성의 자유로운 발달을 가져온 인문주의자들의 정신은 오늘날 인문과학으로 이어지고 있다. 오늘날의 인문과학은 언어학, 문학, 역사, 철학을 통해 여전히 '사람됨의 근거'를 찾고 있다.

2 환원주의

존재하는 모든 다양한 현상을 최하위 계층의 법칙과 개념으로 설명하려는 입장이다. 가장 기본적으로는 자연에서의 계층성이 인정될 때, 상위 계층에서 성립하는 기본 법칙과 거기에 사용되는 기본 개념이 반드시 그보다 한 층 아래의 계층에서 성립하는 기본 법칙 및 기본 개념에 의하여 번역 또는 치환이 가능하다는 입장을 가리키며, 이 과정을 반복하면 결국엔 가장 기본적인 법칙·개념에 도달할 수 있다는 것이다. 따라서 개념 및 법칙의 다양성을 '줄인다'는 의미로 'reductionism'이란 말이 생겨났다. 특히 과학철학에서 환원주의란 관찰 불가능한 이론적 개념 및 법칙을 직접적으로 관찰 가능한 경험명제의 집합으로 치환하려는 실증주의적 경향을 가리키며, E. 마흐, R. 아베나리우스 등의 경험비판론, M. 슐리크, R. 카르나프 등의 논리실증주의가 그 전형이다. 경험비판론이 감각적 경험으로의 '사실적 환원'을 목적으로 하는 데 대하여 논리실증주의는 관찰명제로의 '언어적 환원'을 목적으로 한다는 차이가 있으나 모두 반(反)형이상학의 입장으로서 맥을 같이 한다. 논리실증주의는 다시 관찰명제의 기술에 감각여건언어(感覺與件言語)를 취하는가, 물언어(物言語)를 취하는가에 따라 현상주의와 물리주의로 나뉜다. 한편 환원주의는 심리학상의 행동주의와 사회과학상의 방법론적 개체주의를 옹호하여 통일과학의 이상을 추구하였지만 실제적인 과학 발전에 불합리하다는 것이 입증되었다. 생물학에서 환원주의는 생명현상이 물리학·화학의 이론 및 법칙으로 해명이 가능하다는 입장을 가리키며 생기론(生氣論)과 대립한다. 이 경우에도 이러한 단순화가 생명현상을 이해하는 데 필수적인 선행 단계이지만 생명현상에 관계하는 물리학·화학의 법칙들은 순수한 형태가 아닌 질적으로 변화된 형태로 작용한다는 사실을 간과해서는 안 된다.

case 1 아래의 제시문들의 공통된 주제를 찾아 그 주제와 제시문들 사이의 연관성을 설명하고 주제에 대한 자신의 생각을 논술하시오.

가 왕수인은 '양지'의 깨달음을 얻고 비로소 성인이 말한 진리는 인간의 본성만으로 충분하다는 것을 알게 되었어요. 나의 마음 밖에 있는 사물에서 진리를 찾는 것은 잘못되었다고 생각한 것이지요. 즉 '내 마음이 진리'라는 것이에요. 물론 이때의 진리란 오늘날 우리가 알고 있는 과학적 진리는 아닙니다. 사람이 사람답게 올바르게 사는 데 필요한 도덕적인 진리를 말하는 것이지요. 과학적인 진리야 인간의 마음 밖에 있는 여러 가지 사물에서 분명 찾아야 하는 것이고요.

왕수인은 이렇게 진리를 찾기 위해서 갖은 고생을 했어요. 그래서 왕수인이 '내 마음이 곧 진리'라고 한 것은 그만큼 값진 것이고, 학문의 역사를 살펴볼 때 큰 업적이 아닐 수 없습니다.

– 《왕수인이 들려주는 양지 이야기》 중에서

나 "녀석, 대단한데. 내가 말하려는 것이 바로 그거란다. 세상에 있는 것은 물질뿐이다, 이거야. 가장 작은 단위인 물질이 모였다가 흩어졌다가 하는 것이 세상을 구성하는 거란다."

조용히 있던 소동이 물었다.

"그럼 아빠가 말하는 물질이란 과학 시간에 배운 원자, 분자 같은 건가요?"

"그렇다고 할 수 있겠지. 지금은 더 작은 단위까지 연구하고 있다는데, 어쨌거나 쪼개질 수 없는 가장 작은 단위를 물질이라고 이해하면 될 거야. 쉬운 예를 하나 들어 볼까? 저기 돌하르방이 보이지?"

아빠가 장식장에 진열된 돌하르방을 가리켰다. 우리 부모님의 신혼여행 기념품이다. 가지고 있으면 아들을 낳고 금실이 좋아진다는 말에 샀다는데 완전 거짓말은 아니었나 보다. 아들을 둘이나 낳았으니 말이다.

"저 돌을 쪼개고 갈면 무엇이 되겠니? 작은 알갱이에서 돌가루가 되었다가 나중에는 먼지가 되고, 공기 중에 흩어질 거야. 그러면 공기도 먼지도 돌도 다 물질이 모여서 이루어진 거지."

듣고 보니 그런 것 같았다. 공기도 결국은 물질이었다.

"자, 또 다른 예를 들어 볼까? 그래, 마침 여기 저녁때 먹다 남은 고구마가 있구나. 이 고구마를 먹으면 소화가 되서 똥으로 나올 거야. 똥도 나중에는 흙 속에서 거름으로 썩고 공기 중에 흩어지겠지?"

태근이와 민수가 실실 웃으며 물었다.

"그럼, 개똥, 소똥도 결국 기가 모인 거고, 물질이겠네요?"

아빠는 같이 웃으며 대답했다.

"그렇지, 똥도 방귀도 물질이지. 최한기는 눈앞에 보이는 것이나 보이지 않는 것이나 그 근원은 모두 물질이라고 했어. 세상의 모든 것, 공기, 물, 돌, 나무, 사람 모두 물질이야."

– 《최한기가 들려주는 기학 이야기》 중에서

다 인간은 문자 그대로 사회적 동물(공동체 속에서 사는 동물)이다. 인간은 집단생활을 하는 동물일 뿐만 아니라 오직 사회 속에서만 자신의 개별성을 드러낼 수 있는 동물이다. 사회 바깥에서 고립된 개인이 생산한다는 것은 함께 살면서 서로 말을 주고받는 인간세계 바깥에서 언어의 발전을 말하는 것만큼이나 터무니없는 것이다.

생산이 가장 기초적인 인간 활동이라면, 우리는 사회를 분석하고자 할 때 생산이 조직되는 방식에 가장 큰 주의를 기울여야 한다. 그래서 마르크스는 '사회적 생산관계들' , 영주와 농노 혹은 자본가와 노동자 사이의 착취 관계에 관심을 집중시켰던 것이다.

생산이 사회적 활동이라면, 생산조직의 변동은 사회의 변동을 초래할 것이며, '인간의 본질은 사회관계의 총체' 이기 때문에 사람들의 신념이나 소망 그리고 행동에도 변화가 일어날 것이다. 이것이 마르크스의 유물론적 역사관의 핵심이다. 마르크스에 의하면 '사회적 관계가 의식을 규정한다' 고 하였다.

라 정신이 자기 자신을 안다는 것은 자신을 실현해 가는 것입니다. 자신을 실현하기 위해 정신은 자신의 내부만 들여다보아서는 아무것도 건질 수 없습니다. 자신을 알기 위해 정신은 자신의 외부에 있는 세계를 자신의 것으로 만드는 일을 해야 합니다. 세계를 자신의 것으로 만들어 갈 때 정신이 알게 되는 최초의 일은 자신이 스스로 제시한 대상에 대해 불만족스럽게 생각한다는 것입니다. 그렇다고 해서 그 대상을 사라지게 할 수 없습니다. 처음부터 다시 시작하게 되니까요. 이것이 바로 정신이 자신을 생각하기 시작할 때 느끼게 되는 딜레마입니다. 그 해결 방법은 대상으로서 자꾸 다른 자기의식을 만드는 것이랍니다. 그리고 거울에 자기 모습을 비춰 보듯 서로 비교해 보고 마음에 들지 않으면 다시 다른 의식을 찾아나서는 것입니다. 끊임없이 활동하는 것이지요. 결국 정신이란 고립되고 갇혀서는 자신을 알 수 없습니다. 마치 혼자서만 스스로를 크다고 생각하는 어린이가 정신적으로 단순한 의식에 머무는 것처럼 다른 것과 비교하지 않는 정신은 자신을 알아 갈 수 없는 것입니다. 정신은 다른 의식의 존재를 관찰하면서 자신의 원래 모습으로 전개되어 가는 것이랍니다. 헤겔은 사람의 정신이 모든 것을 알 수 있는 단계에까지 나갈 수 있을 것이라고 생각했습니다. 역사가 진행되면서 점차 발전하는 것처럼, 정신도 발전하여 가장 완성된 정신이 될 수 있다고 본 것입니다. 헤겔은 그러한 정신을 '절대정신' 이라고 했습니다. 절대정신은 세계사 속에서 움직이고 있는 모든 것을 넘어 있으면서 또한 모든 것을 알 수 있는 정신입니다. 모든 것을 통솔하고 있는 최상의 정신인 것입니다.

- 《헤겔이 들려주는 정신 이야기》 중에서

생각 쓰기

1 마르크스

런던의 하이게이트 프라이호프에서 열린 장례식에서 엥겔스는 마르크스가 '인류 역사 발전의 법칙'과 '자본주의 사회운동의 법칙'을 발견해 냈다고 선언했다. "무엇보다 카를 마르크스는 위대한 혁명가였다. 증오의 대상이 되어 극단적인 비방과 모략에 시달렸던 그는 이제 수백만 노동자들의 사랑과 존경, 애도 속에서 눈을 감는다."

마르크스는 프로메테우스적인 반항 정신과 엄격한 지성을 겸비한 인물이었다. 그는 주위 사람들에게 지적으로 교만하다는 인상을 주었다. 1846년에 열린 한 토론회에서 그를 만나 유심히 관찰했던 러시아 작가 파벨 안넨코프는 이렇게 회상했다.

"그의 말투는 항상 명령조에 가까웠고 반론을 용인하는 법이 없었다. 그는 마치 환상 속에서나 나타날 수 있는 민주적 독재자의 화신과도 같았다."

마르크스는 많은 청중 앞에 나서기를 꺼려했고 파벌 논쟁을 벌이는 분위기도 좋아하지 않았다. 그의 아내 예니 역시 그가 시위에 직접 참여하지 않았으며 공식 회의 석상에서도 말을 아꼈다고 밝혔다. 그는 경쟁 상대인 다른 사회주의 집단들이 논쟁을 벌이는 제1인터내셔널 대회를 멀리했으며, 그보다는 제1인터내셔널 총회나 신문사 간부 모임과 같은 소모임 분위기를 선호했다. 성격상 이런 소모임 동료들에게 강력한 힘을 발휘할 수 있었던 그였다. 한편 그는 대등한 위치에서 경제학 및 사회학의 여러 문제들을 논의할 수 있는 명망 있는 학자들과의 회합을 기피했는데, 이는 그의 식견이 짧아서가 아니라 영국의 외무장관 파머스턴 경이 러시아 정부의 첩자라는 식의 강박관념에 사로잡혀 있었기 때문이다. 그는 부르주아 사회가 자신을 결코 '돈 만드는 기계'로 전락시키지 못할 것이라고 다짐하면서도 엥겔스의 증여와 친척들의 유산에 생계를 의존했다.

마르크스가 자신의 저작들에서 강조한 것은 경제학적인 문제들이었으나 그의 철학은 경제학 못지않게 사회학과 역사 분야에 큰 영향을 미쳐 왔다. 사회학 이론에 있어 마르크스의 가장 지대한 공헌은 모든 사회 체계가 내재적 모순(불안정)을 발생시키며 이 모순은 새로운 사회의 등장에 의해서만 해결될 수 있다는 그의 일반적 분석 방식 즉 '변증법적 분석'에 있다. 《자본론》의 경제학적 추론을 더 이상 받아들이지 않는 신마르크스주의자들도 자본주의 사회체제를 분석하는 데 있어서는 그의 변증법적 분석을 따르고 있다. 이런 의미에서 마르크스의 변증법적 분석 방식은 토머스 맬서스, 허버트 스펜서, 빌프레도 파레토 같은 학자들의 분석 방식과 마찬가지로 사회과학의 유산으로 남은 유력한 사회 분석 이론의 하나로 자리 잡았다. 그의 이론 체계를 거부해 온 학자들로는 경험주의 철학 계통의 버트런드 러셀, 존 듀이, 그리고 카를 포퍼가 있다.

2 헤겔

경건한 프로테스탄트 가정에서 자라나 1788년 튀빙겐대학에서 철학과 신학을 공부하고 J.C.F. 횔더린 및 F.W. 셸링 등과 사귀었다. 처음에는 베른과 프랑크푸르트 등에서 가정교사를 하며 독자적인 인생철학에 바탕을 두고 그리스도교를 비판하는 글을 썼다. 1801년 예나대학의 사강사(私講師), 1805년 원외(員外)교수가 되었고 이때 셸링의 사상에 동조하여 그와 공동으로 〈철학 비판〉잡지를 출판하였다. 그러나 점차 셸링의 입장을 벗어났으며 예나대학이 나폴레옹군에 점령된 상황 아래에서 1906년 최초의 저서 《정신현상학》을 내놓아 독자적인 입장을 굳혔다. 예나를 떠나 밤베르크에서 신문 편집자로 있다가 1808~1816년 뉘른베르크 김나지움의 교장이 되었다. 1812년 두 번째 주요 저서 《논리학》을 출판하였고, 1816년 하이델베르크대학 교수가 되었으며, 이듬해 《철학 체계》를 간행함으로써 그의 사상 체계의 개략을 완성하였다. 1818년에 피히테의 뒤를 이어 베를린대학 교수가 되었으며 마지막 주저 《법철학 강요》를 간행하였다. 그의 저작 중에서 가장 많이 읽히는 《역사철학》《종교철학》《미학(美學)》 등은 죽은 뒤 제자들이 편찬한 강의록이다.

헤겔 사상을 요약하면 변증법과 이성주의이다. 세계를 현실과 이성의 일치라고 본 그는 절대적이고도 유일한 방법인 변증법에 의하여 전개되는 세계를 이성적으로 추구하였다. 독일관념론 테두리 안에서 변증법을 완결시킨 그의 영향은 세계로 번져 헤겔학파를 이룩하였으나 헤겔 좌파에 의하여 논리가 정반대인 유물변증법을 만들어 내기에 이르렀다. 또 그의 존재론(存在論)은 원자론(atomism)과 개체적인 요소로의 환원주의를 비판, 생명적 존재의 일원론을 주장함으로써 현대 전체론

(全體論, holism)의 효시를 이룬다. 헤겔 철학은 형이상학적 관념론으로 많은 비판과 반박을 받았지만, 역사적 의의는 18세기 칸트로 대표되는 계몽사상의 한계를 통찰하고 '역사' 가 지니는 의미에 중점을 두어 19세기 후반 이후 국가주의 · 역사주의의 길을 열었다는 데 있다. 그는 현실이란 인간이 마음대로 바꿀 수 있는 것이 아니고 역사 과정은 오히려 그 자신의 법칙에 의해 필연적으로 정해져 있다고 판단하였다. 따라서 사람들이 아무리 이상을 실현하려고 애써도 역사의 법칙적 흐름에 부합되지 않는 한 결코 이루어질 수 없다는 것이었다. 그는 이 역사를 지배하고 있는 법칙에 대해 관념론적 · 형이상학적 견해를 가졌으며 역사는 절대자나 신(神)이 자기를 실현해 가는 과정이라고 판단하였다.

03강 만물은 흐른다?

case 1 다음 제시문들을 읽고 공통된 주제를 찾아 주제와 제시문들 사이의 연관성을 설명하고, 주제에 대한 자신의 생각을 논술하시오.

가   "아빠! 세상엔 눈에 보이지 않는 것도 많은데, 그것들도 다 물질인가요? 음악이나 마음, 생각 같은 것은 물질이 아니지 않나요? 최한기는 어떻게 이야기했어요?"

"흐음, 날카로운 질문인데? 껄껄껄. 최한기는 그런 것도 물질이라고 했어. 정확히 말하면 물질의 운동이라고 했지. 물질의 움직임이 그런 것을 만들어 낸다는 뜻이란다."

아빠는 자신의 이야기를 잘 이해해 준 것이 흐뭇했는지 덧붙여 말씀하셨다.

"만물은 물질로 되어 있다고 했지? 돌이 가루가 되었다가 사라지는 것처럼, 물도 수증기가 되었다가 구름을 거쳐 비로 떨어지지. 너희도 배웠듯이 지구의 환경도 시대에 따라 계속 변해 왔고 기후도 문명도 변한단다. 물질이 계속 움직이고 변하기 때문이야. 지구의 나이가 45억 년이라고들 하는데 아마 수십억 년이 지나면 태양이 촉발하고 태양계는 새로운 별이 되어 지구는 없어질 거야. 그건 물질이 그렇게 하는 거지. 물질 외에 어떤 것이 있어서 그렇게 만드는 것은 아니란다."

그때 갑자기 태근이가 손을 번쩍 들었다. 아빠의 이야기에 완전히 빠져 든 표정이었다. 그렇지만 학교 수업도 아닌데 촌스럽게 손을 들다니, 하여튼 태근이의 엉뚱함은 못 말린다.

"아저씨, 그거 우주의 법칙 때문에 그런 거 아니에요? 아르키메데스의 원리가 있어서 배가 뜨고, 파스칼의 원리가 있어서 자동차 브레이크도 만들었잖아요?"

과학을 좋아하는 태근이가 아는 체를 했다.

"태근이가 똑똑한 질문을 하네. 예전에는 그렇게 믿는 사람들이 많았단다. 그렇지만 생각해 보렴. 물이나 공기 같은 물질이 없었다면 배나 비행기가 만들어졌겠니? 법칙이 생겨날 수 없었을 거야. 법칙이 먼저가 아니라, 물질이 먼저 있었기 때문에 그에 따른 법칙이 생겨난 게 아니겠어?"

민수가 이젠 졸음이 오는지 하품을 하며 물었다.

"법칙이 먼저든 물질이 먼저든 뭐가 중요해요? 말장난 같아요."

민수의 말에 정색을 하며 아빠가 대답했다.

"이건 말장난의 문제가 아니란다. 만약 법칙이나 원리가 먼저라고 생각하게 되면 말이지, 변하는 세상이 아니라 변치 않는 원리나 법칙이 중요하게 되니까 말이야. 예를 들어 '남자는 하늘, 여자는 땅'이라는 예전의 법칙이 불변이라면 그걸 인정할 수 있겠니? 세상은 당연히 변해 가는 것인데."

"그래도 영원할 수 있는 무언가는 있지 않을까요? 부모님의 사랑 같은 거 말이에요."

소동이가 물었다. 나와는 달리 감상적이라서 그런지 소동이는 질문도 역시 감상적으로 했다.

"아빠도 그랬으면 좋겠다. 그런데 '물질로 이루어진 것이 변한다, 사람도 물질이다'라는 면에서는 변화가 생길 수도 있을 거야. 만약 인간이 더 이상 자식을 낳을 수 없게 되고, 인간을 복제하는 방법으로 자손을 퍼뜨리게 된다면, 자식을 사랑하는 마음 같은 건 의미가 없어지지 낳겠니? 우리가 사는 동안에는 부디 그런 일이 없길 바라지만 말이다."

"윽, 그건 너무 무서운 일이에요. 왠지 슬퍼지는걸요. 사랑이 변할 수도 있다니……."

– 《최한기가 들려주는 기학 이야기》 중에서

㉯ 기원전 504~501년 에페소스 출신의 귀족인 헤라클레이토스는 변화의 모든 과정을 다양성 속의 하나인 제일성(齊一性)으로 묘사하였는데, 그 명제가 바로 '만물(萬物)은 유전(流轉)한다' 는 것이었다. 그는 어떤 사람도 같은 강물에 두 번 발을 담글 수는 없다고 말함으로써 변화의 개념을 설명하고자 하였다. 강물이 흐르고 또 언제나 변화하는 것처럼 유전(流轉)의 개념은 강물뿐 아니라 인간의 영혼을 포함하는 만물에도 적용된다.

또한 강물과 인간은 항상 변하면서도 동일성이 유지된다는 공통점도 갖는다. 사물들은 변화하며 다양한 형상을 취한다. 그렇지만 그것들은 변화의 흐름 속에서도 항상 동일한 어떤 것을 내포한다. 이 다양한 형상들과 단일하고 지속적인 요소 사이에는 어떤 근본적인 제일성(齊一性)이 틀림없이 존재한다고 그는 주장하였다.

㉰ 엘레아학파를 대표하는 파르메니데스는 '만물은 변한다' 는 밀레토스학파의 이론에 반대하면서, 세계를 감각적으로 직관하는 것과 세계를 사유하는 것은 완전히 다

른 것이며, 사유만이 우리를 있는 그대로의 실재 세계로 인도한다고 이야기한다. 그가 말하는 사유는 개별적이고 우연적인 지각과는 달리 참된 존재의 파악을 가능케 하는 근본적인 인식능력이다. 여기에 있어서 변화와 다(多)라는 개념은 사유 속에서 모순을 불러일으키기 때문에 그는 사물의 변화와 존재자의 다수성을 부인한다. 이로 인해 생성·소멸하는 세계는 감각적 지각에서 비롯된 가상의 세계로 전락하고, 변화하는 감각적 세계는 환상에 불과한 것으로 부정하는 무세계론에 빠진다. 이후 파르메니데스가 부정한 감각적 세계를 구제하려는 목표 아래 다원론과 원자론 철학이 성립하게 된다.

1 헤라클레이토스

그리스의 철학자로, 불이 조화로운 우주의 기본적인 물질적 원리라고 주장한 우주론으로 유명하다.

헤라클레이토스는 주로 자신을 둘러싼 세계를 설명하는 데 관심이 있었지만, 사람들이 사회적 조화를 이루며 함께 살아갈 필요가 있다는 점도 강조했다. 그는 대부분의 사람들이 만물을 서로 연관 짓고 모든 자연현상을 발생시키는 보편적 원리인 로고스를 파악하지 못한 채 세계에 대한 잘못된 생각을 가지고 몽상가처럼 살고 있다고 불평했다. 그의 주장에 따르면 로고스는 서로 반대되는 것 사이의 근본적인 관계에서 잘 드러난다. 예를 들어 건강과 질병은 서로를 제약한다. 선과 악, 뜨거움과 차가움, 그 밖의 서로 반대되는 것들도 마찬가지의 관계를 맺고 있다. 뿐만 아니라 그는 단일한 실체가 여러 가지 방식으로 지각될 수도 있다고 말했다. 즉 바닷물은 사람에게는 해롭지만 물고기에게는 이롭다. 서로 반대되는 것의 관계를 이해함으로써 헤라클레이토스는 세계의 혼란스럽고 다양한 성격을 극복할 수 있었다. 그리하여 세계란 한 방향의 변화와 그와 대응하는 다른 방향의 변화가 궁극적으로 균형을 이루는 정합적인 체계로 존재한다고 주장했다. 만물들 사이에는 숨겨진 연관이 있어서 겉보기에는 '떨어져 있으려는 것'도 실제로는 '함께 있다'는 것이다.

헤라클레이토스는 만물을 통일하는 근본 물질을 불이라고 보고, 세계 질서는 '일정한 정도로 타오르고 일정한 정도로 꺼지는 영원히 사는 불'이라고 썼다. 그는 불의 현상 형태를 확장하여 연료, 불꽃, 연기뿐 아니라 대기의 에테르까지 포함했다. 이 공기 또는 순수한 불의 일부가 바다 또는 비로 변하고, 바다의 일부가 땅으로 변한다. 이와 동시에 모든 곳에서 똑같은 양의 땅과 바다가 각자 바다와 불의 모습으로 되돌아가고 있다. 그 결과 동적인 평형이 이루어지며, 이것이 세계의 질서 있는 균형을 유지한다. 변화 속에서도 이렇게 통일이 유지되는 것을 헤라클레이토스는 인생과 강의 유명한 비유로 보여 주었다.

"사람들은 같은 강에 발을 담그지만 흐르는 물은 늘 다르다."

뒷날 플라톤은 우리의 감각에 어떻게 나타나든 상관없이 만물은 끊임없이 변화한다는 것을 나타내기 위해 이 원리를 채택했다. 헤라클레이토스는 당대에는 인기가 없었으며 후세의 전기 작가들한테도 자주 경멸을 받았다. 그가 남긴 가장 중요한 공적은 경험 세계의 형식적 통일성을 인식한 점이다.

2 파르메니데스

이탈리아 태생의 그리스 철학자로, 소크라테스 이전 그리스의 주요 학파 중 하나인 엘레아학파를 세웠다. 일반적인 학설은 주요 저작 중에 남아 있는 약간의 단편들과 세 부분으로 이루어진 다소 긴 운문 〈자연에 대하여(On Nature)〉를 바탕으로 재구성되었다. 파르메니데스는 존재하는 다수의 사물과 그들의 형태 변화 및 운동이란 단 하나의 영원한 실재(존재)의 현상일 뿐이라고 주장하고 '모든 것은 하나'라는 이른바 파르메니데스 원리를 세웠다. 이러한 존재 개념을 바탕으로 그는 변화와 비(非)존재를 주장하는 것은 비논리적이라고 말했다. 논리적 존재의 개념을 바탕으로 현상에 대한 주장을 펼쳤다는 점 때문에 그는 형이상학의 창시자 중 한 사람으로 여겨진다. 플라톤의 대화편 〈파르메니데스(Parmenides)〉는 파르메니데스의 생각을 다루고 있다.

case 1 아래 제시문들을 읽고 공통된 주제를 찾아 주제와 제시문들 사이의 연관성을 설명하고, 주제에 대한 자신의 생각을 논술하시오.

㉮ 최한기는 아는 것이 경험에서 출발한다고 봅니다. 경험이란 우리의 감각기관인 눈, 코, 입, 귀, 피부 등을 통하여 사물의 모습이나 소리 등을 마음에 기억하는 것입니다. 이런 감각기관을 통해 경험해서 아는 것을 그는 '형질통(形質通)'이라 불렀습니다. 그러나 이런 감각을 통한 지식이 많다고 해서 깊이 있게 안다고 생각하지는 않았습니다. 사물의 원리나 법칙을 아는 단계에 올라가야 한다는 것입니다. 사물의 원리나 법칙은 감각기관을 통해 직접 아는 것이 아닙니다. 그것은 경험한 것에 대하여 깊이 있게 생각해서 발견하거나 이론을 가지고 설명하는 것입니다. 이렇게 생각을 통하여 아는 것을 그는 '추측통(推測通)'이라 했고, 알아 가는 과정을 '추측' 곧 '미루어 헤아린다'라고 표현하였습니다. 그런데 확실하게 알려면 자신이 법칙이나 원리라고 생각하는 것을 검증해 보아야 합니다. 그는 검증을 '증험(證驗)' 곧 '증명을 통한 체험'이라고 불렀습니다.

이렇게 알아 가는 과정은 우리가 과학 시간에 공부하는 '탐구 학습'의 형태와 유사합니다. 즉 관찰—가설 설정—검증(실험)을 통하여 과학적 원리나 법칙을 파악하는 것

말입니다. 최한기는 이와 같이 알게 된 지식이 확실한 것이며, 이 또한 발전해 가는 역사의 흐름에 따라 점차 더 많이 더 정확하게 알게 될 것이라고 전망했습니다.

– 《최한기가 들려주는 기학 이야기》 중에서

❹ 사람은 어떻게 지식을 얻을 수 있을까요? 로크는 철저하게 경험으로만 가능하다고 생각했습니다. 로크는 우리 앞에 놓여 있는 물건을 경험으로만 알 수 있다고 주장합니다. 그래서 로크는 우리가 절대적으로 믿을 수 있는 지식은 물건에 대한 직접적인 관찰을 통해서만 가능하다고 했습니다.

아무리 어린아이라도 사과가 무엇인지는 압니다. 그리고 불이 무엇인지도 압니다. 그래서 그 어린아이는 "사과는 불이 아니다"라고 이야기할 수 있다고 로크는 말합니다. 물론 여기까지는 아주 단순한 생각이라고 볼 수 있습니다. 하지만 로크는 이런 단순한 생각을 바탕으로 자신의 생각을 더 발전시켜 나갑니다.

바로 이것이 사람의 개인적인 생각입니다. 사람의 감각이야말로 지식을 위해서 가장 믿을 만한 것입니다. 그러나 이 감각이 사람마다 다르다는 것도 우리는 인정해야 합니다. 이 주관적인 것을 인정한다면, 로크는 다음의 네 가지도 인정해야 한다고 주장합니다.

1. 사람은 모든 사물을 경험할 수는 없다.
2. 사람은 마음을 갖고 있다.
3. 사람은 지식을 갖고 있다.

4. 사람은 마음으로 지식을 얻을 수 있다.

사람들은 마음으로 지식을 얻기 때문에, 모든 사람은 태어난 다음 지식을 얻으려고 노력합니다. 그런데 사람이 그 지식을 얻기 전에 지식을 만드는 능력을 갖고 있을까요? 없을까요? 물론 로크는 없다고 했죠. 그래서 사람의 마음은 태어나기 전에는 하얀 종이와 같다고 했답니다. 그것을 타불라라사라고 합니다.

이렇게 사람의 마음은 하얀 종이와 같기 때문에 사람들은 태어난 다음 지식을 얻기 위해서 노력합니다. 그리고 그 지식들은 경험을 통해서만 얻을 수 있는 것이죠. 특히 사람의 감각을 통해서 얻는 지식이야말로 가장 정확하고 확실한 지식이라고 믿었죠.

– 《로크가 들려주는 타불라라사 이야기》 중에서

다 데카르트는 다른 그 어떤 것의 도움 없이도 인간이 스스로의 힘으로 진리를 알아낼 수 있다고 생각했습니다. 그리고 그것은 인간이라면 누구에게나 가능한 일이라고 생각했죠. 데카르트는 어떻게 그것이 가능하다고 생각했을까요? 바로 인간은 누구에게나 이성, 즉 정확하게 판단하고 참과 거짓을 분별할 수 있는 능력이 있기 때문이랍니다.

데카르트는 자신뿐만 아니라 인간이라면 누구나 올바르게 판단하는 능력, 다시 말해서 스스로의 힘으로 참과 거짓을 구별하는 능력인 이성을 공평하게 소유하고 있다는 확신을 가지고 있었고, 바로 그 이성에 호소하여 사람들의 지지를 받고자 했어요. 따라서 그는 진리에 이르는 길은 신학자들과 같은 소수의 사람들에게 독점되어 있는 것이 아니라 모든 인간에게 열려 있다고 생각했던 거죠.

– 《데카르트가 들려주는 이성 이야기》 중에서

생각 쓰기

주요 개념 및 배경 지식

1 로크

영국의 대표적 철학자이자 근대 민주주의의 대표적 사상가이다. 로크는 이성적 추론만으로 세계에 대한 진리를 발견할 수 있다는 견해를 거부했다. 그는 데카르트를 무척 존경했지만 그의 철학에 들어 있는 사변적 정신은 경계했고 스콜라 철학자들의 사변성을 경멸했다. 이런 의미에서 그는 형이상학을 거부했다. 세계에 대한 인식은 오직 경험과 경험에 대한 반성을 통해서만 얻을 수 있고, 자연과학자야말로 인식을 증진하는 진정한 철학자라고 생각했다. 그렇기 때문에 자신의 과제는 지식 자체가 아니라 '지식의 획득 과정에 대한 이해'라는 소박한 문제라고 말했다. 즉 '인간이 갖는 지식의 원천·확실성·범위'는 무엇이고, 이와 더불어 '신념·의견·동의의 근거 및 정도'는 무엇인가 하는 물음이었다.

로크는 여러 관념을 분류함으로써 관념의 원천이 언제나 감각과 반성에 있음을 보여 주려 했다. 모든 관념이 정신 앞에 직접 있는 단순한 관념은 아니다. 많은 관념은 복합 관념이며 그것을 구성하는 단순한 요소로 분석할 수 있다. 감각과 반성에 주어지는 것은 단순 관념뿐이다. 정신은 이 단순 관념들로부터 복합 관념을 '형성'한다고 생각했다.

2 데카르트

프랑스의 철학자이자 수학자이다. 스콜라학파의 아리스토텔레스주의에 처음 반대한 사람으로 근대 철학의 아버지로 알려져 있다. 모든 형태의 지식을 방법적으로 의심하고 나서 "나는 생각한다. 그러므로 나는 존재한다"라는 직관이 확실한 지식임을 발견했다. 사유를 본질로 하는 정신과 연장(延長)을 본질로 하는 물질을 구분함으로써 이원론적 체계를 펼쳤다. 데카르트의 형이상학 체계는 본유관념으로부터 이성에 의해 도출된다는 점에서 직관주의적이나, 물리학과 생리학은 감각적 지식에 기초를 두고 있다는 점에서 경험주의적이다.

데카르트의 목표는 자연에 정통하는 것이었다. 〈세계·광학·기상학·지리학〉에서는 지식 나무의 줄기에 대한 이해를 제공했고 〈제일철학에 관한 성찰〉에서는 그 뿌리를 해명한 뒤, 역사·의학·도덕 등 지식의 가지를 연구하면서 여생을 보냈다. 역학은 의학이나 생리학의 기초이고 의학 또는 생리학은 도덕 심리학의 기초이다. 데카르트는 인간의 육체를 포함한 모든 물체가 역학 원리에 따라 작동하는 기계라고 믿었다. 생리학을 연구하면서 동물의 육체를 해부하여 각 부분이 어떻게 움직이는가를 보였고, 동물은 영혼을 갖지 않기 때문에 생각할 수도 느낄 수도 없다고 주장했다. 또 혈액순환에 대해서도 기술했으나, 심장의 열기가 혈액을 팽창·분출시킨다는 잘못된 결론을 내렸다.

 아래의 제시문들을 읽고, 세상이 처음 생겨날 때 이와 기 중에 어느 것이 먼저 있었을지를 생각해 보고 제시문 **다**의 입장에서 제시문 **가**를 비판하시오.

가 "아저씨, 그거 우주의 법칙 때문에 그런 거 아니에요? 아르키메데스의 원리가 있어서 배가 뜨고, 파스칼의 원리가 있어서 자동차 브레이크도 만들었잖아요?"

과학을 좀 아는 태근이가 아는 체를 했다.

"태근이가 똑똑한 질문을 하네. 예전에는 그렇게 믿는 사람들이 많았단다. 그렇지만 생각해 보렴. 물이나 공기 같은 물질이 없었다면 배나 비행기가 만들어졌겠니? 법칙이 생겨날 수 없었을 거야. 법칙이 먼저가 아니라, 물질이 먼저 있었기 때문에 그에 따른 법칙이 생겨난 게 아니겠니?"

민수가 이젠 졸음이 오는지 하품을 하며 물었다.

"법칙이 먼저든 물질이 먼저든 뭐가 중요해요? 말장난 같아요."

민수의 말에 정색을 하며 아빠가 대답했다.

"이건 말장난의 문제가 아니란다. 만약 법칙이나 원리가 먼저라고 생각하게 되면 말이지, 변하는 세상이 아니라 변치 않는 원리나 법칙이 중요하게 되니까 말이야. 예를 들어 '남자는 하늘, 여자는 땅'이라는 예전의 법칙이 불변이라면 그걸 인정할 수 있겠니? 세상은 당연히 변해 가는 것인데."

- 《최한기가 들려주는 기학 이야기》 중에서

(나) "이렇게 한번 생각해 보자. 아주 어렸을 때부터 저 동굴에 갇힌 죄수가 있다고 말이야. 그 죄수는 가끔씩 방문하는 사람들이 가지고 오는 물건들, 돌, 나무로 만든 조각상 등을 벽에 비친 그림자로만 보아 왔다. 그리고 그것들이 진짜 모습이라고 믿게 되었지. 어느 날은 감옥에 인형 극단이 위문 공연을 왔어. 벽에 비친 인형들의 움직임을 죄수는 진짜 사람들의 모습이라고 착각하였지. 어때, 충분히 가능한 일이지?"

(……)

그래, 잘 대답했다만 지금부터 할 얘기에도 동의를 할지 모르겠구나. 너희는 그 어두운 동굴에 갇혀 벽에 비친 그림자를 진짜로 착각하며 살고 있는 죄수와 같다. 어두운 동굴은 너희가 살고 있는 세계이고, 벽에 비친 그림자는 너희가 눈으로 보며 진짜라고 말하는 것들이지. 그리고 빛의 세계는 이데아의 세계인 셈이고, 감옥에서 탈출해서 잠깐이나마 그 빛의 세계에 다녀온 죄수는 이데아의 세계를 알게 된 철학자라고 할 수 있다. 빛의 세계에 있는 그림자의 실체들은 바로 이데아를 뜻하지. 어떠냐? 눈에 보이는 것들을 진짜로 믿고 살아가는 너희가 불쌍하다고 생각되지 않니? 하하하!"

- 《플라톤이 들려주는 이데아 이야기》 중에서

(다) "좋아요. 그럼 예를 들어서 형상과 질료를 함께 설명할게요. 자, 파리에 유명한 에펠탑이 있죠? 에펠탑은 철로 만들었어요. 이제 에펠탑을 용광로에서 녹인다고 상상

해 봐요. 어떻게 될까요?"

"삐! 고만파 정답이요! 에펠탑의 형태는 사라지고 철 덩어리만 남아요."

"맞았습니다. 에펠탑의 형태가 바로 형상이에요. 그리고 철 덩어리가 바로 질료고요. 물론 우리가 사용하는 형태라는 말과 형상이 같은 뜻은 아니에요. 형상이 더 큰 뜻을 가지고 있죠. 그렇지만 예를 들어서 쉽게 설명하자면 형상과 질료의 관계는 에펠탑의 형태와 철의 관계와 같다는 거예요."

"아하! 그럼 질료는 재료라고 생각하면 쉽게 이해가 되겠네요? 그리고 형상은 모양, 구조, 기능 등 재료를 뺀 나머지 것들이라고 생각하면 될까요?"

"음, 그렇게 생각하면 큰 무리가 없을 것 같아요. 고만파 박사님도 이해가 되시죠?"

– 《아리스토텔레스가 들려주는 행복 이야기》 중에서

생각 쓰기

주요 개념 및 배경 지식

1 플라톤

서양 문화의 철학적 기초를 마련한 고대 그리스의 위대한 철학자이다. 논리학, 인식론, 형이상학 등에 걸친 광범위하고 심오한 철학 체계를 전개했으며, 특히 그의 모든 사상의 발전에는 윤리적 동기가 바탕을 이루고 있다. 또한 이성이 인도하는 것이면 무엇이든 따라야 한다는 이성주의적 입장을 고수했다. 따라서 플라톤 철학의 핵심은 이성주의적 윤리학이다.

그는 《국가》에서 '올바름(正義, dikaiosyne)이란 무엇인가?', '올바름은 올바른 사람을 이롭게 하는가?' 같은 윤리적 문제를 다뤘다. (올바름은 전체를 구성하는 다양한 부분들이 자신의 고유한 기능을 수행하고 다른 부분의 기능에 간섭하지 않을 때 이루어지는 조화이다.) 개인의 올바름은 그의 혼을 이루는 세 부분, 즉 이성, 욕구, 기개(의지) 등이 저마다 제 기능을 수행할 때 나타난다.

공동체의 올바름은 구성원들 모두가 자신에게 할당된 역할을 수행할 때 나타난다. 특히 개인에게서는 이성이, 공동체에서는 선의 형상을 통찰한 철학자가 지배할 때 조화가 달성된다. 《국가》에서는 '세 가지 삶의 방식(역할)', 즉 지혜를 추구하는 철학자, 욕구의 충족을 바라는 자, 현실적인 문제들을 처리하는 활동가의 삶을 구별하고 있다. 이 구별은 개인의 세 가지 요소(또는 활동 원리), 즉 선에 대한 이성적 판단, 특수한 만족을 추구하는 욕구들의 충돌, 타인이나 자신의 욕구에 대항하는 기개를 반영한다.

2 아리스토텔레스

고대 그리스의 철학자이자 과학자이다. 플라톤과 함께 그리스 최고의 사상가로 꼽히는 인물로, 서양 지성사의 방향과 내용에 매우 큰 영향을 끼쳤다. 그가 세운 철학과 과학의 체계는 여러 세기 동안 중세 그리스도교 사상과 스콜라주의 사상을 뒷받침했다. 17세기 말까지 서양 문화는 아리스토텔레스주의였으며 수백 년에 걸친 과학혁명 뒤에도 아리스토텔레스주의는 서양 사상에 여전히 뿌리 깊게 남아 있었다.

아리스토텔레스가 연구한 지식 분야는 물리학·화학·생물학·동물학·심리학·정치학·윤리학·논리학·형이상학·역사·문예이론·수사학 등 매우 다양하다. 그중에서도 가장 큰 업적은 형식논리학과 동물학 분야의 연구이다. 아리스토텔레스의 동물학은 이제 낡은 것이 되었지만, 19세기까지는 관찰과 이론 면에서 그의 연구를 넘어선 사람이 없었다. 철학 분야에서 아리스토텔레스는 아직도 살아 있다. 삼단논법은 이제 형식논리학의 작은 부분일 뿐이지만, 그의 윤리학·정치학·형이상학·과학철학 등은 현대 철학자들 사이에서 끊임없이 논의되고 있다.

06강 죽고 싶은 신들 이야기

 최한기는 확실하게 알려면 자신이 법칙이나 원리라고 생각하는 것을 검증해 보아야 한다고 한다. 이것은 증명을 통한 체험이란 뜻으로 증험이라고 한다. 아래의 제시문을 읽고 증험의 문제점을 과학적 진리의 확실성과 관련하여 서술하고 대안을 제시하시오.

㉮ 최초로 중국을 통일한 진나라의 군주 진시황은 영원히 살고 싶은 욕심에 늙지도 않고 죽지도 않는 불로초를 찾았던 것으로 유명하다. 어느 날 불로초를 찾는 진시황에게 '모든 돌은 깨어진다'는 것을 증명하면 영원히 죽지 않게 해 주겠다고 신이 약속한다. 진시황은 진나라의 모든 백성들을 시켜 온 세상의 돌들을 깨 보게 하였다. 깨도 깨도 세상의 모든 돌을 다 깰 수는 없었다. 결국 진시황이 죽는 순간까지도 깨 보지 못한 돌은 세상에 가득 남았다.

㉯ 유한한 인간과 달리 신은 영원히 사는 존재이다. 어떤 신은 사는 게 지겨워 자살을 하려고 했으나, 신이라서 죽을 수도 없었다. 그래서 제우스에게 자살을 허락해 줄 것을 간청했다. 제우스는 "모든 사람은 죽는다"는 것을 증명하면 죽을 수 있도록 허락하겠다고 하였다. 그 신은 하늘에서 아래를 내려다보며 매일 매일 죽는 사람들을 보

고했다. 하지만 죽는 사람들이 있는 것처럼 매일 매일을 살고 있는 사람들도 있었다. 그 신은 결국 증명을 하는 것에 지쳐서 죽었다.

(다) 환인의 아들인 환웅은 인간을 널리 이롭게 할 목적으로 태백산에 내려와 스스로 천왕이라 하며 사람들을 다스렸다. 그러던 중, 개와 고양이가 찾아와 사람이 되기를 원하므로 환웅은 이들에게 "세상 모든 마늘이 썩는다는 것을 증명하면 사람으로 만들어 주겠노라"고 하였다. 개와 고양이는 마늘이 썩는지 안 썩는지 알기 위해 전 세계의 마늘을 볼 수 있는 능력을 달라고 하였다. 그러나 이들은 날마다 전 세계의 마늘이 썩어 가는 것은 볼 수 있었지만 과거에 모든 마늘이 썩었는지는 절대 알 수 없었다. 결국 개와 고양이는 인간이 될 수 없었다.

생각 쓰기

----

1 검증주의

한 문장(또는 명제)의 진위를 밝히기 위한 과정이며 험증(驗證), 실증(實證)이라고도 한다.

어떤 일정한 조건하에서 한 문장의 검증이 가능할 때 그 문장을 검증 가능한 것이라고 한다. 검증 가능성은 초기 논리이며 실증주의자들에게 문장의 유의미성의 징표(徵表)로서 생각되었으나 이때 검증 가능성이란 기술적인 것이 아닌 이론적인 것으로서 생각되었다.

오늘날 과학적 경험주의에서는 검증 이론에 있어 여러 가지로 곤란하여 확증의 이론이 이를 대치하게 되었다. 빈(Wien)학파의 내부에서도 검증에 관해서는 두 가지 대표적 의견으로 구별된다. ① M. 슐릭크 · L. 비트겐슈타인 등의 주장으로 검증은 관찰적 명제와 직접소여(直接所與)와의 비교조합(比較照合)에 의해서 이루어진다고 한다. ② O. 노이라트 · R. 카르납 등의 주장으로 검증은 명제, 언어 내의 과정인 것으로 프로토콜(protocol)명제와 다른, 일반적이 아닌 복합적 문장과의 형식적 도출 관계의 확인에 지나지 않는다고 한다.

포퍼는 과학과 비과학을 구별할 수 있는 기준을 다름 아닌 반증 가능성(falsifiability)이라고 주장한다. 즉 어떤 주장이 과학의 범주에 포함되기 위해서는 적어도 그 주장이 틀릴 수 있는 가능성을 내포해야 한다는 것이다. 따라서 과학이 다른 어떤 학문에 비해 끊임없이 발전할 수 있었던 것은 그것의 주장과 이론이 옳았기 때문이라기보다는 그 주장이 틀릴 수 있는 가능성을 내포했기 때문이다. 이 것은 스스로에 대한 비판을 수용하는 사회만이 발전할 수 있다는, 사회에 대한 그의 생각과 맥을 같이 하는 것이다. 그는 혁명을 주장한 마르쿠제에 대해 사회 비판을 통한 개혁을 주장한 것은 유명하다.

포퍼가 비판했던 귀납주의(inductivism)와 실증주의(positivism)의 중심적 아이디어는 어떤 과학적 주장의 타당성이 그것을 지지하는 관찰과 경험의 정도에 있다는 것이었다. 과학 이론은 다양한 종류의 경험적 사실에 기초하며, 그런 경험적 사실의 정도가 많을수록 그 이론의 정당성이 담보될 수 있다는 입장이다.

하지만 포퍼는 기존 이론에 합치되는 아무리 많은 수의 지지 증거가 있다고 하더라도 논리적으로 이런 증거가 이론의 진리성을 확립해 줄 수는 없다고 생각했다. 그는 과학의 발전은 기존 이론의 정당성을 부정하는 경험적 사실이 관찰됨으로써, 그 이론이 반증되는 과정을 통해서 달성된다고 했다. 따라서 과학자의 역할은 기존 이론을 부정할 수 있는 관찰 사실을 이끄는 것이며, 자신이 새로운 주장을 제안할 때는 가능한 한 그것이 논리적으로 반증될 수 있는 가능성이 큰 형태로 제시하는 것이 좋다고 봤다. 이런 입장에서 포퍼는 귀납적 철학을 바탕으로 반복적 활동을 강조하는 교육은 원리적으로 불가능하며 바람직하지도 않다고 지적했다. 그는 기본적으로 과학이란 새롭게 발견함에 따라 발전하게 된다고 믿었다. 따라서 그가 생각하는 교육의 가장 중요한 역할은 새로운 발견이 가능할 수 있도록 학생들에게 비판적으로 사고하는 능력을 갖도록 해 주는 것이다.

3 보편과 특수

모든 대상은 그 자신만의 특징을 가지고 다른 것과 구별되어 개별적인 것으로서 인지된다. 그러나 이러한 개별로서 구별되는 대상은 다른 대상과 관계를 맺고 있으며 그들과 공통되는 특징도 갖고 있다. '내 집'은 다른 집과 공통적인 특징을, '마르크스'는 유럽인과 공통적인 특징을 갖는다. 더욱이 '다른 집', '유럽인'은 모두 집 또는 인류라고 하는 공통의 특징을 갖는다. 따라서 '다른 집' 또는 '유럽인'은 '집' 또는 '인류'에 대해 '특수'이며, 후자는 전자에 대해 '보편'이다. 마르크스주의 철학에 의하면 보편은 객관세계에 실재하고 있으며, 그것도 특수·개별과 결합하여 비로소 존재한 것으로서, 개별을 통해 보편이 존재하고 또 개별은 보편을 기대하지 않고는 존재할 수 없다. 이들 양자를 매개하는 것이 특수이다. 이 경우 특수와 보편은 상대적으로 포착될 수 있는 것이고, 또한 개별도 상대적인 의미를 갖고 있다. 예를 들면 한국인·아시아인·인류라고 하는 경우, 한국인은 개별, 아시아인은 특수, 인류는 보편적이지만, 개개 한국인에 있어서 한국인은 특수로서 보편의 아시아인에 대하고, 아시아인은 개별로서 인류에 대하고, 인류는 특수로서 보편인 생물에 대한다.

철학자가 들려주는 철학이야기 004

한나 아렌트가 들려주는 전체주의 이야기

저자_김광식

서울대학교 철학과에서 학사·석사 과정을 마치고 독일 베를린 자유대학교 철학과에서 박사 과정을 마쳤다. 저서로는 《사회철학대계 4: 기술시대와 사회철학》(공저)이 있고, 역서로는 《흄—나는 존재하지 않는다》, 《마르크스 정치경제학의 변증법적 방법 I, II》(공역), 《철학대사전》(공역) 등이 있으며, 논문으로는 〈본질과 현상의 범주를 통해 본 인식들 사이의 모순의 문제〉, 〈사이버네틱스와 철학〉 등이 있다. 서양철학과 동양철학을 비교하는 데 많은 관심을 가지고 있다.

01강 한나 아렌트의 정치사상은 타당한가?

가 한나 아렌트는 1906년 독일에서 태어나 1975년 미국에서 심장마비로 사망하였습니다. 여성이면서 유대인이었던 아렌트는 제1차 세계대전과 제2차 세계대전을 경험하면서 국가가 없는 민족의 일원이 겪는 고통이 무엇인지를 절실히 느끼며 정치의 중요성을 체험합니다. 그리고 이러한 체험을 바탕으로 정치철학자의 길을 걸어가게 됩니다.

그러나 한나 아렌트는 원래 정치 철학자가 되려는 생각은 없었습니다. 처음에는 실존주의와 종교의 문제에 깊은 관심이 있었습니다. 그러나 나치스의 등장으로 본의 아니게 독일을 떠나야 했고, 나중에 미국에 와서 도대체 전체주의가 무엇이며 왜 전체주의가 발생했을까에 관심을 갖고 연구하여, 1951년에 《전체주의의 기원》이라는 책을 쓰고 세계적인 명성을 얻게 됩니다. 우리의 책 제1장과 제3장에 나오는 유대인에 대한 이야기와 전체주의에 대한 이야기는 바로 《전체주의의 기원》에 근거한 이야기입니다.

– 《한나 아렌트가 들려주는 전체주의 이야기》 중에서

나 어떤 마을에 누구나 가축을 방목할 수 있도록 개방되어 있는 공동의 땅이 있었다. 이 마을 주민들은 각자 자신의 땅을 갖고 있지만, 이 공동의 땅에 자신의 가축을 가능한 한 많이 풀어놓으려 했다. 특별한 비용 부담 없이 넓은 목초지에서 자신의 가축에게 신선한 풀을 마음껏 먹일 수 있기 때문이다. 각 농가에서는 공유지의 신선한 풀이 자신과 다른 농가의 모든 가축들을 기르기에 충분한가 걱정하기보다는 공유지에 방목하는 자신의 가축 수를 늘리는 일에만 골몰하였다. 주민들의 이러한 행동으로 인하여 공유지는 가축들로 붐비게 되었고, 그 결과 이 마을의 공유지는 가축들이 먹을 만한 풀이 하나도 없는 황량한 땅으로 변하고 말았다.

– 개릿 하딘, 《공유의 비극》 중에서

– 관련 기출 문제: [2006] 서울대 정시 논술 고사 제시문 참고

다 '경쟁' 이라는 말은 어원적으로 '함께 추구한다' 는 뜻을 내포한다. 경쟁의 논리가 기술의 진보와 생산성 향상에 크게 기여했음은 부인할 수 없다. 인간의 욕구 수준을 계속 높여 감으로써 새로운 진보와 창조를 가능케 한 것이다. 정치적인 측면에서도 경쟁 심리는 민주주의 발전의 핵심적인 동인(動因)이었다. 정치적 의지를 관철시키려는 이익 집단 또는 정당 간의 치열한 경쟁을 통해 민주주의가 뿌리내릴 수 있었다. 그러나 오늘날 경쟁은 어원적 의미와는 달리 변질되어 통용된다. 경쟁은 더 이상 목적을 달성하기 위한 수단 가운데 하나가 아니다. 경쟁은 그 자체가 하나의 범세계적인 지배 이데올로기로 자리 잡았다.

경쟁 논리가 지배하는 사회에서는 승리자와 패배자가 확연히 구분된다. 물론 아무

렇게나 경쟁하는 것은 아니다. '게임의 법칙'이 공정했을 때 패자도 승부의 결과를 받

아들이게 된다. 그렇지만 경쟁 사회에서는 '협상'을 통해 갈등을 해소하거나 타협점

을 찾을 여지가 없다. 경쟁에서 상대방을 이기면 된다는 간단한 논리만이 존재할 뿐

이다. 경제적인 측면에서 살펴보면, 경쟁이란 곧 상대의 이익을 빼앗는 과정이다.

– 리스본 그룹, 《경쟁의 한계》 중에서

– 관련 기출 문제: [2006] 서울대 정시 논술 고사 제시문 참고

생각 쓰기

자유

　강제나 필연에 대립하는 개념으로서, 행위를 하게 하는 원인이 행위자 자신 속에 있는 경우를 일컫는 말이다. 아리스토텔레스는 자유를 의도적인 행위의 특징으로 간주했으며, 토마스 아퀴나스는 신의 예정설과 조화되는 자유의지 개념을 고안했다. 그에 따르면 모든 생각과 행위는 신에 의해 미리 예정되어 있지만 신이 자유롭기 때문에 인간에게도 자유가 주어졌다고 한다. 루소는 인간의 자연 상태에 속하는 속성을 자유라고 보았다. 프랑스혁명 당시 인권선언은 다른 사람을 침해하지 않는 범위에서는 무엇이든 할 수 있다는 의미로 사용되었다.

02 강 민주, 독재, 그리고 전체

case 1 다음 제시문을 읽고 민주정치, 독재정치, 전체주의의 관계에 대해 서술하고 바람직한 정치에 대한 생각을 논술하시오.

가   공부도 쉽게 가르쳐 주시고 우리의 마음을 잘 이해해 주시는 박선해 선생님은 이름처럼 정말 착하신 분이다.

그런 우리의 담임선생님이 갑자기 독재자로 변하셨다.

우리 반은 다른 반과 달리 매달 1일 반장 선거를 한다. 더 많은 학생이 반장이 되어 통솔력을 키우고 다양한 경험을 하며, 무엇보다 반장과 그 외의 학생 간에 차이를 두지 않고 평등한 학급을 만들자는 의미에서였다.

그래서 우리는 매달 1일이 되면 몹시 설렌다.

'이번엔 누가 반장이 될까? 혹시 내가?'

생각만 해도 설레고 신나는 일이다. 공공연히 인기투표처럼 된 반장 선거에서 한 표라도 얻게 되면 그 우쭐한 기분이라니!

그런데 이번 달에는 반장 선거가 이루어지지 않았다. 반장을 뽑지 않았다는 것이 아니다. 갑자기 독재자로 변하신 담임선생님이 마음대로 반장을 뽑아 버리셨다.

"이번 달은 스승의 날이 있는 달이기도 하니까 선생님이 반장을 지목하면 어떨까요?”

모두들 선생님 말씀을 듣고 ‘이번엔 선생님이 가장 좋아하는 아이가 반장이 될 거야’라는 생각에 가슴이 쿵쾅거렸다. 친구들이 뽑아 주는 반장도 인기 있는 아이라는 의미에서 자랑스럽겠지만 예쁘고 착한 선생님의 지목을 받는다면 그것 또한 정말 자랑스러운 일일 테니까.

그런데! 선생님의 그 고운 입에서 호명된 아이는?

바로 김승진!

‘김승진이 반장이라니. 이건 말도 안 돼!’

장담하건대, 김승진은 우리 반 아이들 모두가 싫어하는 아이이며 가장 인기 없는 아이이다.

후줄근한 옷차림에 느릿느릿 어눌한 말투, 게다가 누가 불러도 서둘러 대답하지 않고 어깨를 축 늘어뜨린 채 눈만 빠끔히 치켜뜨고는 ‘왜……?’ 소리만 길게 늘여 빼는 아이. 체육 시간에 체육복도 제일 늦게 갈아입고 합창할 때마다 음을 맞추지 못해 지적을 받는 아이. 승진이가 가장 빨리 할 수 있는 건, 점심시간에 싹싹 먹어 치운 빈 급식 판을 먼저 갖다 놓는 일뿐이다. 한마디로 승진이는 우리 반 왕따이다.

그런 승진이가 반장이라니! 왕따가 반장이라니!

– 《한나 아렌트가 들려주는 전체주의 이야기》 중에서

⑷ 민주정치는 민주주의에 의거한 정치로 국가의 주권이 국민에게 있고 국민의 의사에 따라 정치를 운용하는 것을 말한다.

국가 의사를 결정하는 데 있어서 대표자를 매개로 하지 않고 국민이 다수결 원칙 아래 정치적 결정에 직접 참여하는 제도는 직접 민주 정치이고 간접 민주 정치는 국민의 의사가 국민의 대표를 통해 간접적으로 정치에 반영되는 제도이다. 현대의 대부분 국가는 이 제도를 채택하고 있는데 이를 대의 민주 정치라고도 한다.

다 독재 정치는 민주적인 절차를 부정하고 특정한 개인이나 집단이 독단으로 국민을 다스리는 정치 형태이다.

독재 정치는 독재자의 욕구에 국민의 의사가 종속되기를 강요하며 이러한 사회 체제에서 자율적인 인간과 개성적인 인간은 배제된다. 그러나 우리 인간은 각자의 권리와 독자적인 가치관을 지닌 독립적인 존재이다. 설득이 아닌 강요와 위협으로 국민의 권리를 짓밟아서는 안 된다.

상대방이 옳다고 생각하지 않는 일을, 또는 상대방이 바라지 않는 일을 자신이 옳다고 생각하여 상대방에게 요구하거나 강요하는 것은 도덕적으로 옳지 않다. 내가 하는 일이 상대방에게도 좋은 일이다 라는 생각으로, 자신의 생각을 상대방에 요구하는 것은 무지와 무례에서 비롯된 독단이다. 자신의 생각에서 그것이 선행이라 할지라도 남에게 강요하는 것은 부도덕하다. 이것은 민주주의 사회의 인간 존중에 기초한 건전한 시민 윤리이다.

라 전체주의는 전체를 위한다는 명분으로 개인을 철저히 희생시키는 것을 말합니다. 그것이 국가나 단체의 힘을 최대한 만들어 줄 것이라고 생각되기 쉽지만 사실은 그렇지 못합니다. 전체주의가 작동하기 위해서는 어떤 공포 분위기가 필요하고, 결국 그 공포심 때문에 사람들이 따라가는 것이지 진정 자발적으로 사람들이 거기에 참여하는 것이 아니기 때문이지요.

국가 권력이 국민에게서 나온다는 사실을 망각하고 국가의 권력을 목적 달성에만 매달렸던 히틀러가 진정한 권력과 폭력의 구분이 희미해져 유대인의 대학살도 서슴지 않았던 것처럼 전체주의는 잘못된 판단과 결과를 만들 수 있는 거죠. 한 사람이 전체를 위하여 행동하는 것은, 전체가 한 사람을 위할 때 가능한 거랍니다.

– 《한나 아렌트가 들려주는 전체주의 이야기》 중에서

전체주의

　　전체의 이해관계를 위해 개인의 이해관계나 자유를 제한하는 정부 형태를 말한다. 무솔리니는 전체주의를 '국가 안에 모두가 있고 국가 밖에는 아무도 존재하지 않으며, 국가에 반대하는 그 누구도 존재하지 않는 것'으로 정의했다. 전체주의는 개인을 통제하고 강제하는 강력한 중앙집권의 형태로 나타난다. 대표적인 예로는 히틀러의 제3제국, 소련의 스탈린 정권 등이 있다. 전체주의 국가는 압도적인 대중적 지지를 필요로 하며 그러한 지지를 끌어내기 위해 대중매체와 대중 집회를 통해 선동 정치를 한다.

03강 국민의 조건

 다음 제시문을 읽고 어떤 사람들이 국민이 되어야 하는지 국민의 조건이나 자격에 대해 논술하시오.

"반을 이끌어 가다 보면 많은 의견에 부딪치게 되는데 일일이 모든 학생의 의견을 다 만족시킬 수는 없어요. 그래서 반장의 역할이 어려운 거죠. 그만큼 반장은 여러 의견이 부딪치지 않게 잘 조율해 나갈 수 있는 사람이어야 하고요. 반 전체를 위해서라면 소수가 희생하더라도 대다수의 의견을 따라야 해요."

나는 승진이의 눈을 뚫어져라 쳐다보며 말했다. 슬범인지 성훈인지 '옳소!' 하면서 박수까지 쳐 댔다.

"그렇다고 소수의 의견이 무시되면 안 되지요."

키는 작지만 운동을 제법 잘하는 민석이가 맨 뒷줄에 앉아 혼잣말을 했다. 그러자 앞에 앉은 아이들이 누가 한 말인가 싶어 두리번거렸다.

"소수의 의견을 무시하는 것이라기보다 한 사람의 희생으로 반 전체가 잘될 수 있다면 그 정도의 희생은 감수해야 하지 않을까요?"

성훈이가 반박했다.

"저……전체를 위한다는 모……목적에 한……한 사람이라도 희생되는 건 오……

옳지 못해요. 더……더 좋은 방법을 찾아보지 않고 전체의 목적만을 강……강요한다
면 그건 더 나쁜 것 아……아닌가요?”

승진이는 다시 말을 받았다.

“강요하는 게 아니라, 옳은 방법이라고 생각하는 거죠!”

준기가 딱 잘라 말했다.

“일단 개인적인 형편이나 생각을 모두 따르자면 회의는 진행되지도 않고 환경 미화
도 제대로 할 수 없어요. 학급을 위한 일인데!”

“맞아, 맞아. 오죽하면 정의의 사도 삼총사가 이런 말을 했겠어? 한 사람은 전체를
위하여, 전체는 한 사람을 위하여! 엥? 뒷말은 빼고! 한 사람은 전체를 위하여!”

태섭이가 구호를 외치자 아이들 모두 교실이 떠나갈 듯이 웃었다.

“일단 이 문제는 미화 부장을 중심으로 해결하는 게 어떨까요? 너무 회의가 길어지
고 있잖아요. 우리가 미화 부장을 뽑았으니 미화 부장 말을 따라 주는 것도 예의예요.”

마치 다그치기라도 하듯 아이들은 승진이를 몰아갔다. 그러나 승진이도 쉽게 물러
서지 않을 모양이었다.

“그것도 조……좋은 의견은 아닌……아닌 것 같아요. 누가 옳고 누……누가 그르
다고 할……할 수는 없어요. 토……토론의 과정을 무시하고 미화 부장…… 미화 부장
의 힘으로 결정되는 것을 무……무조건 따……따르는 것은…….”

“그럼 대체 뭘 어떻게 하자는 거야? 이래도 싫다 저래도 싫다, 환경 미화 심사 문제
는 어떻게 해결할 거냐고? 빨리 해결될 수 있는 문제를 네가 지금 복잡하게 만들고 있
잖아? 반장이 통솔력이라곤 꽝이라니까!”

슬범이가 소리를 지르며 책상을 꽝 쳤다. 갑자기 교실이 소란스러워졌다. 아이들의 표정도 굳어졌다.

"맞아요, 회의가 쓸데없는 논쟁으로 길어지고 있는 것 같아요."

해리가 선생님을 향해 어떻게 마무리를 지어 달라는 표정을 하고 있었다.

아이들이 소란스러운 가운데 선생님은 팔짱을 끼고 고개를 숙인 채 무엇인가 한참을 생각하시는 듯했다. 소란스럽던 아이들이 선생님의 눈치를 살피며 점점 조용해졌다. 승진이도 할 말을 잃고 우물쭈물 서 있었다.

- 《한나 아렌트가 들려주는 전체주의 이야기》 중에서

양심

case 1 다음 제시문들을 읽고 왕수인의 양지 사상을 비판적으로 논술하시오.

㉮ "그런데 교수님! 독일의 히틀러가 유대인 학살을 한 주범 아니에요?"

용수가 멋쩍은 듯 말했다.

"그렇다고 볼 수 있죠. 그 당시 히틀러가 정권을 잡고 있었으니까. 히틀러를 중심으로 그를 도와 유대인 학살을 실행했던 사람들이 많았지요. 그중에 아이히만이라는 사람이 있었는데 그는 최고위 공직자는 아니었지만 유대인 학살에 대해 전문가로서 활동을 했어요. 상부에서 내려오는 지시를 체계적이고 효과적으로 수행하기 위해서 아이히만은 최선의 노력을 다했고 그래서 가장 적절하게 자신에게 부여된 임무를 잘 수행했던 사람이었지요."

"아무리 그래도 나쁜 일을 저지른 사람에게 임무를 잘 수행했다고 칭찬할 수 있나요?"

주영이가 아버지의 말에 의아하다는 표정을 지었다.

"좋다 나쁘다를 떠나서 아이히만은 하급 관리로서 상부의 명령을 충실하게 이행했던 사람이라는 뜻이지요. 물론 좋은 사람이라는 뜻은 아니고요. 어쨌든 제2차 세계대전이 끝나고 독일이 패망하자 아이히만은 독일을 떠나 아르헨티나에 정착하지요. 15년간 숨어 지내다가 결국 비밀 조직에 의해 체포되고 이스라엘에 강제 압송되어 재판을 받게 됩니다."

"히틀러는 어떻게 됐어요?"

또 용수가 물었다.

"히틀러는 제2차 세계대전이 끝난 뒤에 가족과 함께 자살을 했어요."

"재판을 받았어야 하는데 그냥 자살을 해 버리다니! 대체 유대인을 몇 명이나 죽인 거예요?"

(……)

"아렌트는 아이히만의 재판을 지켜보게 되었는데 놀랍게도 그는 흉악하게 생기지도 않았고 오히려 약하고 온순하게 생긴 사람이었어요. 여러 증언에 따르면 예의도 바르고, 또 집에서는 아주 가정적인 평범한 가장의 모습이었다는 거예요."

"세상에! 그런 사람이 양심도 없나? 아무리 상부의 지시라고 해도 그런 엄청난 일을 저지르다니!"

주영이는 혼잣말인지 질문인지 모르게 말했다.

"그렇지 않아도 자신은 직장인으로서 충실했다고 믿는 아이히만에게 검사는, '당신은 양심의 소리도 들리지 않았는가?' 하고 물었대요. 그랬더니 아이히만은 이렇게 대답했답니다. '만일 내가 나에게 주어진 일을 성실하게 수행하지 않았다면 오히려 양심의 가책을 받았을 것이다' 라고요."

나 "감자와 저는 왕수인이 깨달았다는 양지의 이치가 무엇인지 알아내기 위해 많은 고민을 했어요. 처음에는 너무 막막했어요. 그러다가 왕수인의 사상을 다시 한 번 되짚어 보기로 했지요. 간단하고 쉬운 학문을 추구했던 왕수인은 모든 사물에 진리가 숨어 있다는 주자의 사상을 반박하여 진리란 오직 사람의 마음에 있다고 보았습니다. 그러다가 감자와 저는 양지 역시 사람의 마음속에 있다는 것을 알았고 곧 진리가 양지임을 깨닫게 되었지요. 양지란 한마디로 설명하기는 쉽지 않지만 일종의 양심과도 같습니다. 모든 사람은 도덕적인 본성을 가지고 태어나지요. 즉 어떤 경우라도 옳고 그름을 판단하여 그중 옳은 일을 하게 도와주는 능력, 그것이 바로 양지라고 할 수 있어요. 사람들은 양지를 가지고 있기 때문에 착한 일을 하며 살아가는 것입니다. 오늘날 우리 주변을 보면 욕심을 버리고 순수한 마음으로 착한 일을 하는 사람들을 볼 수 있습니다. 그 사람들은 자신이 손해를 보면서까지 옳은 일을 하려고도 하지요. 대체 그런 마음은 어디에서 온 것일까요? 누가 시킨 것일까요? 아니면 학교에서 그렇게 해야 한다고 배웠을까요? 아닙니다. 왕수인은 사람이면 모름지기 그런 착한 마음을 원래부터 가지고 태어났다고 보았던 것입니다.

– 《왕수인이 들려주는 양지 이야기》 중에서

생각 쓰기

주요 개념 및 배경 지식

왕수인

　왕수인은 중국 명나라의 유학자이다. 그는 마음속에 있는 진리를 찾으면 깨달음에 이를 수 있고 그 깨달음으로 살기 좋은 세상을 만들 수 있다고 생각했다. 마음속에서 찾은 진리가 양지이다. 양지는 선과 악을 판별하는 능력이자 선을 행하는 능력이다. 이 양지는 누구나 가지고 있다. 하지만 그것은 다 자란 열매가 아니라 씨앗처럼 가능성으로만 있을 뿐이다. 따라서 잘 기르면 튼실해지고, 잘 기르지 못하면 말라비틀어진다. 한마디로 말하면, 마음의 수양과 깨달음으로 양지를 키울 때 세상을 살기 좋은 곳으로 만들 수 있다.

05강 도구적 이성

case 1 다음 제시문들을 읽고 오성이나 이성과 관련하여 아이히만의 행위를 비판하시오.

㉮ "아렌트는 아이히만의 재판을 지켜보게 되었는데 놀랍게도 그는 흉악하게 생기지도 않았고 오히려 약하고 온순하게 생긴 사람이었어요. 여러 증언에 따르면 예의도 바르고, 또 집에서는 아주 가정적인 평범한 가장의 모습이었다는 거예요."

"세상에! 그런 사람이 양심도 없나? 아무리 상부의 지시라고 해도 그런 엄청난 일을 저지르다니!'

주영이는 혼잣말인지 질문인지 모르게 말했다.

"그렇지 않아도 자신은 직장인으로서 충실했다고 믿는 아이히만에게 검사는, '당신은 양심의 소리도 들리지 않았는가?' 하고 물었대요. 그랬더니 아이히만은 이렇게 대답했답니다. '만일 내가 나에게 주어진 일을 성실하게 수행하지 않았다면 오히려 양심의 가책을 받았을 것이다' 라고요."

영란이가 저도 모르게 벌떡 일어났다가 얼른 앉았다.

"아무래도 정신이 이상한 것 같아요. 그런 엄청난 일을 저질러 놓고 임무를 충실히 수행했다니요?"

"그래서 정신과 의사들이 아이히만의 정신 상태를 점검해 보았어요. 그런데 6명의 정신과 의사들이 그를 진단한 결과는 모두 정상이었다는 거예요. 그중 한 의사는 '적어도 그 사람을 진찰한 후의 내 상태보다도 더 정상이다'라고 말했다고 해요. 그러니까 그 의사는 그런 범죄를 저지른 사람이니까 아주 비정상일 것이라고 생각했었는데 막상 진찰해 보니 아이히만은 아주 정상적이어서 그 사실을 알고 나니 오히려 의사인 자신이 미쳐 버릴 지경이 돼 버린 거죠."

아버지도 믿을 수 없다는 듯 말씀하셨다.

"뿐만 아니라 아이히만의 아내와 아이들, 그의 어머니와 아버지, 형제자매 그리고 친구들에 대한 그의 모든 정신적 견해가 정상일 뿐만 아니라 바람직하기까지 하며 매우 긍정적인 사고를 가진 사람이었다고 합니다."

나는 어리둥절했다. 그런 성실하고 긍정적인 사람이 대체 무슨 생각으로 그런 엄청난 일을 저질렀는지 알 수가 없었다. 나는 슬그머니 손을 들었다.

"그렇다면 무엇이 문제여서 그런 일을 저지르고도 죄책감이 없었을까요? 자기가 한 일이 무엇인지를 깊이 생각해 보았다면 그런 짓을 저지르지 않았을 것 같은데요?"

"호곤이도 그렇게 생각해요? 저도 그렇게 생각하고 아렌트도 그렇게 생각했어요. 그러니까 아이히만의 문제는 자기가 하는 일의 의미를 전혀 생각하지 않았다는 것이지요."

'인간은 생각하는 동물이다. 그런데 어떻게 생각을 안 할 수가 있지?

나는 더 어리둥절했다.

"네? 어떻게 그게 가능해요? 생각을 안 하다니요? 자기가 하는 일의 의미를 전혀 생각하지 않고 어떻게 일을 할 수 있어요? 저절로 많은 생각이 나지 않았을까요?"

"아주 잘 지적한 질문이에요. 유대인 학살을 계획하고 이를 효과적으로 집행하는 것은 많은 생각을 요구하지요. 아이히만은 단지 이런 생각을 많이 했을 거예요. '얼마나 효과적으로 일을 집행할 것인가'에 대해서만! 그러나 자기가 하는 일의 의미를 생각하는 일은 하지 않았던 것 같아요."

– 《한나 아렌트가 들려주는 전체주의 이야기》 중에서

㉯ 목적에 대해 가장 효과적인 수단을 마련해 주는 기능을 하는 이성을 도구적 이성이라 한다. 또한 도구적 이성은 기술적 목적을 지향하는 이성으로 자기반성이 결여된 이성이다. 말 그대로 '도구가 된 이성'이라는 뜻이다. 지배하고 개발하고 착취하는 데 필요한 지식과 기술로만 쓰이는 이성이 도구적 이성인 것이다. 또한 도구적 이성은 수학적 이성이기도 하다. 모든 것을 계량화하여 수치로 바꿔 내는 이성은 숫자로 환원되지 않는 것을 모두 가상의 영역으로 몰아내거나 '없는 것'으로 인식한다.

마르쿠제는 그의 책 《일차원적 인간》(1967)에서 기술적, 도구적 합리성을 일컬어 인간 지배를 조장하는 장치라고 이야기하였다. 마르쿠제에게 인간의 자연 지배는 인간의 도구화 또는 수단화를 뜻한다. 이런 점에서 그는, 인간의 자연 지배가 도구화의 논리에 따르고 있으며, 그렇게 지배하는 기술은 서로 동일한 관계로서 파악한다.

㉰ 일반적으로 '오성'과 '이성'은 모두 감성과 구별되는 인간의 본래적인 정신 활동으로, 동일한 의미로 사용된다.

객관적 실재를 개념을 통해 파악하는 이론적이고 실천적인 인간의 능력을 오성이라 하고, 이러한 의미에서 오성적 사유는 논증적 인식과 동일하다.

칸트는 오성과 이성을 엄격히 구분하였다. 그에 따르면 오성은 표상 자체를 산출하는 능력, 혹은 인식의 자발성이다. 오성은 개념, 즉 범주와 판단 및 규칙들의 도움으로 감성적 직관의 대상을 사유하는 능력이다. 그에 반해 이성은 무제약자나 총체성 같은 이념의 능력이다. 오성이 개개의 경험에 관계하는 반면, 이성은 경험의 절대적 전체에 관계한다. 칸트에 있어서 인식 능력으로서의 이성은 오성의 상위에 있다.

마르쿠제

독일에서 태어나 미국에서 활동한 철학자이다. 프랑크푸르트대학 '사회연구소'에서 활동했다. 그가 쓴 고도의 산업사회에 있어 인간의 사상과 행동이 체제 안에서 완전히 내재화하여 변혁력을 상실한 일차원적 인간을 비판한 책《일차원적 인간》이 유명하다. 그의 이론은 신좌익운동의 정신적 지주가 되었다. 그의 마르크스주의적 비판철학과 20세기 서구 사회에 대한 프로이트적 심리학 분석은 특히 1968년 반체제 학생운동 이후 좌익급진파 학생들에게 인기가 있었다. 히틀러가 정권을 장악하자 1934년 미국으로 건너갔다.

아비투어 철학 논술

예시 답안

case 1 한나 아렌트가 주장한 정치사상의 핵심은, 첫째 전체를 위해 개인의 자유를 제한하는 전체주의는 개인의 생각마저도 마비시킨다. 따라서 조직 속에서 주어진 과제가 아무리 비도덕적인 것이라고 하더라도 아무런 생각이나 반성 없이 성실히 이행한다는 것이다. 둘째, 전체주의를 예방하고 해결하는 방법은 개인이나 집단이 자신들의 권리를 보호하고 주장하는 정치를 하는 것이다.

한나 아렌트가 지적한 것처럼, 간섭이 지나치면 개인의 자유를 제한하는 전체주의에 흐르기 쉽다. 지나친 간섭은 자유로운 생각을 마비시켜 반성이나 비판을 못하게 한다. 하지만 ㈘처럼 개인이나 집단의 권리를 보호하고 주장하는 정치적 자유가 지나치면, 개인 이기주의나 집단 이기주의에 빠져 공공의 이익을 무시하는 결과를 낳을 수 있다.

그러므로 충분한 자유를 보장하고 공공의 이익을 위해 민주적 절차를 통해 적당한 간섭을 한다면, 정치적 자유도 보장되고 공공의 이익도 보장될 것이다.

case 1 민주정치는 국민이 주인으로서 정책 결정의 권리를 갖는 반면, 독재정치는 개인이나 특정한 집단이 그 권리를 갖는다. 전체주의는 국민이나 개인이나 특정한 집단이 정책 결정의 권리를 갖는다. 전체주의의 특징은 정책 결정의 권리가 어디에 있는가에 있는 것이 아니라 어떠한 국가 목적을 설정하는가에 있다. 전체주의는 정책이 결정되거나 집행되는 과정에서 개인의 이해관계나 개인의 자유, 권리보다는 전체의 이해관계와 전체에 대한 개인의 의무가 강조되는 정치형태이다.

선생님이 선거 없이 반장을 결정한 것은 모두에게 그 반의 주인으로서 가지고 있는 정책 결정의 권리를 빼앗은 것이다. 결국 선생님 혼자서 정책 결정의 권리를 행사한 것이다. 그런 점에서 선생님의 행위는 민주적이지 못하고 독재적이다. 그렇지만 만약 반 아이들이 환경 미화를 위해 돈 걷는 방법을 결정하는 과정에서 형편이 안 되는 소수는 반 전체를 위해 희생하여 다수의 의견을 따라야 한다고 결정한다면 그것도 마찬가지로 개인의 이해관계보다 전체의 이해관계를 앞세운다는 점에서 전체주의적이다.

전체의 이해관계를 위해 개인의 이해관계나 개인의 자유와 권리를 희생할 것을 강요하는 전체주의는 바람직하지 않다. 맹목적인 애국주의는 그러한 전체주의에 흐르기 쉽다. 전체주의에서 더 심각한 문제는 그 희생되는 개인이 대부분 힘없는 소수라는 점이다. 하지만 소수의 권리를 보호하기 위해 다수의 권리를 제한하는 독재정치도 바람직하지 않다. 물론 경우에 따라서는 힘없는 소수의 권리를 보호하기 위해 힘 있는 다수의 권리를 제한하는 것이 다소 긍정적인 측면도 있다. 하지만 권력은 집중되는 경향이 있다. 나치 정권의 유대인 학살이 대표적인 예이다. 다수의 지지를 얻어 민주적으로 선출된 정권이 소수인 유대인의 권리를 빼앗은 것이다. 하지만 특별한 경우가 아니라면 힘 있는 소수에 의한 독재정치보다 스스로 자신의 의사를 결정할 수 있는 힘없는 다수에 의한 민주정치가 바람직하다.

case 1
대부분 사람들은 통치자의 조건이나 자격을 문제 삼지, 국민의 조건이나 자격을 문제 삼는 경우는 드물다. 하지만 통치자뿐만 아니라 국민이야말로 국가의 중요한 구성원이기 때문에 통치자의 조건이 있듯이 국민의 조건도 있어야 한다. 통치자의 조건과 마찬가지로 국민의 조건도 국민이 하는 일과 관련이 있다. 국민은 선거를 통해 정책 결정에 간접적으로 참여할 정치적인 권리가 있으며, 결정된 정책에 따를 정치적 의무가 있다. 따라서 국민은 선거를 통해 자신의 권리를 제대로 행사할 수 있는 능력을 갖추어야 한다. 그러기 위해서는 평소 사회문제에 관심을 가지고 있어야 하며, 어떤 부정적인 유혹에도 넘어가지 않을 의로운 지조가 있어야 한다. 그러므로 가장 중요한 국민의 조건은 토론에 의한 비판 의식이라고 본다. 자기비판이 없는 사회는 썩게 마련이게 때문이다.

주 제 탐 구 **04**강 양심

case 1
왕수인의 양지 사상은 사람은 누구나 똑같은 보편적인 양지(양심)를 타고 난다는 것이다. 그렇다면 아이히만이 어떻게 유대인 학살이라는 비양심적인 행위를 하고서도 양심에 아무런 가책을 느끼지 않을 수 있었을까?

양심은 타고나는 것이 아니라 사회적 환경에 의해 길러지는 것이기 때문이다. 식인종은 사람을 먹으면서도 양심에 아무런 가책을 느끼지 않는다. 오히려 자신들의 행위에 대해 떳떳하다. 아이히만도 마찬가지이다. 나치 정권 아래서 길러진 아이히만의 양심은 유대인 학살을 당연한 것으로 여기며, 아무런 양심의 가책도 느끼지 않는다. 식인종이 사람을 먹는다고 자기 자식이 죽었을 때 슬퍼하지 않겠는가? 그들은 자신들이 가장 사랑한 사람이 죽었을 때 그들을 차마 보내지 못해 그들을 몸속에 간직하기 위해 그들의 살을 먹는다.

양심은 그 사회의 도덕적 토대이다. 그 사회가 얼마나 건강한가는 그 토대인 양심의 건강성에 있다. 왕수인이 지적했듯이 모든 사람은 양심을 가지고 있다. 하지만 왕수인의 생각과 달리 사람의 양심은 그 양심이 키운 그 사회의 성격에 의해 형성된다. 아이히만이 양심이 없는 것이 아니라 양심은 있는데 건강한 양심이 아니라는 것이 문제이다.

주 제 탐 구 **05**강 도구적 이성

case 1 아이히만은 "당신은 양심의 소리도 들리지 않았는가?" 하고 묻는 검사에게 "만일 내가 나에게 주어진 일을 성실하게 수행하지 않았다면 오히려 양심의 가책을 받았을 것이다"라고 대답했습니다. 주어진 일을 성실하게 수행하는 것이 양심에 맞는다면 그때 의미하는 양심은 무엇인가? 그때 양심의 기준은 성실성이다.

보통 일상생활에서 성실성은 중요한 도덕적인 덕목이다. 하지만 성실성 자체는 도덕적인 판단을 내리기에는 아직 조심스럽다. 어떤 목적을 위해 성실한가에 따라 그 평가는 전혀 다를 수 있기 때문이다. 좋은 목적을 위해서 성실한 태도를 보이는 것은 좋지만, 나쁜 목적을 위해 일하는 경우에는 성실하면 할수록 더 나쁘다. 목적의 도덕성을 따지지 않고 오직 목적 자체를 위한 성실한 정신은 차라리 아무런 의지가 없이 명령에만 따르는 도구와 같다. 마르쿠제는 그러한 이성을 도구적 이성이라고 부른다. 이러한 계산적 능력을 칸트는 오성이라고 부르고 목적의 도덕성을 판단하는 능력을 이성이라고 불렀다. 두 사람이 사용하는 용어는 다르지만 그것이 뜻하는 바는 비슷하다. 도구적 이성도, 오성도 필요하다. 하지만 그들을 도덕적이게 만들어 줄 수 있는 것은 목적의 도덕성을 올바르게 판단할 수 있는 이성이다.

철학자가 들려주는 철학이야기 005

맹자가 들려주는 대장부 이야기

저자_김광식

서울대학교 철학과에서 학사·석사 과정을 마치고 독일 베를린 자유대학교 철학과에서 박사과정을 마쳤다. 저서로는 《사회철학대계 4: 기술시대와 사회철학》(공저)이 있고, 역서로는 《흄 —나는 존재하지 않는다》, 《마르크스 정치경제학의 변증법적 방법 I, II》(공역), 《철학대사전》(공역) 등이 있으며, 논문으로는 〈본질과 현상의 범주를 통해 본 인식들 사이의 모순의 문제〉, 〈사이버네틱스와 철학〉 등이 있다. 서양철학과 동양철학을 비교하는데 많은 관심을 가지고 있다.

01강 맹자 사상이 아직도 타당한가?

case 1 다음 글들을 바탕으로 맹자의 사상을 간추리고 맹자가 왜 위대한 사상가로 존경을 받는지, 덕으로 다스리면 이상 사회를 구현할 수 있다는 맹자의 정치사상이 오늘날에도 여전히 타당한지를 한미자유무역협정과 관련하여 논술하시오.

가   맹자는 유교(儒敎) 사상가이다. 유교는 사랑[인, 仁]으로 살기 좋은 세상을 만들 수 있다고 생각하는 사상이다. 맹자는 공자의 사랑의 사상을 더욱 발전시켜 네 가지 덕(4덕, 四德)과 네 가지 실마리(4단, 四端)의 사상으로 만들었다. 맹자에 따르면, 사람은 모두 사랑, 옳음, 예의, 지혜, 즉 인의예지(仁義禮智) 라는 네 가지 덕과, 불쌍하게 여기는 마음, 부끄러워하는 마음, 사양하는 마음, 옳고 그름을 가리는 마음, 즉 측은지심(惻隱之心), 수오지심(羞惡之心), 사양지심(辭讓之心), 시비지심(是非之心)이라는 네 가지 실마리를 가지고 태어난다.

맹자는 인간의 본성은 본래 선한 것이라는 성선설(性善說)을 바탕으로 임금은 백성들이 그러한 선한 본성을 잘 실현할 수 있도록 힘이 아니라 덕으로 다스려야 살기 좋은 세상을 만들 수 있다는 왕도(王道) 정치사상을 주장하였다.

맹자의 덕치(德治) 사상은 백성의 이익을 근본으로 삼는 민본주의 사상의 뿌리가 되었다. 맹자는 임금이 백성의 이익을 근본으로 삼지 않고 자신의 이익만을 쫓을 때는 임금이라 하여도 바꿀 수 있다는 역성(易姓) 혁명을 말했다.

🔵 자유무역협정(FTA)은 국가 간 상품의 자유로운 이동을 위해 모든 무역 장벽을 허무는 협정이다. 주로 일정한 지역의 국가들을 중심으로 이루어졌기 때문에 지역무역협정(RTA)이라고도 부른다.

세계무역기구(WTO)가 모든 회원국에게 최혜국 대우를 보장해 주는 다자주의를 원칙으로 하는 세계 무역 체제인 반면, FTA는 양자주의 및 지역주의적인 특혜 무역 체제로, 회원국에만 무관세나 낮은 관세를 적용한다. 시장이 크게 확대되어 비교 우위에 있는 상품의 수출과 투자가 촉진되고, 동시에 무역 전환 효과를 거둘 수 있다는 장점이 있으나, 협정 대상국에 비해 경쟁력이 낮은 산업은 문을 닫아야 하는 상황이 발생할 수도 있다는 단점이 있다.

1 자유무역협정(自由貿易協定, Free Trade Agreement)

자유무역협정(FTA)은 국가 간 상품의 자유로운 이동을 위해 모든 무역 장벽을 허무는 협정이다. 지역무역협정(RTA)이라고도 부른다. 시장이 크게 확대되어 경쟁력이 있는 상품의 수출과 투자가 촉진된다는 장점이 있으나, 경쟁력이 낮은 산업이 무너지는 단점이 있다.

2 민주주의(民主主義, democracy)

국가의 주권이 국민에게 있고 국민을 위하여 정치를 행하는 제도, 또는 그러한 정치를 지향하는 사상을 말한다. 귀족제나 군주제 또는 독재 체제에 대응하는 뜻이다. 민주주의라는 말은 그리스어의 'demokratia'에 근원을 두고 있는데 'demo(국민)'와 'kratos(지배)'가 합쳐진 것으로, '국민의 지배'를 의미한다. '국민의 지배'라는 민주주의는 여러 갈래로 해석되어 왔다.

초기 그리스에서는 시민권을 가진 남자들의 다수결 원칙 아래 직접 권한을 행사하는 정부 형태를 의미하였다. 이 제도를 '직접민주주의'라 한다. 한편 국민 개개인이 직접 정치 결정 과정에 참여하지 않고 다만 국민이 선출한 대표들을 통하여 정치 결정 권한을 대리하게 하는 방식도 있다. 이것을 '대의(代議) 민주주의'라

한다. 또 정부의 형태가 민주주의든 아니든 간에 사회적·경제적 평등에만 관심을 기울이는 민주주의도 있다. 불평등한 개인의 소유 재산을 평등하게 조정한다는 것으로, '사회적 민주주의' 또는 '경제적 민주주의'라고도 한다.

02강 어머니의 힘

 맹자의 어머니는 자식의 공부를 위해 세 번씩이나 이사를 갔다. 다음의 글 ㉮ 와 ㉯는 현대판 '맹모삼천지교'를 보여 준다. ㉰를 바탕으로 현대판 '맹모삼천 지교'의 문제점과 원인 및 해결 방안에 대해 논술하시오.

㉮ 이사를 한 곳은 성냥갑 같은 아파트들이 다닥다닥 엄청 많이 붙어 있는 동네였다. 이사한 이유는 단 하나, 이 동네 아이들이 공부를 더 잘하니까. 어느 날, 이 동네에 살다가 ○○동네로 이사 간 엄마 친구가 놀러 오셨다.

"아이고, 속상해 죽겠어. 전교 1등 하던 녀석이 거기서는 반 1등도 못하지 뭐야. 진작 이사를 갔어야 했는데."

결국 다음 달, 엄마는 또 이삿짐을 싸셨다. 명문고와 명문 학원이 많은 이곳이 공부하기엔 '딱'이란다. 우리 엄마 말씀!

– 《맹자가 들려주는 대장부 이야기》 중에서

㉯ **사회:** 요즈음 해외 조기 유학이 문제가 되고 있습니다. 이 현상에 대해 어떻게 생각하시는지요?

긍정론자: 주거할 장소를 선택할 권리가 있듯이 교육받을 장소를 선택할 권리도 있는

것 아닙니까? 그리고 자기 돈 써 가면서 배워 오겠다는데 상을 주면 주었지 비난은 말이 안 됩니다. 세계화 시대에 걸맞게 세계적 수준의 인재가 늘어나는 일은 국가 경쟁력 확보를 위해서도 바람직합니다.

부정론자: 권리가 있다고 이웃을 생각하지 않고 무조건 권리 주장만 하는 것은 옳지 않습니다. 계층 사이의 위화감만 조성하여 사회적 갈등만 일으킬 뿐입니다. 게다가 외화의 낭비일 수 있으며, 우수한 두뇌를 빼앗길 수 있습니다.

– 관련 기출 문제: [2005] 동국대 수시 2학기 면접 고사

[다] 시민사회는 개인의 자유와 평등을 최대한 보장하고 개인의 개성과 창의성을 존중하는 사회이다. 따라서 시민사회는 개인주의를 미덕으로 삼는다. 그런데 개인주의는 지나친 자유 경쟁으로 인해 개인 및 집단 이기주의의 확산, 빈부 격차의 증대, 인간 소외의 심화 등과 같은 부정적 측면도 야기하였다. 한편 시민사회의 경제 체제는 자유 시장경제이다. 자유 시장경제는 생산성 증가를 가져왔으나 경제적 불평등과 물질 만능주의를 초래하였다. 또한 시민사회는 대중사회이다. 대중사회는 민주주의 발전에 기여했지만 익명성 속에서 연대감을 상실하고 치열한 경쟁을 통해 경쟁심과 적대감을 불러일으켜 서로를 소외시킨다.

– 고등학교 《시민윤리》, 〈시민사회의 빛과 그림자〉 참고

– 관련 기출 문제: [2005] 동국대 수시 1학기 인문계 논술 고사 제시문

생각 쓰기

시민사회(市民社會, civil society)

사농공상(士農工商)과 같은 신분적 구분에 의해 지배되지 않는 사회를 말한다. 유럽에서 18~19세기에 성립한 사회를 경제면에서는 자본주의, 정치면에서는 민주주의라 부르며, 역사적인 면에서는 근대사회, 사회적인 면에서는 시민사회로 부르고 있다. 이 용어가 처음으로 쓰이게 된 것은 17세기의 영국에서였는데, 당초에는 교회 지배에 대립하는 개념으로, 다음에는 절대왕정에 대항하는 개념으로 사용되었다. 로크는 자유롭고 평등한 개인이 사회 계약에 의해 구성하는 사회를 시민사회라 정의하고, 이를 정부와 구별하였다. 시민사회는 생명·자유·재산이라는 개인의 권리를 기초로 하며, 이를 수호하기 위한 시민적 결합이다. 국왕이나 정부는 이 시민사회로부터 권한을 위탁받은 통치자 또는 행정부일 뿐이며, 교회 또는 시민사회의 질서에 간섭해서는 안 된다. 이같이 로크는 시민사회를 모든 사회의 기초로 보았다.

03_강 돈의 힘

 맹자의 어머니는 맹자가 장사꾼 흉내를 낸다고 이사를 갔다. 다음 글들은 돈을 버는 것에 대해 서로 다른 생각들을 보여 준다. 다음의 글들을 바탕으로 돈과 행복의 관계에 대해 논술하시오.

㉮ 예수께서 길을 떠나시는데, 한 사람이 달려와서, 그 앞에 무릎을 꿇고 그에게 물었다. "선하신 선생님, 내가 영원한 생명을 얻으려면 무엇을 해야 합니까?" 예수께서 그에게 말씀하셨다. "(……) '살인하지 마라, 간음하지 마라, 도둑질하지 마라, 거짓으로 증언하지 마라, 속여서 빼앗지 마라, 네 부모를 공경하라' 하지 않았느냐?" 그가 예수께 말하였다. "선생님, 나는 이 모든 것을 어려서부터 다 지켰습니다."

예수께서 그를 눈여겨보시고, 사랑스럽게 여기셨다. 그리고 그에게 말씀하셨다. "너에게는 한 가지 부족한 것이 있다. 가서 네가 가진 것을 다 팔고 가난한 사람들에게 주어라. 그리하면 네가 하늘에서 보화를 차지하게 될 것이다. 그러고 나서 나를 따라라." 그러나 그는 이 말씀 때문에, 울상을 짓고 근심하면서 떠나갔다. 그에게는 재산이 많았기 때문이다. 예수께서 둘러보시고, 제자들에게 말씀하셨다. "재산을 가진 사람은, 하나님의 나라에 들어가기가 참으로 어렵다." 제자들은 그의 말씀에 놀랐다.

예수께서 다시 그들에게 말씀하셨다. "(……) 부자가 하나님의 나라에 들어가는 것보다 낙타가 바늘귀로 지나가는 것이 더 쉽다."

– 《성경》, 〈마가복음〉 참고

(나) 가난이 추구해야 할 도덕적인 이상으로 간주되면 화폐는 가장 위험한 유혹이자 악(惡)으로 혐오의 표적이 된다. 영혼을 구원 받는 것이 최종 목표로 간주되면 가난이 긍정적이며 필수적인 (영혼 구원의) 수단으로 해석되고 때로는 수단으로서의 지위를 넘어 그 자체가 중요하고 타당한 가치로서의 권위를 가지게 된다. 가난을 절대적인 가치로 간주한 그러한 마음 자세는 초기 프란시스코파 수도사들에게서 가장 잘 나타난다. (……) 프란시스코파 수도사들은 가난 가운데서 안전과 사랑, 자유를 찾았다.

(……) 이처럼 가난은 적극적으로 추구하는 대상이 되었다. (……)

그들이 추구한 가난은 '세계는 모든 것을 포기하는 사람에게 속한다' 는 사실을 가장 잘 보여 준다. (……) 프란시스코파 수도사들은 '아무것도 갖고 있지 않으나 모든 것을 소유한 사람' 이었다.

– 게오르크 짐멜, 《돈의 철학》 참고

– 관련 기출 문제: [2000] 이화여대 정시 논술 고사 제시문

(다) 부유하지 못한 사람들은 스스로를 위로하기 위해 부(富)가 가져오는 불행에 대하여 터무니없는 이야기를 꾸며 낸다. 미다스는 자신의 딸을 황금으로 변하게 했다고 하면서 말이다. 그러나 부자가 불행하지 않다는 사실을 사람들은 본능적으로 알고 있다. (……)

　부는 많은 소비재를 구매할 능력을 부여하지만, 오히려 그보다 훨씬 더 중요한 사실은 사람들에게 하고자 하는 일을 할 수 있는 능력을 제공해 준다는 점이다. (……) 부유한 사람은 주위의 물적·인적 환경을 통제할 수 있다. 반면에 부유하지 못한 사람은 주위의 환경에 순응해야 한다.

　부유한 사람은 정치적 영향력 역시 아무도 모르게 돈으로 살 수 있다. 선거 기부금을 통해 한 표 이상의 영향력을 행사할 수 있다. 직접적으로 정치권력을 손에 넣을 수도 있다. (……) 부는 시간이 흐르면서 개인의 가치를 재는 거의 유일한 척도가 되었다.

– 레스터 C. 서로, 《부의 지배》 참고

– 관련 기출 문제: [2000] 이화여대 정시 논술 고사 제시문

 맹자의 어머니는 맹자가 이루려는 바를 이루지 못하고 돌아왔다고 베틀의 실을 끊어 꾸짖었다. 맹자는 결국 자신의 뜻을 이루지 못했지만 결과보다는 과정이나 동기가 중요하다고 생각했다. 다음 제시문들을 바탕으로 '맹모단기'와 성장 지상주의에 대해 비판적으로 논술하시오.

㉮ 공자와 맹자는 자신들의 왕도 정치의 이상을 실현하기 위해 노력했다. 제후들을 찾아다니며 자신들의 생각을 이해시키려고 노력했지만 아무에게도 받아들여지지 않았다.

세속적인 관점에서 보면 그들은 모두 실패한 인생이었다.

하지만 그들은 "구하는 데 올바른 길이 있고, 얻는 것은 (운)명에 달려 있다"고 믿었다. 그들은 목적을 위해서는 수단과 방법을 가리지 않는 소인배의 길을 거부하고 큰 뜻을 위해 아부하거나 지조를 잃거나 뜻을 굽히지 않는 대장부의 길을 갔다. 맹자는 결과에 집착하는 현대인들에게 따끔한 충고를 잊지 않는다.

"사람이 죽었을 때 곡하면서 슬퍼하는 것은 산 사람에게 보이기 위한 것이 아니며, 덕을 실천하고 부정한 짓을 하지 않는 것은 관직이나 금품을 얻기 위해서가 아니며, 자신이 한 말을 신의 있게 실천하려는 것은 말과 행동이 일치하는 것을 과시하기 위한 것이 아니다. 군자는 다만 법도에 따라 실천하고 명을 기다릴 뿐이다."

– 《맹자》, 〈진심〉 참고

㉯ 실재하는 것은 과정뿐이다. 모든 존재하는 것은 그보다 앞선 과정을 통해 생겨나

세계에 새로운 무엇인가를 첨가하는 자기실현의 과정이다. 이 과정의 밑에는 새로운 것을 끊임없이 산출하려는 힘인 창조적인 힘(creativity)이 작용하고 있다. 우주는 이 창조적인 힘의 끊임없는 창조 과정과 그 산물들이다. 우주의 모든 현실적 존재들은 창조적 힘으로 다른 많은 존재들을 창조적으로 종합하여 새로운 자기를 만들어 간다. 따라서 모든 존재는 결과가 아니라 과정으로서만 존재하는 과정적 존재이며, 혼자서 존재하는 것이 아니라 다른 것들과의 관계 속에서만 존재하는 관계적 존재이다. 우주 속의 하찮은 먼지뿐만 아니라 신마저도 끊임없이 새로운 자기를 만들어 가고 있는 과정적 존재이며, 다른 많은 것들과의 관계 속에서만 의미를 찾을 수 있는 관계적 존재이다.

– 화이트헤드, 《과정과 실재》 참고

생각 쓰기

Note&
guide **주 요 개 념 및 배 경 지 식**

1 게오르크 짐멜(Simmel, Georg, 1858~1918)

독일의 철학자이며 사회학자이다. 신칸트학파의 영향을 받아 상대주의적 철학으로 일관했으며, 특히 '생의 철학' 의 입장을 고수하였다. 문학 · 예술 및 문화 일반에 걸쳐 박학하여 예리한 통찰을 보였으며 독일에서의 사회학을 사회과학으로 확립하는 데 공헌하였다. '생' 은 현실적으로 한정된 자기의 범주를 끊임없이 초월해 가는 초월적인 생이며, 동시에 언제나 창조적으로 자기에게 어떤 형태를 부여하는 것이라고 생각하였다. 그는 생을 과학의 대상이 될 수 없는 비합리적인 것으로 간주하였고, 과학을 초월한 형이상학적 관점에서 생의 동적 구조를 밝히려 하였다. 그는 생을 사회와 개인과의 상호 작용 또는 상호적 행위의 총체라고 규정하고, 그러한 개개인이 상호적 행위를 통하여 사회화하는 과정, 곧 '사회화의 형식' 을 도출해 내는 데 사회학의 자주성이 있다는, 형식사회학(形式社會學)을 제창하였다. 저서에《사회분화론》,《돈의 철학》,《사회학의 근본 문제》등이 있다.

2 레스터 C. 서로(Lester C. Thurow, 1938~)

1938년 미국 몬타나 주에서 출생했으며, 하버드대학 경제학 박사 과정을 마쳤다. 현재 MIT 레멜슨 경영학 교수이다.

MIT 슬로언스쿨 학장을 지낸 바 있고, 대통령 경제자문위원, 전국 노동력정책
위원회 위원, 〈뉴욕 타임스〉 논설위원 및 칼럼니스트로 활동 중이다. 〈타임〉지 '미
래를 이끌어 갈 200인의 지도자' 로 선정되기도 했다. 저서로 《제로섬 사회 The
zero-Sum Society》(1980), 《세계경제전쟁 Head to Head》(1992), 《자본주의의 미래
The Future of Capitalism》(1996) 등이 있다.

3 《부의 지배》

미국의 경제학자 레스터 서로가 쓴 책(원제, Bilding Wealth)이다. 서로는 현대에
있어 새로운 부의 원천으로 등장한 지식을 지배하는 자가 부를 장악하게 될 것이
라고 역설한다. 또 세계를 이끄는 자의 임무는 최고의 사회조직, 최고의 기업가 정
신, 신기술을 창출해 내는 최고의 지식, 기능, 도구, 자연 자원 및 환경 자원과 시장
에서의 부를 이용하여 부의 피라미드를 쌓는 것이라고 한다. 서로는 지식 기반 경
제 아래 개인, 기업, 국가가 생존하기 위한 13가지 법칙을 제시한다.

04강 처벌의 힘

case 1 다음 글 **나**는 생계형 범죄의 책임이 사회나 국가에 있다는 **가**의 주장에 반대하며, 상과 벌이 없으면 범죄가 더 늘어날 것이라고 주장한다. 하지만 **가**와 **나**는 인간을 바라보는 관점에 있어서 공통점이 있다. 그 공통점을 찾아내고, **다**와 **라**를 바탕으로 하여 체벌을 통한 교육에 대한 여러분의 생각을 논술하시오.

가 　무항산 무항심(無恒産 無恒心). 항산이 없으면 항심도 없습니다. 백성은 일정한 직업이 없으면 한결같은 바른 마음을 가질 수 없습니다. 한결같은 바른 마음이 없으면 하지 않는 짓이 없게 됩니다. 그렇게 죄에 빠진 다음에 벌을 준다면, 그것은 백성을 짐승 잡듯이 그물로 잡는 것과 같습니다. 그러므로 훌륭한 임금은 백성들에게 일정한 직업을 만들어 주어 (……) 풍년에는 배불리 먹고 흉년에도 죽음을 면하게 해 줍니다. 지금은 (……) 죽음을 면하기에도 넉넉하지 못한데 어느 겨를에 예의를 차리겠습니까?

– 《맹자가 들려주는 대장부 이야기》 중에서

– 관련 기출 문제: [2005] 동국대 수시 1학기 논술 고사 제시문

(나) 무항산 유항심(無恒産 有恒心). 항산이 없어도 항심은 있을 수 있습니다. 의로운 백성은 일정한 직업이 없어도 한결같은 바른 마음을 가질 수 있습니다. 한결같은 바른 마음이 있으면 아무리 가난해도 해서는 안 될 짓은 하지 않게 됩니다. 죄를 저질렀어도 벌을 주지 않는다면, 그것은 백성들을 짐승처럼 죄의 수렁으로 몰고 가는 것과 같습니다. 그러므로 훌륭한 임금은 의로운 백성들에게는 상을 주고, 죄를 지은 백성들에게는 벌을 주어 풍년에도, 흉년에도 죄를 짓지 않게 해 줍니다. 지금은 죄를 지어도 '무항산 무항심' 을 구실로 벌을 받지 않는데 어느 누가 예의를 차리겠습니까?

- 《맹자가 들려주는 대장부 이야기》 중에서

(다) 조건반사는 동물이 환경에 적응하기 위하여 후천적으로 얻게 되는 반사를 뜻한다. 모든 동물은 몸 안팎의 어떤 자극에 대하여 반응을 하는 반사작용을 한다. 눈앞으로 갑자기 뾰족한 물체가 다가오면 자신도 모르게 눈꺼풀을 감는 반사작용, 손등에 갑자기 뜨거운 물체가 떨어지면 무의식적으로 손을 빼서 피하는 반사작용이 대표적인 예들이다. 이러한 반사작용의 예는 수없이 많다. 사람을 포함하여 모든 동물의 행동은 대부분 이러한 반사작용으로 이루어져 있다고도 할 수 있다. 반사작용 가운데 그 반사를 일으키는 자극과는 아무런 관계가 없거나 관계가 거의 없는 자극을 되풀이함으로써 학습적으로 반사작용이 일어나게 된 경우, 그 학습된 반사작용을 조건반사라고 한다. 조건반사의 대표적인 예는 파블로프가 개를 가지고 한 실험이다. 이 조건반사는 학습된 후천적인 반사라고 할 수 있다. 따라서 학습이 빠른 고등동물일수록 조건반사를 형성시키기가 쉽고, 하등동물일수록 어렵다.

 사는 것도 내가 원하는 것이지만 사는 것보다 더 원하는 것이 있다. 그러므로 구차하게 살지 않는다. 죽는 것도 내가 싫어하는 것이지만 죽는 것보다 더 싫어하는 것이 있다. 그러므로 어려움도 피하지 않는다. 그래서 사는 방법이 있어도 쓰지 않는 경우가 있고, 어려움을 피할 수 있어도 하지 않는 경우가 있다. 한 그릇의 밥과 한 그릇의 국을 먹으면 살고 먹지 않으면 죽는다고 하더라도 욕하면서 주면 보통 사람도 받지 않고, 발로 차서 주면 거지도 받지 않는다.

– 《맹자가 들려주는 대장부 이야기》 중에서

㉮ 임금과 신하는 서로가 입장이 다릅니다. 임금은 나라를 다스려 자기 지위를 유지하기를 원하고, 자기에게 유리하도록 일을 계획하므로 임금과 신하의 마음은 다를 수밖에 없습니다. 임금은 자신의 이해관계를 따져서 신하를 기르고, 신하도 자기의 이해관계를 따져서 임금을 섬기는 것입니다. 그러므로 자신의 몸에 해를 끼치면서까지 나라의 이익을 꾀하는 신하는 없으며, 나라를 해치면서까지 신하의 이익을 꾀하는 임금은 없는 것입니다. 따라서 신하는 자기의 몸을 희생하면 자기에게 이익이 없을 것이라고 생각할 것이고, 임금은 나라를 해치면서 신하만을 사랑할 수는 없는 것입니다. 이처럼 임금과 신하 사이는 계산된 관계입니다.

– 《한비자(韓非子)》, 〈식사(飾邪)편〉 중에서 참고

㉯ 맹자에게 양혜왕이 물었다. 왕이 "노인께서 먼 길을 오셨는데, 앞으로 내 나라를 이롭게 하는 방법이 있겠습니까?"라고 말했다. 맹자가 대답했다. "왕께서는 하필 이롭게 할 방법을 찾습니까? 오직 인의(仁義)가 있을 뿐입니다. 왕께서 어떻게 하면 내 나라를 이롭게 할까 하고 말씀하시면, 한 가정의 가장은 어떻게 하면 내 집을 이롭게 할까 하고 말할 것입니다. 사서인(士庶人)은 어떻게 하면 나 자신을 이롭게 할까 하고 말할 것입니다. 이처럼 윗사람과 아랫사람이 서로 이익을 취하면 나라가 위태롭게 될

것입니다. 만 대의 전차를 가진 나라에서 그 임금을 죽이는 자는 반드시 천 대의 전차를 가진 가문이고, 천 대의 전차 소유국에서 그 임금을 죽이는 자는 반드시 백 대의 전차를 가진 가문입니다. 만(萬)에서 천(千)을 취하고, 천에서 백(百)을 취함이 적다고는 할 수 없지만, 진실로 의(義)를 뒤로 돌리고서 이익을 앞세우는 짓을 하면 빼앗지 않고서는 만족해하지 않을 것입니다. 어질면서도 그의 어버이를 버린 자는 없었으며, 어질면서도 그의 임금을 뒤로 돌린 자는 있지 않았습니다. 왕께서는 오직 인의(仁義)를 말씀함에 그칠 것이지 하필 이익을 말씀하시나요?"

– 《맹자》,〈양혜왕장구(梁惠王章句)〉上 참고

– 관련 기출 문제: [2005] 동국대 수시 1학기 논술 고사 제시문

라 양주(楊朱)의 중심 사상은 '자기를 이롭게 하는 것'이다. 이에 대해 맹자(孟子)는 "양주(楊朱)는 자기만을 위하는 입장을 취하는 사람으로, 자신의 털 한 올을 내어 놓아 천하를 이롭게 한다 할지라도, 그 털을 내어 놓으려 하지 않는다"고 비난하였다. 반면에 한비자(韓非子)는 "지금 여기에 어떤 사람이 있다. 그는 위험한 성(城)에 들어가지 않으며, 군대가 있는 곳에 머물지 않으며, 세상의 큰 이익을 위해 자기의 정강이의 털 한 올도 바꾸지 않는다. 세상의 군주가 그를 따르고 예로 대하며 그의 지혜를 귀하게 여기고 그의 행동을 고상하게 여겨 사물(事物)을 가볍게 보고 생명을 중시하는 선비라고 생각한다"며 양주의 입장을 옹호하였다.

– 관련 기출 문제: [2006] 경희대 수시 2학기 논술 고사 제시문

생각 쓰기

1 파블로프(Pavlov, Ivan Petrovich, 1849~1936)

러시아의 생리학자이다. 개는 단지 음식을 먹을 때뿐만 아니라 주인의 발자국 소리만 들어도 침을 분비하는 것을 발견하고, 실험을 통해 대뇌의 고차적인 작용이 침을 분비시키는 것임을 밝혀내었다. 이것이 바로 조건반사(條件反射)로서 뇌의 작용에 대해서도 자연과학의 방법으로 연구할 수 있음을 보여 주었다. 소화와 신경 지배의 연구로 1904년 노벨 생리·의학상을 수상하였다. 주요 저서에《대뇌 양반구의 작용에 관한 강의》(1927),《조건반사학 강의》(1928),《조건반사 연구의 20년》(1932) 등이 있다.

2 《한비자(韓非子)》

중국 전국(戰國)시대 말기 한(韓)나라의 공자(公子)로 법치주의(法治主義)를 주창한 한비(韓非:BC 280?~BC 233)가 자신과 자신의 학파의 생각을 적은 책이다. 법으로 세상을 다스릴 것을 주장하는 내용이다. 인간의 본성에 대해서는 성악설을 주장했으며, 인간의 일반적 성질은 타산적이고 악에 기우는 것으로 설혹 친한 사이에 애정이 있다 해도 그것은 무력(無力)한 것이라 하였다. 그에 따르면 이 세상은 경제적 원인에 의하여 끊임없이 변화 진전하기 때문에 과거에 성립된 정책이 반드시 현세에 적용되지는 않는 것이며 이러한 관점에서 볼 때, 유가(儒家)나 묵가(墨家)의 주장은 인간 사회를 너무 좋도록 관찰하여 우연성에만 의존하는 공론(空論)에 불과하다. 그러므로 군주는 그러한 공론에 귀를 기울이지 말고, 끊임없이 시세(時世)에 즉응(卽應)하는 법을 펴고, 관리들의 평소 근태(勤怠)를 감독하여 상벌을 시행하고 농민과 병사를 아끼고 상공(商工)을 장악하지 않으면 안 된다. 이때 군주는 측근·중신·유세가(遊說家)·학자·민중들에게 좌우되어서는 안 된다. 한마디로 그는 유가의 덕치를 부정하고 법치로서만 세상을 질서 있게 만들 수 있다고 주장했다.

3 양주(楊朱, BC 440~BC 360)

중국 전국시대의 학자이다. 자기 혼자만 쾌락을 즐기면 좋다는 위아설(爲我說), 즉 이기적인 쾌락설을 주장했다. 또한 지나침을 거부하고 자연주의를 옹호하였다. 이것은 노자 사상(老子思想)의 일부를 발전시킨 주장이었다.

05강 도덕의 힘

case 1 맹자는 사람은 모두 남에게 차마 어쩌지 못하는 마음인 불인지심과 4단 및 4
덕을 가지고 있다고 했다. 다음 제시문들을 읽고 그것들을 가지지 않은 사람
이 있다면 그 사람이 사람인 이유와 사람이 아닌 이유를 설명하시오.

가 사람은 모두 남에게 차마 어쩌지 못하는 마음을 갖고 있습니다. 사람은 어린아이
가 우물에 빠지려는 것을 보면 깜짝 놀라고 불쌍하게 여기는 마음을 갖게 됩니다. 불
쌍하게 여기는 마음이 없으면 사람이 아니며 자신의 잘못을 부끄러워하고 남의 잘못
을 미워하는 마음이 없으면 사람이 아니며, 사양하는 마음이 없으면 사람이 아니며,
옳고 그름을 가리는 마음이 없으면 사람이 아닙니다.

불쌍하게 여기는 마음은 사랑의 실마리이고, 자신의 잘못을 부끄러워하고 남의 잘
못을 미워하는 마음은 옳음의 실마리이고, 사양하는 마음은 예의의 실마리이고, 옳고
그름을 가리는 마음은 지혜의 실마리입니다. 사람이 이 네 가지 실마리를 가지고 있
는 것은 두 손과 두 발을 가지고 있는 것과 같습니다.

– 《맹자가 들려주는 대장부 이야기》 중에서

나 인간이란 두 발로 걸으며 고도의 지능을 가지고 언어와 도구를 사용하며 조직 사

회를 이루며 사는 동물이다.

언어와 도구 사용은 태어날 때부터 가지고 있는 것은 아니고 생후에 사회에서 습득하며, 자손에게 전해지는 것이다.

신체적 특징은 생물로서의 유전 법칙에 의해 부모로부터 자식에게 전해지지만, 생후에 습득한 언어나 기술은 사회를 통해 세대에서 세대로 전해진다. 생후에 획득한 신체적 형질(形質)은 다음 대에 유전되지 않지만, 어떤 세대에서 발명되고 개선된 생활 기술은 다음 세대에 계승되고 발전한다.

가 일반적으로 사람들은 과학 지식을 검증된 것으로 받아들여, 절대적 신뢰를 보내는 경향이 있다. 그러나 과학 발전의 역사를 살펴보면, 절대적 진리로 받아들일 수 있는 과학적 지식이 있는지 의심스럽다.

그것은 오늘날 환경 문제에 대한 논쟁에서도 확인할 수 있다.

많은 과학자들이 이산화탄소의 방출로 인한 재앙적 지구 기온 상승을 예측하고 있다. 그러나 그 예측의 구체적 내용은 서로 다르다. 어떤 과학자는 기후 모델을 슈퍼 컴퓨터로 계산하여 다음 세기 중 기온이 섭씨 5.5도 상승할 것이라고 예측하였다.

이에 대해 영국의 한 과학자는 기존 모델에서는 얼음의 냉각 효과를 고려하지 않은 점을 지적하고, 이산화탄소가 다음 세기에 두 배로 증가되어도 온도는 섭씨 1.9도밖에 오르지 않을 것이라고 보고하였다.

한편, 지구의 기온이 올라가도 심각한 재앙을 일으킬 만큼의 해수면 상승이 야기되지 않을 것이라는 발표도 있었다. 미국 지구물리학협회의 과학자들은 그린란드의 빙원과 남극 빙산에 대한 새로운 자료를 바탕으로 온실 효과로 인한 21세기 중반의 해수면 상승이 현재 예측치의 3분의 1 정도인 0.3 미터에 불과할 것이라고 밝히기도 하였다.

– 관련 기출 문제: [2005] 서울대 논술 고사 예시 문항

나   우리는 통상 아름다운 것과 추한 것, 어진 것과 어리석은 것은 극명하게 대조적인 것이어서 조화를 이룰 수 없다고 생각한다.

그런데 노자에 따르면, 어리석어 보이는 것도 진정으로 어리석다고만은 할 수 없고, 진정한 현자(賢者)일수록 오히려 어리석은 자로 보일 수 있다는 것이다. 노자는 우리가 무엇인가를 참으로 알고 있다는 것에 대해 의문을 제기하였다. 노자는 우리의 인식이나 판단이 사상(思想)의 실체보다는 외형에 영향을 쉽게 받기 때문에 흔히 어리석어 보이는 것을 아주 어리석다고 보고 미워 보이는 것을 아주 밉다고 단정하게 된다는 점을 지적하고 있다.

반면에 공자는 "아는 것을 안다고 하고 모르는 것을 모른다고 하라. 이것이 참으로 아는 것이다"라고 가르쳤다. 참으로 안다는 것은 자기가 알고 있는 것과 알지 못하는 것을 분명하게 구별하여 양자를 혼동하지 않는 것이다. 공자가 아는 것은 안다고 하라고 가르치는 반면, 노자는 안다고 하는 것까지를 오히려 알지 못하는 것으로 부정하는 것을 가르친다. 이와 같이 노자는 근원적인 진리가 인간의 인식을 초월하는 것이라는 것, 그 진리 앞에서는 알고 있다고 하는 것이 동시에 알지 못하는 것이 되고, 알지 못한다는 것이 동시에 알고 있는 것이라고 하는, 고차원적인 지(知), 이른바 부지지지(不知之知)를 체관(諦觀)하고 있다.

– 관련 기출 문제: [2005] 서울대 논술 고사 예시 문항

다   모든 인식의 원동력은 관심이다. 관심에서 비롯된 인식에 대한 욕구는 질문으로 나타나고, 그 질문에 대하여 답을 구하는 적극적 활동에 의해 우리의 앎의 세계는 열

린다. 이로써 지식 체계의 발전도 기대할 수 있다. 이미 확립된 관념과 지식을 절대적 진리로 받아들이고 새로운 질문 제기를 하지 않는다면 더 이상의 지식 확장은 일어나지 않는다. 학문의 발전은 이미 구축된 지식 체계에 대하여 새롭게 의문을 제기하는 데에서 이루어질 수 있다.

– 관련 기출 문제: [2005] 서울대 논술 고사 예시 문항

생각 쓰기

가 사람은 모두 남에게 차마 어쩌지 못하는 마음을 갖고 있습니다. 예전의 훌륭한 왕은 남에게 차마 어쩌지 못하는 마음을 가지고 남에게 차마 어쩌지 못하는 정치를 하였습니다. 차마 어쩌지 못하는 마음으로 차마 어쩌지 못하는 정치를 한다면 천하를 다스리는 것이 그것을 손바닥 위에서 움직이는 것처럼 쉽습니다. 사람이 모두 남에게 차마 어쩌지 못하는 마음을 갖고 있다는 것은 다음과 같습니다.

사람은 어린아이가 우물에 빠지려는 것을 보면 깜짝 놀라고 불쌍하게 여기는 마음을 갖게 됩니다. 그것은 어린아이를 구해서 그것으로 그 아이의 부모와 사귀려는 것도 아니고, 마을의 친구들에게 칭찬을 받으려는 것도 아니고, 혹은 구해 주지 않았다고 비난하는 소리를 듣기 싫어해서 그런 것도 아닙니다.

이것을 가지고 보면 불쌍하게 여기는 마음이 없으면 사람이 아니며, 자신의 잘못을 부끄러워하고 남의 잘못을 미워하는 마음이 없으면 사람이 아니며, 사양하는 마음이 없으면 사람이 아니며, 옳고 그름을 가리는 마음이 없으면 사람이 아닙니다.

불쌍하게 여기는 마음은 사랑의 실마리이고, 자신의 잘못을 부끄러워하고 남의 잘못을 미워하는 마음은 옳음의 실마리이고, 사양하는 마음은 예의의 실마리이고, 옳고 그름을 가리는 마음은 지혜의 실마리입니다. 사람이 이 네 가지 실마리를 가지고 있는 것은 두 손과 두 발을 가지고 있는 것과 같습니다. 이 네 가지 실마리를 가지고 있으면서도 차마 어쩌지 못하는 행위나 정치를 스스로 할 수 없다고 말하는 사람은 스스로를 해치는 사람이고, 자기 임금은 차마 어쩌지 못하는 정치를 할 수 없다고 말하는 사람은 자기 임금을 해치는 사람입니다. 나에게 네 가지 실마리가 있는 것을 넓힐 줄 알면 불이 처음 타오르고 샘물이 처음 솟아나는 것과 같이 한이 없을 것입니다. 넓힐 수 있으면 온 세상을 보존할 수 있고, 넓힐 수 없으면 부모를 섬기기에도 부족할 것입니다.

– 《맹자가 들려주는 대장부 이야기》 중에서

④ 마음이 약한 사람은 남에게 차마 어쩌지 못하는 마음을 갖고 있습니다. 예전에 마음이 약한 왕은 남에게 차마 어쩌지 못하는 마음을 가지고 남에게 차마 어쩌지 못하는 정치를 하였습니다. 차마 어쩌지 못하는 마음으로 차마 어쩌지 못하는 정치를 한다면 천하의 강한 힘으로 다스리는 나라들의 손바닥 위에서 움직일 수밖에 없습니다. 마음이 약한 사람이 남에게 차마 어쩌지 못하는 마음을 갖고 있다는 것은 다음과 같습니다.

마음이 약한 사람은 어린아이가 우물에 빠지려는 것을 보면 깜짝 놀라고 불쌍하게 여기는 마음을 갖게 됩니다. 그것은 어린아이를 구해서 그것으로 그 아이의 부모와 사귀려는 것도 아니고, 마을의 친구들에게 칭찬을 받으려는 것도 아니고, 혹은 구해 주지 않았다고 비난하는 소리를 듣기 싫어해서 그런 것도 아닙니다. 불쌍하다고 아무런 이익도 없는 일을 하려는 어리석은 마음입니다.

이것을 보면, 불쌍하게 여기는 마음으로만 정치를 하면 잘 사는 나라를 만들 수 없으며, 자신의 잘못을 부끄러워하는 마음으로만 정치를 하면 강한 나라가 될 수 없으며, 사양하는 마음으로만 정치를 하면 앞서는 선진국이 될 수 없으며, 옳고 그름을 가리는 마음으로만 정치를 하면 치열한 국제 경쟁시대에 살아남을 수 없습니다.

불쌍하게 여기는 마음으로만 하는 정치는 가난한 나라가 될 실마리이고, 자신의 잘못을 부끄러워하는 마음으로만 하는 정치는 약한 나라가 될 실마리이고, 사양하는 마음으로만 하는 정치는 후진국이 될 실마리이고, 옳고 그름을 가리는 마음으로만 하는 정치는 경쟁에 뒤진 나라가 될 실마리입니다. 정치를 하는 사람이 이 네 가지 실마리를 가지고 있는 것은 나라를 망하게 할 시한폭탄을 가지고 있는 것과 같습니다. 이 네 가지 실마리를 가지고 차마 어쩌지 못하는 정치를 하면서도 나라가 잘 될 것이라고 말하는 사람은 나라를 망치는 사람이고, 자기 임금이 차마 어쩌지 못하는 정치를 하는데도 정치를 잘한다고 말하는 사람도 나라를 망치는 사람입니다. 자신에게 그러한 네 가지 실마리가 있는 것을 알고서도 그런 정치를 계속하면 나라의 불행이 불이 처음 타오르고 샘물이 처음 솟아나는 것과 같이 한이 없을 것입니다. 그런 정치를 그만두면 온 세상을 보존할 수 있고, 그런 정치를 계속하면 나라의 한 귀퉁이를 지키기에도 부족할 것입니다.

– 《맹자가 들려주는 대장부 이야기》 중에서

생각 쓰기

1 불인지심(不忍之心)

참지 못하여 차마 모른 척하고 지나칠 수 없는 마음을 뜻한다. 《맹자(孟子)》의 〈공손추편(公孫丑篇)〉 상(上)에 나오는 말이며, 맹자가 인성을 도덕적인 측면에서 이야기한 것이다. 맹자는 제나라에 머물렀을 때 혹독한 정치를 펼치는 군주들에게 각성을 요구하면서 "선왕이 차마 지나치지 못하는 마음이 있으니 이에 차마 그냥 못 본 척할 수 없는 정치가 있다. 사람에게 차마 지나치지 못하는 마음으로 그냥 못 본 척할 수 없는 정치를 행하면 천하를 다스리는 것은 손바닥에서 움직이는 것과 같을 것이다"고 말했다. 맹자는 인간에게는 이런 불인지심이 내재해 있다고 보았다. 그래서 고대의 어진 왕들이 선정을 베푼 것도 불인지심이 있었기 때문에 가능하였다고 보았다.

2 노자(老子)

중국 고대의 철학자이며, 도가(道家)의 창시자이다. 노자는 도(道)의 개념을 철학 사상 처음으로 제기하였으며, 이 도는 천지 만물뿐만 아니라 상제(上帝)보다도 앞서 존재한다고 하였다. 그것은 형상과 소리가 없어서 경험할 수도 없고 언어로 표현할 수도 없다. 그러므로 그것은 무(無)라고 할 수 있다. 그러나 천지 만물은 그로 말미암아 존재하고 생성 소멸한다. 그러한 측면에서 보면 그것은 무가 아니라 유(有)이다. 천지 만물과 달리 도는 어떤 것에도 의존하지 않고 독자적으로 존재할 수 있는 실체이다. 다른 것에 의존하지 않고 스스로 존재한다는 면에서 보면 그것은 '자연(自然)'이라고 할 수 있다. 그러나 어떤 것도 간섭·지배하지 않는다는 면에서 보면 그것은 무위(無爲)하다고 할 수 있다. 통치자가 만약 이러한 무위자연을 본받아 백성들을 간섭·지배하지 않고 그들의 자발성에 맡긴다면 세상은 저절로 좋아진다. 노자에 의하면 일체 사물·사건들은 그들 자신과 상반하는 대립자들을 지니고 있다. 유(有)가 있으면 무(無)가 있고 앞이 있으면 뒤가 있다. 이들 대립자들은 서로 전화한다. 화는 복이 되고 흥성한 것은 멸망한다.

이러한 대립전화(對立轉化)의 법칙을 알고 유(柔)를 지키면 강(剛)을 이길 수 있다. 이를 귀유(貴柔)사상이라고 한다.

왕의 힘

 다음의 군자삼락(君子三樂)을 선생삼락(先生三樂)이나 부모삼락(父母三樂)으로 바꿀 수 있다면 어떻게 바꿀 수 있는지, 그 내용이 오늘날에도 여전히 타당한지 논하고, 왕 노릇의 즐거움이 포함되지 않는 이유를 밝히시오.

군자에게는 세 가지 즐거움이 있는데, 세상에서 왕 노릇을 하는 것은 그 가운데 포함되지 않는다. 부모님이 다 살아 계시고 형제에게 탈이 없는 것이 첫 번째 즐거움이고, 우러러보아도 하늘에 부끄럽지 않고 굽어보아도 땅에 부끄럽지 않은 것이 두 번째 즐거움이고, 뛰어난 학생들을 얻어서 교육하는 것이 세 번째 즐거움이다. 군자는 세 가지 즐거움을 갖고 있는데, 세상에서 왕 노릇을 하는 것은 그 가운데 포함되지 않는다.

– 《맹자가 들려주는 대장부 이야기》 중에서

생각 쓰기

군자삼락(君子三樂)

군자의 세 가지 즐거움을 말한다. 맹자(孟子)는 《맹자(孟子)》〈진심편(盡心篇)〉에서 이렇게 말했다. "군자에게는 세 가지 즐거움이 있다(君子有三樂). 천하의 왕이 되는 것은 여기에 넣지 않는다(而王天下不與存焉). 양친이 다 살아 계시고 형제가 무고한 것이 첫 번째 즐거움이요(父母俱存兄弟無故一樂也), 우러러 하늘에 부끄럽지 않고 굽어보아도 사람들에게 부끄럽지 않은 것이 두 번째 즐거움이요(仰不愧於天俯不作於人二樂也), 천하의 영재를 얻어서 교육하는 것이 세 번째 즐거움이다(得天下英才而教育之三樂也). 군자는 세 가지 즐거움이 있으나 천하는 통일하여 왕이 되는 것은 여기에 들어 있지 않다(君子有三樂, 而王天下不與存焉)."

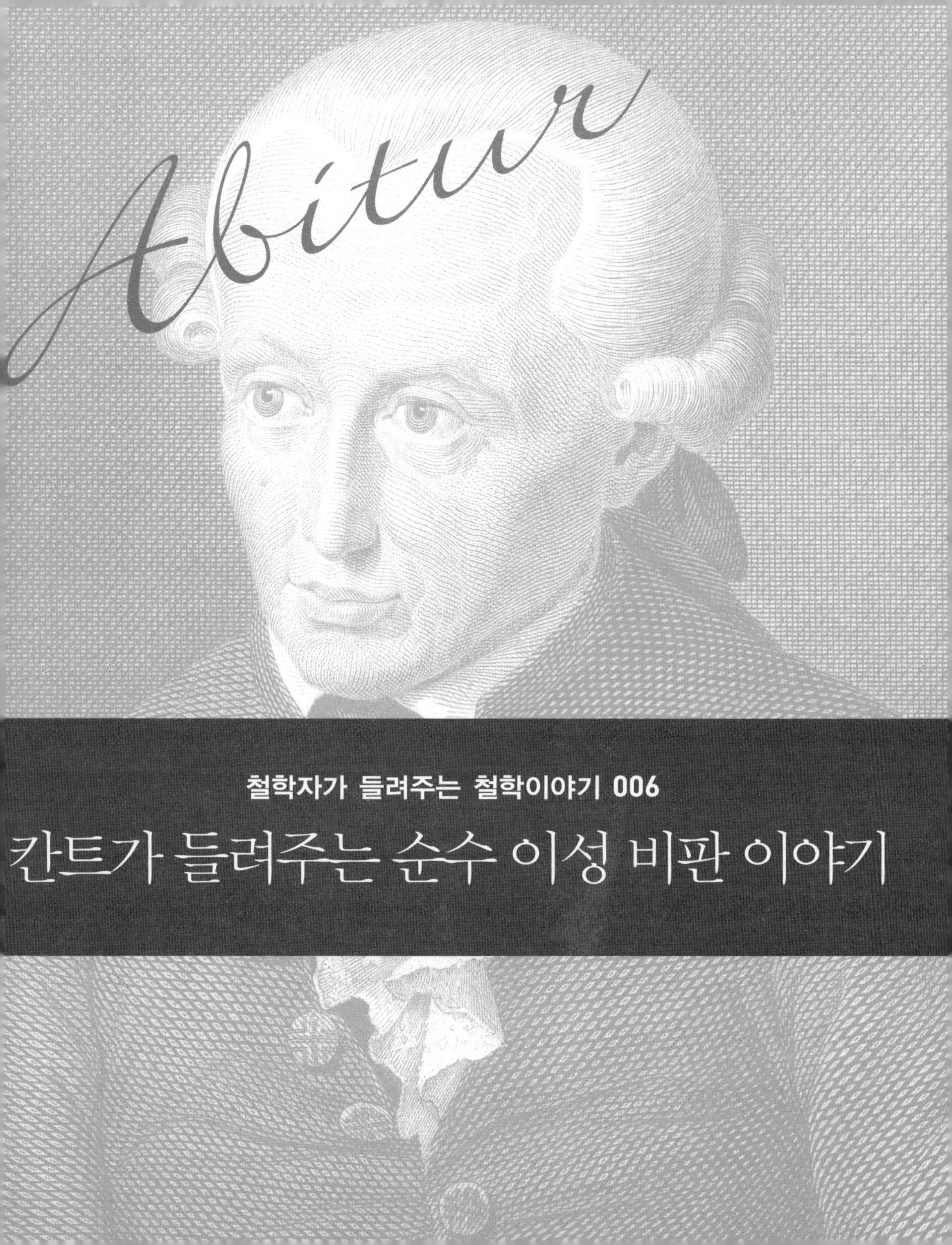

Abitur

칸트가 들려주는 순수 이성 비판 이야기

저자_**박민수**

연세대학교 독문과를 졸업하고 동 대학원에서 석사 학위를 받았다. 지금은 독일 베를린 자유대학에서 '근대 미학에서 미적 가상의 개념'이란 주제로 박사 논문을 준비하고 있다. 전문 번역가로도 일하고 있으며, 그동안 번역한 책으로는 《우리의 포스트모던적 모던》, 《데리다-니체, 니체-데리다》, 《신의 독약》, 《책벌레》, 《크라바트》 등이 있다.

칸트의 '순수 이성 비판'

1. 인간의 인식에 대한 칸트의 설명
2. 코페르니쿠스적 혁명
3. 인간 이성의 한계와 이념의 역할

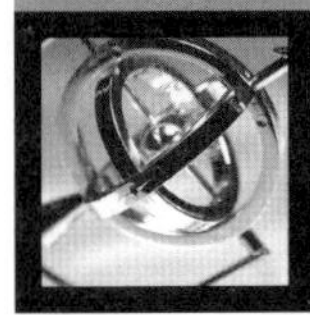

칸트의 '순수 이성 비판'

▊1 인간의 인식에 대한 칸트의 설명

《순수 이성 비판》에서 칸트가 다루는 것은 '인간은 무엇을 알 수 있는가?' 라는 물음이다. 여기서 칸트는 인간이 이성으로 알 수 있는 것과 알 수 없는 것이 무엇인지를 구분하려 한다. 달리 말해, 칸트는 이성의 인식 능력을 비판적으로 검토해 보려 하며, 그래서 칸트의 철학을 '이성 비판' 이라 부른다.

-《칸트가 들려주는 순수 이성 비판 이야기》 중에서

인식이란 인간이 어떤 대상을 아는 것을 말한다. 따라서 인식이 일어나기 위해서는 인식을 하려는 인간과 인식의 대상이 되는 사물이 있어야 한다. 그리고 인식 대상이 되는 사물에 관한 정보를 인간은 시각, 청각, 촉각, 후각, 미각 등의 감각을 통해서 받아들인다. 그런데 칸트에 따르면, 감각을 통해 우리에게 들어온 정보는 처음에는 정리되지 않은 잡다한 것들이다. 그래서 이런 정보를 처리하는 일정한 틀이 필요하다. 인간에게는 애초부터 이러한 틀이 마련되어 있다. 이 틀은 크게 보아 두 종류가 있는데, 하나는 공간과 시간의 형식이다. 즉 인간은 '언제, 어디서' 라는 틀을 갖고서 대상에 관한 정보를 받아들인다. 다음으로 인간에게는 칸트가 '범주' 라고 부르는 이성의 형식이 처음부터 마련되어 있다. '범주' 라는 것은 '있다' '없다' '많다' '적다' '~이 ~

의 원인이다' '~은 우연적이다' 등과 같은 생각의 틀을 말한다.

예를 들어 우리 눈앞에 있는 나무에서 사과 두 개가 땅에 떨어지는 모습을 보았다고 하자. 이런 움직임은 우리의 눈을 통해 지각되는 순간 우리가 가진 형식(틀)에 의해 정리된다. 즉 나무, 사과, 땅이 있으며(있다), 그 각각의 위치는 정해져 있고(공간), 사과가 위에서 아래로 이동하며(공간 + 시간), 사과가 두 개라는 것(많다) 등이 정리되는 것이다. 그리고 이렇게 정리된 것이 바로 앎이다.

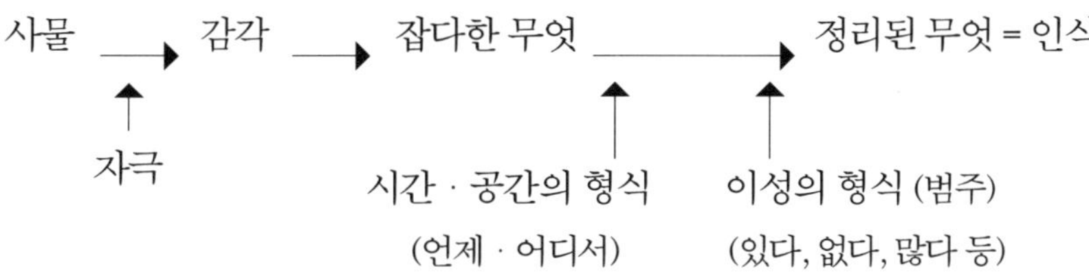

② 코페르니쿠스적 혁명

《순수 이성 비판》의 이러한 내용은 상당히 혁명적인 것이다. 세상 사물이 우리에게 있는 그대로 인식되지 않고 우리가 갖고 있는 공간 · 시간 형식과 이성의 형식에 따라서 인식된다는 것은 과거의 인식론을 뒤집는 사상이기 때문이다. 칸트가 말하는 인간의 사고 형식은 색안경에 비유할 수 있다. 우리가 붉은색 안경을 쓰고 있으면 모든 사물이 붉은색으로 보일 것이며, 파란색 안경을 쓰면 파란색으로 보일 것이다. 그리고 우리 인간은 모두가 똑같은 색의 안경을 쓰고 있다. 다시 말해, 공통적인 사고 형식을 갖고 있는 것이다. 다른 비유를 들어 설명하자면, 인간에게는 공통의 여과 장치가 있어서 세상의 사물 자체가 이 여과기를 통과하는 동안 변형된다. 이렇게 본다면, 인간의 인식에서 중심적인 것은 사물이 아니라 정신적 형식 내지 능력이다.

정신이 사물의 작용에 따르는 것이 아니라(스펀지처럼 사물을 흡수하는 것이 아니라) 사물이 정신의 작용에 따른다는(여과기를 거치는 동안 사물이 변형된다는) 칸트의 이러한 생각은 태양이 지구 주위를 도는 것이 아니라 지구가 태양 주위를 도는 것이라고 주장한 코페르니쿠스의 위대한 사고 전환과 닮은 점이 있다. 그래서 칸트는 자신의 인식론적 전환을 '코페르니쿠스적 혁명'이라 부른다.

-《칸트가 들려주는 순수 이성 비판 이야기》 중에서

③ 인간 이성의 한계와 이념의 역할

인간이 애초부터 특정한 색안경을 쓰고 있다면, 인간은 이 세계의 본래적 모습, 즉 '사물 자체'를 끝내 알 수 없을 것이다. 인간의 인식은 영원히 제한되어 있다는 말이다.

-《칸트가 들려주는 순수 이성 비판 이야기》 중에서

더 나아가 인간의 이성은 전통적 철학에서 자주 다뤄졌던 문제, 즉 '세계는 유한한가, 무한한가?' '신은 존재하는가, 존재하지 않는가?'와 같은 문제에도 답할 수 없다. 이것은 인간의 유한한 이성으로써는 답할 수 없는 문제이기 때문이다.

-《칸트가 들려주는 순수 이성 비판 이야기》 중에서

하지만 칸트에 따르면, '신이 존재한다'는 등의 생각은 인간이 이 세계에서 살아가는 데 긍정적인 역할을 할 수 있다. 철학적으로 증명될 수 있는 성질의 것이 아니지만, 인간이 삶을 꾸리는 과정에서 방향계와 같은 역할을 할 수 있는 이런 관념들을 칸트는 '이념'이라 부른다.

-《칸트가 들려주는 순수 이성 비판 이야기》 중에서

01강 감각과 이성의 역할

"나는 현상 안에서 감각에 대응하는 것을 현상의 재료라 하고, 현상의 다양함을 일정한 관계로 질서 있게 하는 것을 현상의 형식이라고 한다. 이런 형식내에서만 감각이 질서 있게 되고 일정한 양식으로 정리될 수 있는 것은 그 형식 자체가 감각이 아니기 때문이다. 모든 현상의 재료는 물론 경험에 의해서 우리에게 주어진다. 하지만 현상의 형식은 (……) 경험에 앞서서 우리 머리 속에 미리 존재해야만 한다. 그리고 이 형식은 일체의 감각과 구별되어 고찰되어야 한다."

– 칸트 《순수 이성 비판》 참고

"우리가 자연이라 부르는 현상에서 보이는 질서와 합법칙성은, 우리 자신이 현상 안으로 가지고 들어가는 것이다. 만약 우리가 또는 우리의 본성이 먼저 이러한 질서와 합법칙성을 투여하는 것이 아니라면 우리는 이것을 자연 안에서 찾아낼 수 없을 것이다. 말하자면 이 자연의 질서와 합법칙성은 현상 결합의 필연적인, 즉 선험적으로 확실한 통일성이어야만 하기 때문이다."

– 칸트 《순수 이성 비판》 참고

생각 쓰기

1 인식

인식이란 쉬운 말로는 '앎' 이다. 이러한 인식을 다루는 철학적 이론을 '인식론' 이라고 한다.

2 현상

현상이란 일반적인 의미에서는 '직접적으로 주어진 것' '나타나 있는 것' 을 뜻한다. 칸트에게 현상은 '사물 자체' 와 대립되는 개념이다. 즉 현상은 사물 자체가 아니라 이것이 인간의 감각을 자극하여 인간에게 인식된 형태를 말한다. 칸트에 따르면, 인간의 모든 인식은 현상적 인식이지 사물 자체에 대한 인식이 아니다.

3 합법칙성

합법칙성이란 법칙에 따르는 성질, 다시 말해서 사물들 사이의 보편적이고 필연적인 관계성을 말한다. 칸트에 따르면, 우리가 자연에서 발견하는 이러한 합법칙성은 사실 우리 인간이 부여하는 것이다. 감각기관을 통해 우리에게 들어온 잡다한 내용은 우리가 가진 선천적 형식에 따라서 정리된다. 그리고 정리를 하는 우리의 형식에 합법칙성이 있다. 쉽게 말하자면, 우리가 가진 여과기에 어떤 합법칙성이 있는 것이며, 그래서 바깥 사물에 합법칙성이 있는 것처럼 여겨지는 것이다. 우리는 세상의 사물들 자체에 실제로 이러한 합법칙성이 있는지는 전혀 알 수 없다. 우리는 사물 자체에 관해서는 끝내 알 수 없기 때문이다.

인식의 한계와 진리의 가능성

case 1 다음 제시문을 읽고 칸트의 사상과 관련하여 인간 인식의 성격에 관해 논술하시오.

"그래, 그렇겠구나. 세상은 엄청나게 많은 색들로 채워져 있는데 강아지들은 이렇게 풍부한 세상의 색깔을 보지 못할 테니까 우리가 보는 세상이 진짜 모습이라고 생각할 수 있겠구나. 아마도 이 세상에 색이라는 것이 존재한다는 생각조차 강아지들은 못할 테니까! 그렇다면 결국 강아지는 강아지의 눈에 보이는 세상, 그리고 사람들은 사람의 눈에 보이는 세상을 보는 것이니까, 강아지와 사람이 보는 세상은 각기 다르다는 결론이 나오네?"

–《칸트가 들려주는 순수 이성 비판 이야기》 중에서

인식할 수 있는 감각은 생물마다 (……) 제각기 다르다. 어떤 생물은 우리에게 결여된 전파나 자기장에 대한 감각을 갖고 있다. 예를 들어 어떤 물고기는 전기장의 변화로 주위 환경을 느끼며, 어떤 새들은 기압의 변화로 주변 환경을 느낀다.

또한 매개의 피조물에 유용한 정보는 감각에 의해서 결정될 뿐 아니라, 감각이 수용할 수 있는 범위에 의해서도 결정된다. 인간은 초당 약 16~20,000사이클에 걸친 소리를 들을 수 있는 반면, 나방은 200,000사이클까지 들을 수 있다. 냄새에 대한 인간의 감수성은 극미하지만, 연어는 수만 마일이나 떨어져 있어 흔적도 없어진 냄새를 맡고 집으로 돌아가는 길을 찾을 수 있다. 우리는 보라색에서 빨간색까지의 색 스펙트럼을 볼 수 있다. 하지만 이처럼 우리가 볼 수 있는 비교적 작은 빛의 범위는 우리가 볼 수 없는 유사한 연속적 전자기파의 거대한 범위의 일부분일 따름이다.

－S. 모리스 엥겔, 《철학 학습》 학습참고

생각 쓰기

할아버지의 우물 안 개구리 이야기가 끝이 났습니다. 태식이 오빠가 먼저 들려준 철학자 칸트의 이야기와도 통하는 것 같았습니다.

"우물 안의 개구리들이 맞네요! 결국 개구리들은 바깥세상의 참 모습은 알지 못한 거죠? 그 개구리들이 본 것은 세상의 어느 한 부분이니까!"

–《칸트가 들려주는 순수 이성 비판 이야기》 중에서

–관련 기출 문제: [2005] 서울대 논술 고사 유사 제시문

변호사: 저 역시 실체적 진실을 중요하게 생각합니다. 그러나 과연 우리가 신(神) 앞 에서 어느 정도까지 실체적 진실을 주장할 수 있겠습니까? 배심원 여러분은 오로지 자신의 현명한 판단을 통해 증거의 의미를 평가하고, 그에 기초해서 합의로써 사실을 올바르게 확정해 주시기 바랍니다.

–관련 기출 문제: [2004] 고려대학교 논술 고사 문제 제시문

생각 쓰기

1 판단

판단이란 어떤 대상이나 사물이 어떠한 것인지를 단정하는 사고 작용을 말한다. 판단은 보통 'A는 B이다' 라는 형태를 취한다. 가령 눈앞에 사과가 있다고 하자. 우리는 그것을 보면서 '이것은 사과이다' '이것은 둥글다' '이 사과는 빨갛다' '이 사과는 크지 않다' 등의 생각을 한다. 이 모든 것이 판단이다. 우리의 많은 생각은 이러한 판단으로 이루어진다.

2 사물 자체

칸트의 인식론에서 '사물 자체' 란 현상의 근거가 되는 그 무엇이며, 인간의 인식 형식 바깥에서 독립적으로 존재하는 것이라고 말했다. 이러한 사물 자체에 관해 우리는 생각할 수 있지만 그것이 실제로 어떤 것인지는 알 수 없다.

03강 자연 세계의 입법자

case 1 칸트는 인간을 '자연 세계의 입법자'라고 말한다. 다음 제시문을 읽고 이 말의 의미에 대하여 논술하시오.

우리는 현상 세계를 지배하는 법칙을 자연 법칙이라고 한다. 그러나 자연이 지니는 법칙적 질서는 바로 우리의 이성 자체 내에 가지고 있는 형식으로 자연 세계의 다양한 현상을 결합하는 데서 가능하게 된다. 따라서, 인간이 자연 법칙을 만든 것이다! (……) 여기서 우리는 사고의 형식이 대상에 따르는 것이 아니라 반대로 객관적 대상이 우리의 사고 형식에 따른다고 말하지 않을 수 없다!

—H. J. 슈퇴리히, 《세계철학사》 참고

지금까지 우리는 인식이 대상에 따라야 한다고 생각해 왔다. 그러나 대상에 대해서 선험적인 개념을 통해서 우리의 인식을 확대할 수 있는 결정을 내리려고 하는 모든 노력은 이러한 전제 아래서 거듭 실패하였다. 따라서 대상이 인식에 따르지 않으면 안된다고 가정하면, 우리가 형이상학의 과제를 보다 더 잘 수행해 나갈 수 있는가 없는가는 한번 시험해 볼 만한 가치가 있다. 이 가정은 대상이 우리에게 주어지기 이전에 이 대상에 대하여 어떠한 결정을 내려야 할 형이상학의 선험적 인식이 요구되는 가능성과도 잘 맞다. 이것은 천체 운동의 설명에서 모든 별들이 관찰자를 중심으로 회전한다고 가정하면 잘 설명되지 않아서, 반대로 관찰자가 회전하고 별들이 정지해 있다고 가정하면 보다 잘 설명될 수 있는가 없는가를 시험해 본 코페르니쿠스의 최초 생각과도 비슷하다.

-H. J. 슈퇴리히, 《세계철학사》 참고

생각 쓰기

1 형이상학(形而上學)

형이상학은 말 그대로 '형(形)' 보다 위에 있는 학문을 뜻한다. 여기서 '형' 이란 이 세상의 사물, 즉 눈에 보이는 물질들을 가리킨다. 형이상학은 영어로는 metaphysics인데, 이것도 마찬가지 뜻이다. 이 말은 물질들(physics)보다 앞서 있는 것(meta)에 관한 학문을 뜻한다. 여기서 알 수 있듯이, 형이상학은 물질적이고 구체적인 개개의 사물이 아니라 이런 사물들의 근원을 탐구하는 학문이다. 쉽게 말하면, 이 세상에 존재하는 돌멩이, 사자, 곰, 나무 등 각각을 다루는 학문이 아니라, '이런 사물들을 존재하게 하는 원인은 무엇인가?' 또는 '존재란 도대체 무엇인가?' 등을 다루는 학문이다.

2 자연법칙

자연법칙은 우리를 둘러싸고 있는 자연의 여러 현상에서 나타나는 법칙적인 연관성을 말한다. 자연법칙은 어떠한 경우에도 보편타당하고 시간에 제약받지 않는 진리들이다.

04 강 이념의 역할

 칸트의 인식론적 입장에 따른다면 우리는 신의 존재에 대해 어떤 태도를 가지게 되는가? 다음 제시문을 읽고 이에 관해 논술하시오.

"그래서 칸트 아저씨는 이렇게 생각했어. 신은 존재하는지 안 하는지 그것을 증명할 수는 없다. 하지만 신이 존재한다고 믿고 항상 경건한 마음을 가지며 인간에 대해서도 존중하는 자세가 이 세상 어느 것보다도 더 중요한 법이라고 말이야. 이 말은 우리가 이성을 올바르게 사용해야 한다는 말씀이지."

태진이와 건미는 한참이나 말이 없습니다. 태식이 오빠의 말대로 이성을 가진 유일한 동물이 인간입니다. 인간은 이성을 사용할 줄 압니다. 그래서 생각할 수 있고, 지식을 쌓을 수 있습니다. 그러나 그 이성을 그냥 사용하는 것이 아니라 올바르게 사용해야 하는 것입니다.

"이성을 올바르게 사용하지 않으면, 인간이 불행해질 수 있어. 예를 들면, 핵 기술의 발명은 위대한 과학적 발명이야. 하지만 그것을 함부로 사용하게 되면 거꾸로 인간의 생명을 위협하잖아. 그런 재앙을 막기 위해서는 칸트 아저씨가 말한 대로 인간에 대한 존중과 신을 믿는 경건한 마음이 필요한 거란다."

-《칸트가 들려주는 순수 이성 비판 이야기》 중에서

그러므로 나는 선험적 이념이 결코 구성적으로 사용되지 않으며, 따라서 어떠한 대상의 개념을 제공하지 않으며, 사람들이 만일 이념을 그렇게 이해하는 경우에는, 그것은 다만 궤변적인 (……) 개념에 지나지 않는다고 생각한다. 그러나 그와 반대로 선험적 이념은 (……) 규제적으로 사용된다.

(……)

그러므로 최상의 원인으로서 최고 존재자에 관한 이성의 가정은 다만 (……) 감성계의 체계적 통일을 위하여 사고된 것이며, 그것 자체가 무엇인가에 대해서는 우리가 그 어떤 개념도 갖고 있지 않는, 이념 가운데 있는 그 무엇이다.

–칸트, 《순수 이성 비판》 참고

주요 개념 및 배경 지식

1 이념

칸트 철학에서 '이념'이란 무조건적인 것, 절대적인 것으로 생각되나 경험에서는 인식될 수 없는 것이다. 칸트는 주요한 이념으로 영혼, 세계, 신을 들고 있으며, 인간의 인식 전진에서 이런 이념이 규제적으로 사용될 수 있다고 말한다.

2 구성적 / 규제적

칸트 철학에서 '구성'이란 인간의 인식 활동을 말한다. 즉 외부로부터 지각된 재료가 시간 · 공간과 이성의 형식에 의해 가공되는 것이 바로 구성이다. 그런데 칸트에 따르면 신이나 세계, 영혼 등의 이념은 이러한 인식 활동에 직접적으로 관여하지 못한다. 즉 이념은 구성적으로 사용되지 않는다. 하지만 이념은 좀 더 큰 관점에서 인간의 인식 활동에 그 어떤 방향을 제시하는 기능은 할 수 있다. 이념의 이러한 기능을 칸트는 '규제적' 기능이라고 부른다.

아비투어 철학 논술

예시 답안

case 1 인식이 이뤄지기 위해서는 인간 외부에 있는 무엇(대상)과 이에 관한 정보를 받아들여 가공하는 인간의 능력이 있어야 한다. 인간은 먼저 감각에 의해서 대상에 관한 최초의 정보를 입수한다. 감각에는 시각, 청각, 촉각, 후각, 미각의 오감이 있다. 그런데 칸트에 따르면, 이러한 감각에 의해 인간이 받아들인 정보는 우선은 정리되지 않은 잡다한 무엇이다. 인간은 이 정보들을 '시간'과 '공간'이라는 틀에 넣는다. 그리고 이런 틀에 찍혀 나온 재료를 이성이 갖고 있는 형식('있다' '많다' '우연적이다' '필연적이다' 등)에 의해서 2차 가공한다. 감각이 받아들인 재료가 이러한 가공을 거치면 인식(앎)이 된다. 물론 이런 앎이 바깥 대상의 실제 모습과 일치하는지 않는지 우리 인간은 정확히 알 수 없다. 인간은 시간·공간 및 이성의 형식을 거친 앎 외에는 다른 앎을 얻을 수 없기 때문이다. 칸트는 이러한 앎을 '사물 자체에 대한 앎'에 대비시켜 '현상적 앎'이라고 불렀다.

case 1 지구상의 모든 생명체는 자신의 감각 기관의 성질에 따라 주어지는 세계 속에서 산다. 그러므로 생명체는 그 어느 것도 있는 그대로의 세상을 알지 못한다고 말할 수 있다.

인간이라는 생명체도 물론 예외가 아니다. 인간의 감각 능력은 제한되어 있으며, 일부 능력은 다른 동물과 비교할 때 하찮게 여겨질 정도이다. 인간의 시각은 조류의 능력을 따르지 못하며, 후각이나 청각은 개를 따르지 못한다. 그러므로 세상에 대한 인간의 앎은 지극히 제한될 수밖에 없다.

물론 인간에게는 다른 동물이 흉내 낼 수 없는 이성의 능력이 있다. 즉 인간은 탁월한 정보 처리 능력이 있어서 세상에 대해 더 많은 앎을 얻을 가능성이 있다. 그러나 칸트가 말했듯이, 이런 정보 처리 능력, 즉 이성도 감각 재료를 갖고 작업하지 않는다면 공상이나 망상으로 그칠 수 있다. 이성은 감각 재료에 근거해서 작업할 때에만 앎을 낳는다. 그렇기 때문에 인간의 앎은 제한된 성격을 가질 수밖에 없으며, 있는 그대로의 세상, 칸트의 용어로 '사물 자체'에는 도달하지 못한다.

case 2 칸트에 의하면, 인간의 인식은 제한되어 있다. 사물 자체, 즉 있는 그대로의 세상의 모습은 절대로 파악하지 못하기 때문이다. 그런 점에서 인간의 인식이란 우물 안 개구리의 인식과 다를 바가 없다는 말도 타당하다. 그렇지만 칸트는 인간이 서로 인정해야 할 진리가 전혀 없다고 말하는 것은 아니다.

칸트에 의하면, 모든 인간은 세상을 지각할 때 동일한 특성을 가진 감각 기관을 사용한다. 또 인간이 이런 지각 재료를 가공할 때는 동일한 형식, 즉 시간과 공간의 형식 및 이성의 형식에 따른다. 요컨대 인간이 인식할 때의 조건은 모든 인간에게 동일하다.

그러므로 인간들 사이에서는 모두가 인정할 수 있는 진리가 존재한다. 그 진리는 다른 인식 조건을 가진 생명체에게는 타당할 수 없겠지만 적어도 인간들 사이에서는 객관적일 수 있다는 얘기이다. 쉬운 예로, 물이 산 위에서 산 아래로 흐른다는 것은 먼 우주에서 보면 허튼 얘기가 될 수도 있겠지만 (먼 우주에서 보면 위와 아래의 개념이 전혀 달라질 수 있다) 인간에게는 진리이다. 그리고 이처럼 인간들 사이에서는 진리가 존재하기 때문에 인간이 과학적 지식을 얻고 또 탐구를 통해 그 지식을 확장시켜 나갈 수 있는 것이다. 물론 이런 과정을 통해 한때 진리였던 것이 진리의 지위를 박탈당하기도 한다. 천동설처럼 말이다.

주 제 탐 구 **03**강 자연 세계의 입법자

case 1 인간의 인식은 감각에 의해 외부로부터 받아들인 재료를 시간·공간의 형식이 정리하고 이를 이성이 다시 정리하는 구조를 갖고 있다. 칸트는 인간에게 이러한 형식이 미리 주어져 있지 않으면 인식 자체가 성립될 수 없다고 말한다.

그런데 인식이 이처럼 인간이 갖고 있는 사고 형식에 따라 이루어지고 있는 한, 인간이 인식하는 세계는 사물 자체, 즉 있는 그대로의 세계가 아니다. 인간이 인식하는 것은 인간의 고유한 조건을 통해서 인간에게 나타나는 세계에 불과하다. 칸트는 이러한 세계를 '사물 자체의 세계'에 대비시켜 '현상의 세계'라고 부른다.

그런데 칸트의 이러한 사고방식에 따르면, 인간이 경험하고 인식하는 자연 세계는 인간에게서 독립해 스스로 있는 것이 아니라 우리에게 의존하고 있는 세계이다. 달리 말해서, 인간이 인식하는 자연 세계는 자연 세계 그 자체가 아니라 이미 '인간화한'

자연 세계, 즉 '인위적으로 가공된' 자연 세계이다.

인간은 이와 다른 세계는 전혀 경험할 수 없다. 이런 의미에서 칸트는 "인간은 자연 세계의 입법자"라고 말한다. 인간의 의식은 비록 세계를 형성하는 물질적 재료까지 만들어 내는 것은 아니지만, 그 세계의 법칙성은 인간이 원래부터 갖고 있는 사고 형식에 따라 정리된 것이기 때문이다.

주 제 탐 구 **04** 강 이념의 역할

case 1 칸트 이전의 많은 철학자들은 신이 있는지 없는지, 세계가 유한한지 무한한지에 관해서 인간이 알 수 있다고 생각했다. 하지만 칸트는 이런 생각이 잘못된 것이며, 이성을 잘못 사용해서 얻은 결론이라고 말한다. 칸트에 의하면, 이성은 감각 재료를 바탕으로 해서만 인식을 낳을 수 있다. 그런데 신이나 우주 전체는 인간이 감각할 수 있는 것이 아니다. 따라서 인간의 이성은 신이나 우주에 관해 생각할 수 있지만 아무것도 알 수는 없다.

그렇다면 칸트는 신의 존재를 부인한 것인가? 그렇지는 않다. 칸트가 말하는 것은 신은 인식 대상이 될 수 없으므로 인간으로서는 신의 존재 유무에 관해 아무것도 증명할 수 없다는 사실뿐이다.

칸트는 인간이 알 수 있는 영역을 제한시키며 그 밖의 영역은 무지의 영역으로 남겨 둔다. 그리고 우리 인간에게 모든 것을 알 수 있을 거라는 오만함을 버리고 겸허한 태도를 가질 것을 권한다. 실제로 우리 인간이 앎의 영역에는 한계가 있다는 점을 깨닫고 겸허한 태도를 갖는다면 신의 존재를 믿어볼 수도 있을 것이다. 그리고 이러한 생각은 인간의 삶에 도움이 될 수도 있다. 절대적으로 선한 신을 가정하고 우리가 그런 신의 피조물이라고 생각한다면, 좀 더 선한 삶을 살려고 노력할 수도 있기 때문이다.

신의 경우처럼, 인간이 인식할 수 없지만 생각할 수 있는 관념 중에서 인간의 삶에 긍정적 역할을 할 수 있는 것을 칸트는 이념이라고 부른다.

이이가 들려주는 이통 기국 이야기

저자_**김광식**

서울대학교 철학과에서 학사·석사 과정을 마치고 독일 베를린 자유대학교 철학과에서 박사 과정을 마쳤다. 저서로는 《사회철학대계 4: 기술시대와 사회철학》(공저)이 있고, 역서로는 《흄 — 나는 존재하지 않는다》, 《마르크스 정치경제학의 변증법적 방법 I, II》(공역), 《철학대사전》(공역) 등이 있으며, 논문으로는 〈본질과 현상의 범주를 통해 본 인식들 사이의 모순의 문제〉, 〈사이버네틱스와 철학〉 등이 있다. 서양철학과 동양철학을 비교하는 데 많은 관심을 가지고 있다.

01_강　이이 사상이 아직도 타당한가?

case 1 아래의 제시문들을 읽고 이이의 사상이 오늘날에도 여전히 타당한지 환경문제와 관련하여 여러분의 생각을 논술하시오.

(가) 이이는 16세기 조선 시대의 유학 사상가이자 정치가야. 호는 율곡이지. 국정 전반에 관한 개혁안을 왕에게 제시하였고, '십 만 양병설'을 주장하였어. 동인과 서인의 대립 갈등이 심화되면서 그의 중재 노력이 실패하고 건의한 개혁안도 받아들여지지 않자 벼슬을 그만두었지.

　이이는 이황의 '이(理)'를 중요시하는 주리론(主理論)과 서경덕의 '기(氣)'를 중요시하는 주기론(主氣論)을 비판적으로 종합했어. 이황은 '기' 뿐만 아니라 '이'도 드러난다는 이기호발설(理氣互發說)을 주장하였으나 이이는 기만 드러나고 이는 여기에 올라타 있다는 기발이승일도설(氣發理乘一途說)을 주장하였지. 이황은 이기호발설에 바탕을 두고 선하기만 한 사단(四端)은 이가 드러난 결과이고, 선하기도 하고 악하기도 한 칠정(七情)은 기가 드러난 결과라는 '사단 대 칠정(四端 對 七情)'의 논리를 전개하였으나, 이이는 기발이승일도설에 바탕을 두고 칠정뿐만 아니라 사단도 기가 드러난 결과이고, 사단은 칠정 중에서 선한 것만을 가려내 말한 것이라는 '칠정 포 사단(七情 包 四端)'의 논리를 전개하여 기대승이나 서경덕의 사단칠정론과 생각을 같이 하였어. 하지만 서경덕은 주기론에 바탕을 두고 궁극적 존재를 기, 즉 태허지기(太虛之氣)라고 주장한 데 반하여, 이이는 궁극적 존재를 이, 즉 태극지리(太極之理)라고 주장하여 이의 중요성 또한 강조했지. 결국 이이는 주기론에 대해서는 이의 중요성을 강조하고, 주리론에 대해서는 기의 중요성을 강조함으로써 이와 기가 분리될 수 없다는 이기불리설(理氣不離說)을 주장하였지.

이이에 따르면, 이와 기는 논리적으로는 구별할 수 있지만 현실적으로는 분리될 수 없어. 왜냐하면 이와 기는 모든 사물에 함께 존재하기 때문이야. 이는 기를 주재하는 역할을 하고 기는 이의 재료 역할을 하며 하나이면서 둘이고, 둘이면서 하나인 '이기지묘(理氣之妙)'의 관계를 맺고 있기 때문이지.

이이는 이기불리설을 바탕으로 늘 변하고 시공간적으로 제한적인 모양을 띨 수밖에 없는 특수한 존재들인 기들 속에는 항상 늘 변하지 않으며 그 특수한 기들 속을 관통하는 보편적인 원리인 이가 들어 있다는 이통기국설(理通氣局說)을 주장하였어. 이통기국설을 거꾸로 보면 보편적인 원리(이)는 시간과 공간에 따라 다양한 특수한 모양(기)들로 드러난다는 것을 뜻하지. 이이는 이러한 논리를 바탕으로 보편적인 원리는 시간과 공간에 따라 다르게 드러나므로 특정한 시간과 공간에 맞지 않은 모양은 그 시간과 공간에 맞는 모양으로 바꾸어야 한다는 경장론(更張論)을 주장했어.

❹ 중세에는 모든 것의 중심은 신이었지. 모든 것을 판단하거나 결정하는 유일한 근거는 기독교의 신인 하나님의 말씀이었어. 신은 혼란스럽고 고통스러운 사회의 메시아였지. '이웃을 네 몸과 같이 사랑하라'고 한 메시아 예수님의 말씀은 중세 사회를

이끄는 등불의 역할을 했어. 하지만 신을 섬기는 자들은 신의 이름으로 얻은 권세로 면죄부까지 발행하였지. 신의 권위가 땅에 떨어졌어. 인간은 타락한 신에 대항하여 반란을 일으켰지. 인간이 신의 자리를 차지했어. 모든 것의 중심은 이제 인간이 되었지. 인간의 이성이 모든 것을 판단하거나 결정하는 유일한 근거가 되었어. 인간의 이성이 근대사회의 새로운 메시아로 되었지. 신의 이름으로 행세하던 사제들과 군주들을 몰아내고 이성의 이름으로 신에게 맡겼던 인간의 권리(인권)를 되찾았어. 인권을 바탕으로 자유와 평등을 보장하는 시민사회를 건설했지. 이성의 힘으로 자연을 정복하고 거대한 과학 문명을 이룩했어. 결국 거대한 자연은 인간에게 무릎을 꿇었지. 하지만 거대한 인간 또한 자연 앞에 무릎을 꿇을 수밖에 없었어. 현대사회는 새로운 메시아를 찾게 되었지.

1 보편과 특수

보편이란 모든 개별적인 예들에 다 같이 해당하는 공통적인 사항을 뜻한다. '일반자' 라고도 하며, 특수나 개별에 상대되는 말이다. 예를 들어 '삼각형' 이란 명칭은 정삼각형, 이등변삼각형, 부등변삼각형이라는 모든 특수한 삼각형, 그리고 그 개별 예들에 해당하는 공통된 동일한 사항을 의미한다. 이 보편은 감각을 통해 인식할 수 있는 개별적인 존재와 달리 사고를 통해서만 인식할 수 있다. 그러한 보편을 존재하는 것이라고 할 수 있는지에 대해서 철학에서 오랫동안 논쟁이 있었다. '보편은 실제로 존재한다' 고 주장하는 입장을 실재론이라 하고, 이와는 반대로 '보편은 다만 이름일 뿐, 실존하지 않는다' 고 하는 입장을 유명론(唯名論)이라고 한다. 이 논쟁을 보편논쟁이라 한다.

2 존재 양식과 존재 형태

존재 양식은 상당한 기간 동안 변하지 않는 존재하는 방식이나 형식, 또는 특성이나 성질을 뜻한다. 한편 존재 형태는 상당 기간 동안 변하지 않는 존재하는 모양이나 상태를 뜻한다. 양식과 형태는 영어로는 모두 form인데 그것은 영어 form이 그러한 두 가지 뜻을 모두 가지고 있기 때문이다. 양식은 방법이나 방식을 뜻하는 method나

mode에 가깝고 형태는 구조나 상태를 뜻하는 structure나 state에 가깝다. 식물의 광합성(존재양식)은 엽록소를 가지고 있는 녹색 잎의 구조(존재 형태)가 드러난 결과이며, 섭씨 100℃에서 끓어 수중기로 변하는 물의 성질(존재 양식)은 특수한 분자 결합 형태(존재 형태)가 드러난 결과이다. 모든 물질들의 성질(존재 양식)은 그 물질을 이루고 있는 원자들이나 분자들의 결합 형태(존재 형태)가 드러난 결과이다.

02 강 이기론의 이해와 비판

case 1 아래의 제시문들을 읽고 공통된 주제를 찾고, 주제와 각 제시문들 사이의 관계를 밝히고, 주제에 대한 여러분의 생각을 논술하시오.

(가) 이(理)는 모든 존재의 생성과 변화를 주재하는 우주의 최종적 본원이자 본체며, 현상세계인 기(氣)를 낳아. 기와 마찬가지로 이도 움직여서 일으키거나 만드는 성질을 갖고 있어. 이가 움직이지 않고 일으키거나 만드는 성질이 없다고 한 지금까지의 이론은 이의 기능(용, 用)을 보지 못하고 이의 실체(체, 體)만 본 것이야. 물론 기능에 있어서도 이의 기능이 우선이고 기의 기능은 뒤에 따라올 뿐이지. 이것은 마음의 경우에도 마찬가지야.

마음이 사물에 아직 닿지 않은 상태, 즉 마음이 아직 발동되지 않은 상태를 심성(性)이라 하고, 마음이 사물에 이미 닿아서 의식이나 감정이 발동된 상태를 감정(情)이라고 해. 사단과 칠정은 모두 감정을 가리키는 개념이라는 점에서 같은 범주에 속하는데, 다만 사단은 순전히 선한 감정이고 칠정은 선하기도 하고 악하기도 한 것이야. 사단은 본래 있던 심성(본연지성, 本然之性)이 발동하여 생긴 감정이고, 칠정은 기질에서 온 심성(기질지성, 氣質之性)이 발동하여 생긴 감정이지. 다시 말해 사단은 이가 발동하고 기가 따라와 생긴 감정이고, 칠정은 기가 발동하고 이가 올라타서 생긴 감정이야.

이처럼 이와 기는 비록 밀접하게 붙어 있어서 서로 떼어 놓을 수 없다고 하더라도 서로 섞일 수도 없는 두 개의 각각 다른 존재지.

㉯ 사람을 포함한 우주 만물의 존재와 운동을 이와 기라는 서로 다른 두 가지 근본 원리에 의해 설명할 수 있어. 하지만 아무리 이가 중요하다고 해도 이가 기보다 먼저 존재하고 기를 낳는 것이 아니야. 이는 움직이지 않으며 일으키거나 만드는 성질이 없어. 그러므로 원리인 이가 현상세계인 기를 낳을 수는 없지. 이와 기는 처음부터 함께 존재했어. 그리고 이는 기 바깥에 독립해서 존재하는 것이 아니야. 이는 기안에 존재하지. 이는 기안에 담겨 있으면서 기의 존재와 운동을 주재하는 원리나 법칙이야. 마음의 경우에도 마찬가지지.

이는 움직이거나 일으킬 수 없으므로 이가 사단을 발동시킬 수는 없어. 움직이거나 일으킬 수 있는 것은 기뿐이야. 모든 감정(칠정)은 기가 발동하여 생긴 거지. 사단도 기가 발동하여 생긴 거야. 기가 발동하여 생긴 칠정 가운데 오로지 선한 감정이 사단인 거지. 사단은 이가 발동하고 기가 따라와 생긴 감정이고, 칠정은 기가 발동하고 이가 올라타서 생긴 감정이라는 것은 말이 안 돼. 이와 기는 떨어질 수가 없는데 어떻게 이가 먼저 있고 기가 따라올 수 있겠어? 이는 기 위에 올라타고 있거나 기 속에 담겨 있을 뿐이야.

㉰ 옛날 땅 밑에 어떤 동굴이 하나가 있었지. 그 동굴 속에는 어릴 때부터 쇠사슬에 묶인 채 살아온 사람들이 있었어. 그들은 쇠사슬에 묶여 있어서 오직 앞만 보고 살 수

밖에 없었지. 그들은 어두움 속에서 그들 뒤로 먼 곳에 있는 동굴 입구로부터 들어오는 빛 때문에 생기는 그림자만을 보고 살았어.

그들은 그림자밖에 볼 수 없었으므로 자신들이 진짜를 보고 있다고 믿었어. 다른 사람들보다 더 잘 식별할 수 있는 사람들은 자신이 더 정확하게 보고 있다고 주장했지. 그러나 그 가운데 한 사람은 그가 보고 있는 것이 진짜인지 의심을 하기 시작했어.

그래서 그는 그림자를 있게 한 빛을 찾아 쇠사슬을 끊고 동굴 입구를 향해 나아가기 시작했지.

동굴 밖에 나오자 눈이 부셔서 아무것도 보이지 않았지. 그러나 시간이 지나면서 하나 둘씩 눈에 들어오기 시작했어. 그림자가 아니라 실제의 사물을 볼 수 있었어. 동굴 속에 갇혀 그림자를 진짜라고 착각하면서 서로 자기가 더 정확하게 본다고 주장하던 사람들이 생각났어.

– 플라톤, 《국가》 참고

– [1998] 서울교대 논술 고사 제시문 참고

라 학문은 보편적인 개념을 가지고 하지. 하지만 그 보편적인 개념이 플라톤의 이데아처럼 스스로 존재할 수는 없어. 보편적인 개념들은 사물들과 나란히 있는 것이 아니라 사물들 안에 있지. 다만 정신이 여러 가지 사물들 속에서 같은 것들을 그러모아서 보편적인 개념을 끌어내는 것이야. 플라톤의 이데아는 사물들을 쓸데없이 사물과 사물의 이데아로 갈라놓아 이중적인 존재로 만들어 놓았어. 사물만 있는 것이지 이데아는 사물들 속의 같은 것을 모아 만든 보편적인 개념에 지나지 않아. 플라톤의 말대로 이데아가 사물 밖에 있다면 사물의 본질이 될 수 없어. 사물이 그 이데아에 관여한다는 설명은 궁색한 변명에 지나지 않아. 이데아는 움직이지 못하므로 운동이나 변화도 설명할 수 없어. 집이라는 이데아가 만든 집을 아직 한 채도 보지 못했어.

– 아리스토텔레스, 《형이상학》 참고

생각 쓰기

가 현실적으로 '이'는 어쩔 수 없이 '기'와 섞여 있지만, 그 가운데 '이'만을 가리켜 본연지성(本然之性)이라고도 부르지. 하지만 인간은 누구나 기질을 갖고 있으므로 기질의 영향을 받지 않을 수 없어. 오로지 성인이 되어야만 본연지성을 완전히 발휘하는 것이 가능하단다.

그런데 자식을 괴롭히는 부모가 있는가 하면, 부모에게 반항하거나 부모를 미워하는 자식도 있지. 부모와 자식이 서로 사랑한다는 사실은 '이'이기 때문에 절대로 변하지 않는데, 왜 이런 일이 일어날까?

어떤 자식이든 부모를 사랑하고, 어떤 부모든 자식을 사랑하지. 하지만 마음이나 행동은 반대로 나타날 수도 있어. '이'와는 달리, '기'는 유전이나 사람이 자라 온 환경, 경험에 의해 제각각 다르게 나타날 수 있기 때문이지. 그래서 '기'의 영향을 받는 성품을 기질지성이라고 불러. 사람의 성품은 모두 기질지성이야. 다만 기질이 좋은 사람은 본연지성을 온전히 발휘할 수 있지. 그래서 기질의 변화가 중요한 거야. 우리가 성인이 되려고 하려면 수양을 통하여 자신의 기질을 변화시켜야 하는 거야.

– 《이이가 들려주는 이통 기국 이야기》 중에서

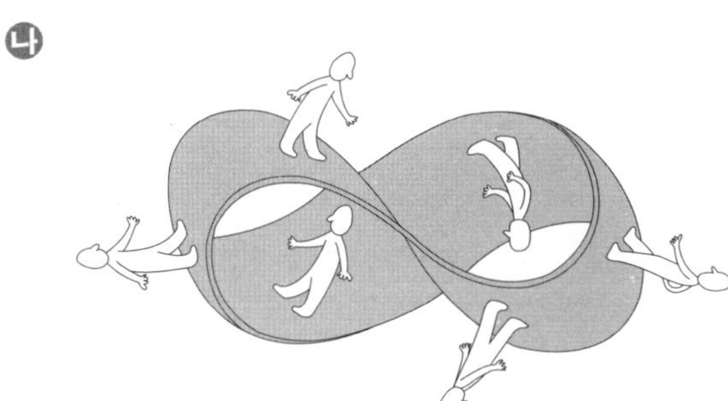

 아름다움 그 자체, 선 그 자체, 건강 그 자체, 힘셈 그 자체, 같은 것 그 자체, 큰 것 그 자체, 적은 것 그 자체는 어떠한 식으로든, 어떠한 때라도 손톱만큼의 변화도 절대로 없어. 그것들은 언제 어디서나 한 가지의 모습을 하고 있으며, 영원한 것이고, 죽지 않는 것이며, 신적인 것이야. 그것들은 시간도 초월하고, 공간도 초월하는 것이지. 그것들에는 영혼만이 다가갈 수 있어.

– 플라톤, 《파이돈》 참고

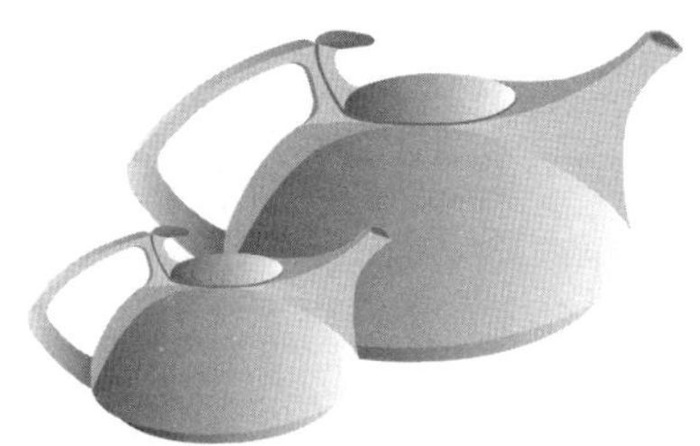

디자이너들은 제품의 형태만 보면 그 기능을 쉽게 알아챌 수 있도록 제품을 디자인
해야 한다는 생각은 '형태는 기능으로부터 나온다!' 는 슬로건으로 정식화되었어. 그
런데 얼마 전에 나는 이러한 원칙에 따라 만들어진 제품에 대한 사람들의 반응이 천차
만별이라는 것을 깨달았지.

내가 가지고 있는 찻주전자는 유명한 건축가이자 디자이너인 발터 그로피우스가
디자인한 것이야. 도자기로 된 단순한 이 찻주전자는 차를 한 방울도 흘리지 않고 훌
륭하게 찻잔에 따를 수 있지. 기능의 정수는 뚜껑에 있어. 뚜껑의 한가운데에는 보통
뚜껑과 달리 꼭지가 없지. 대신에 뚜껑의 손잡이 쪽 끝에 꼭지가 작은 판 모양으로 달
려 있어. 바로 이 형태가 보통 찻주전자를 따를 때 누구나 겪게 되는 일상적인 비극에
종지부를 찍게 해 주지. 보통의 주전자는 차나 커피를 따르기 위해서 한 손은 주전자
의 손잡이를 잡고 다른 한 손은 뚜껑을 잡아야 하지. 그렇지 않으면 아마도 뚜껑이 주

전자로부터 떨어지는 비극이 일어날 것이야. 반면에 그로피우스 찻주전자는 특이한 뚜껑 형태 때문에 한 손만으로도 가볍게 주전자와 뚜껑을 잡을 수 있는 굉장한 장점을 가지고 있지. 차를 따를 땐 네 손가락으로 손잡이를 잡고 엄지손가락은 뚜껑의 판 모양 꼭지를 누르면 돼. 그러면 차를 따르는 동안 다른 한 손은 자유롭게 다른 활동을 위해 사용할 수 있지.

아! 하지만 유감스럽게도 이 탁월한 기능적 편리함은 어쩌다 운 좋게 그 기능을 깨달은 나 말고는 아무에게도 도움을 주지 못한 것 같아. 적어도 이 찻주전자를 처음 사용할 때는 아무도 그 기능을 알아채지 못했으니까. 그 뻔한 기능을 피해 가는 방법도 가지가지야. 사람들은 여전히 한 손은 손잡이를 잡고 다른 손은 뚜껑을 잡고 차를 따랐지. 그러다가 열을 차단해 주는 꼭지가 없어 뜨거운 뚜껑에 화상을 입는 경우도 있었어. 그나마 똑똑한 사람은 옷소매나 헝겊 따위를 뚜껑 위에 대고 따랐지. 어떤 사람은 뚜껑 잡는 것을 잊어버려 뚜껑이 떨어져 찻잔을 깨뜨리기까지 했어. 그러나 뭐니 뭐니 해도 정수는 차를 따르기 전에 뚜껑을 열어 옆에 놓고 따르는 경우였지. 그것을 보고 기운이 쭉 빠졌어. 죽은 발터 그로피우스가 그 광경을 봤다면 아마도 무덤에서 벌떡 일어났을 것이며 다시 부활한다고 해도 디자이너라는 직업을 내팽개치고 다른 직업을 찾을 것이 분명해. 왜냐면 그의 찻주전자가 사람들에게 일상 생활 용품의 사용을 보다 손쉽게 해 주려던 디자이너 자신의 생각과 이미 널리 퍼져 있는 사용 습관이나 관습 사이의 모순을 적나라하게 보여 주는 대표적인 표본이 되고 있으니 말이야.

– 우타 브란데스, 《디자인은 예술이 아니다》 참고

생각 쓰기

1 이황

조선시대의 유학자이다. 호는 퇴계다. 주리론을 주장했으며, 영남학파의 이론적 토대를 제공했다. 이황의 성리학은 이(理)를 보다 중시하는 이기이원론(理氣二元論)이란 특성을 지니고 있다. 그는 이를 모든 존재의 생성과 변화를 주재하는 우주의 최종적 존재로 규정하고 현상세계인 기(氣)를 낳는 것이라고 생각했다. 그는 주자와 달리 기와 마찬가지로 이가 움직이거나 멈추고 일으키거나 만드는 성질을 갖고 있다고 보았다. 이가 움직이거나 멈추고 일으키거나 만드는 성질이 없다고 한 종래의 이론은 이의 체(體)의 측면이고 그 용(用)의 측면으로 말하면 이 또한 움직이거나 멈추고 일으키거나 만드는 성질을 갖는다는 것이다. 이럴 경우 이와 기의 관계는 이가 주인이고 기가 따르거나(理主氣從) 이는 귀하고 기는 천하다는 구조(理尊氣賤)를 가지며, 이는 기보다 절대적이고 우월한 것이 된다. 이러한 이기론의 구조는 심성론에서 기뿐만 아니라 이도 움직여 일으킨다는 이기호발설과 이가 움직여 일으킨 것이 사단이고, 기가 움직여 일으킨 것이 칠정이라는 사단대칠정론의 이론적 토대가 되었다.

2 플라톤(Platon)

고대 그리스의 철학자이다. 플라톤 사상의 핵심은 이데아론이다. 플라톤에 따르면 감각적으로 경험되는 현상의 세계는 참다운 세계가 아니다. 참된 세계는 이성에 의해 파악될 수 있는 이데아의 세계다. 이데아의 세계를 참된 세계라고 여긴 이유는 영원히 변하지 않기 때문이다. 그는 이상적인 인간을 이성에 의해 감각적 욕망을 잘 조절하는 철학자로 보고 철학자가 통치자가 되어야 한다고 생각했다. 모든 사람들이 자기가 맡은 일을 충실히 이행하여 조화를 이룬 국가를 정의로운 이상 국가로 보았다.

3 아리스토텔레스(Aristoteles)

고대 그리스의 철학자로 플라톤의 제자다. 서양 지성사에 매우 큰 영향을 끼쳤다. 그의 철학과 과학은 오랫동안 중세 그리스도교 사상과 스콜라주의 사상을 뒷받침했다. 17세기말까지 서양 문화는 아리스토텔레스의 사상에 바탕을 두고 있었으며 오늘날에도 많은 영향을 끼치고 있다.

아리스토텔레스가 연구한 지식 분야는 물리학 · 화학 · 정치학 · 윤리학 · 논리학 등 매우 다양하다. 가장 큰 업적은 형식논리학이다. 삼단 논법론은 이제 형식논리학의 작은 부분일 뿐이지만, 그의 윤리학 · 정치학 · 형이상학 · 과학철학 등은 현대 철학자들 사이에서 아직도 관심을 끌고 있다.

case 1 아래의 제시문들을 읽고 감정과 관련하여 제시문들을 비교하고 감정에 대한 여러분의 생각을 논술하시오.

가 사단은 불쌍히 여기는 마음, 부끄러워하는 마음, 사양하는 마음, 옳고 그름을 따지는 마음을 일컫는데, 이 네 가지 마음은 인간이 타고난 착한 마음들이야.

칠정은 기쁨, 분노, 슬픔, 두려움, 사랑, 미움, 욕망을 가리키는 것으로 일곱 가지 종류의 인간 감정을 나타내는 말이야. 칠정은 착한 감정도 있고 나쁜 감정도 있어. 그 착한 감정이 바로 사단이야.

나쁜 감정이 없고 착한 감정만 있는 사람을 성인군자라고 해. 나쁜 감정은 나쁜 기질에서 비롯되지. 도덕적인 수양을 통해 나쁜 기질을 좋은 기질로 바꾸면 나쁜 감정은 사라지고 착한 감정만 남게 되어 성인군자가 될 수 있어.

– 《이이가 들려주는 이통 기국 이야기》 중에서

나 덕과 본성이 맞는 삶을 살기 위해서는 모든 격정이 침묵을 지켜야 해. 쾌락의 꾐에 빠져서도, 불쾌한 것에 저항해서도 안 돼. 어떤 정열에도 무릎을 꿇으면 안 돼. 너는 부딪치는 모든 파도를 부서 버리는 바위와 같아야 해. 우뚝 선 바위가 되어야 해.

파도가 부딪혀 부서지기를 되풀이하다가 결국 지쳐 버리게 해야 해. 어떤 정욕에도, 분노에도, 공포에도 움직여서는 안 돼. 어떤 동정에도, 어떤 후회에도 움직여서는 안 돼. 높은 영혼의 능력인 이성에게만 발언권을 주어야 하며, 어떤 종류의 격정에도 발언권을 주어서는 안 돼.

– 마르쿠스 아우렐리우스, 《명상록》 참고

다 너는 이 '세계'와 '너'가 분명히 있다고 믿지? 그러나 세계와 네가 있는지 알 수 있는 방법은 감각밖에 없어. 세계와 너에 대한 감각의 밖에 세계와 너 자체가 감각과 무관하게 존재한다는 것을 알 수 있는 방법은 없어. 감각이란 그것으로 느끼는 것 말고는 아무것도 알려 주는 것이 없기 때문이지. '세계'도 '너'도 존재하지 않아. 오직 느낌만 존재할 뿐이지. 이성이 느낌을 통제한다고? 그런 이성이야말로 너의 주인이며, 모든 느낌은 이성의 노예일 뿐이라고? 그 이성이 바로 '너'라는 거지? 그러니까 분명히 존재하는 것은 이성의 노예인 느낌이 아니라, 이성인 '너'라는 거지? 이성은 정념의 노예일 뿐이야. 이성은 정념에 봉사하고 복종할 뿐이지. 분명히 존재하는 것은 정념의 노예인 이성이나 '너'가 아니라, 이성의 주인인 정념이나 느낌이야. 즐거움과 쾌락을 이성으로 억눌러야 행복해진다는 말을 하는 자들은 위선자들이거나 사기꾼이야. 더 큰 즐거움과 더 큰 쾌락을 주는 사회가 행복한 사회지.

– 폴 스트래던, 《흄 – '나'는 존재하지 않는다》 참고

라 '나'는 없어. 느끼고, 생각하고 행동하게 하는 주체로서의 '나'는 없다는 거지.

우리 속에서 '나' 를 찾아볼까? '나' 는 영원히 변하지 않는 존재여야 해. '나' 는 나의 모든 변화를 일으키는 존재니까. 자신이 변하면서 다른 것들을 변하게 할 수는 없어. 그렇다면 '나' 를 변하게 하는 또 다른 '나' 를 찾아야 하니까. '나' 는 인식하는 주체니까 보는 눈이나, 듣는 귀, 냄새를 맡는 코, 맛을 맡는 혀, 촉각을 느끼는 피부, 의식하는 머리에 있을까? 보는 것도 변하고, 듣는 것도, 냄새를 맡는 것도, 맛을 맡는 것도, 촉각을 느끼는 것도, 의식하는 것도 변하므로 '나' 일 수 없어. 느끼게 하는 '나' 는 없고 '느낌' 만 있을 뿐이지. '내' 가 느끼게 하는 것이 아닌 이상 느낌은 '내' 느낌일 수 없어. 우리가 느낌에 집착하는 것은 '내' 느낌이라고 오해를 해서지. '내' 느낌이 아닌 '남' 의 느낌이거나 누구의 느낌도 아닌 그냥 주인 없는 느낌이라면 그렇게까지 집착하지 않을 거야. 인식과 행위의 주체인 '내' 가 없다는 것을 깨달으면, 느낌에 집착하지 않을 테고, 집착하지 않는 느낌은 선하지도 악하지도 않아. 선과 악은 '나' 와 '남' 사이의 관계에서 비롯되니까. 집착하지 않으면 아예 느낌이 없겠지. 불쌍히 여기는 마음도, 부끄러워하는 마음도, 사양하는 마음도, 옳고 그름을 따지는 마음도, 기쁜 느낌도, 슬픈 느낌도, 화난 느낌도, 두려운 느낌도, 사랑의 느낌도, 미움의 느낌도, 욕망의 느낌도 생기지 않아. 말 그대로 아무 느낌도 생기지 않는 움직이지 않는 부동심이 되겠지. 이 부동심이 바로 해탈이야.

– 석가모니, 《아함경》 참고

생각 쓰기

㉮　사람은 좋은 기질을 가지고 있는 사람도 있지만 나쁜 기질을 가지고 있는 사람도 많아. 좋은 기질을 가지고 있으면 착한 마음을 가지게 되고, 나쁜 기질을 가지고 있으면 나쁜 마음을 가지게 되지. 나쁜 기질을 가지고 있는 사람들을 그냥 두면 나쁜 마음을 가지고 자식을 괴롭히든가 부모에게 반항을 하지. 사회가 나쁜 기질을 가지고 있는 사람들을 도덕적인 수양을 하도록 가르쳐야 해. 도덕적인 수양을 하면 나쁜 기질이 좋은 기질로 바뀌어 본래의 착한 본성이 발휘될 거야. 그렇게 되면 살기 좋은 사회가 되지.

- 《이이가 들려주는 이통기국 이야기》 중에서

㉯　어떤 마을에 누구나 가축을 풀어놓아 기를 수 있도록 개방되어 있는 공동의 땅이 있었어. 이 마을 주민들은 각자 자신의 땅을 갖고 있지만, 이 공동의 땅에 자신의 가축을 가능한 한 많이 풀어 놓으려 했어. 사람들은 부담 없이 풀을 먹일 수 있기 때문이지. 사람들은 공유지의 신선한 풀이 마을의 모든 가축들을 기르기에 충분한가 걱정하지 않고 공유지에 놓아기르는 자신의 가축 수를 늘렸어. 마침내 공유지는 가축들이 먹을 만한 풀이 하나도 없는 땅으로 변하고 말았지.

- 개릿 하딘, 《공유의 비극》 참고

- [2006] 서울대 정시 논술 고사 제시문 참고

대 자유의 제한은 특정한 목적을 달성하기 위한 것이지만, 그것 때문에 잃게 되는 것은 일반적으로 생각하지 않지. 시장 질서에 대한 간섭이 낳는 직접적인 효과는 대부분 피부로 느낄 수 있으나, 간접적으로 나타나는 부정적인 효과는 대부분 알기 어렵기 때문에 무시되기 쉬워.

따라서 자유와 간섭 사이의 선택이 신중한 생각 없이 이루어진다면 자유가 파괴되지. 자유를 제한하여 생기는 손실을 보지 못한다는 핑계로 자유를 제한하는 것은 정당화될 수 없어.

– 프리드리히 A. 하이에크, 《법, 입법, 그리고 자유》 참고

– [2006] 서울대 정시 논술 고사 제시문 참고

라 옛날에 지혜로운 양치기 소년이 양 떼를 몰고 들판으로 나갔어. 풀밭에서 풀을 뜯고 있는 모습이 참 평화로웠어. 하지만 자세히 들여다보니까 힘세고 튼튼한 양들이 연하고 맛있는 풀을 먹으려고 약하고 어린 양들을 밀쳐내고 있었어. 소년은 우리를 세 곳으로 나누어 새끼 양과 늙은 양, 젊고 힘센 양을 각각 넣었어. 다음 날 아침 가장 먼저 새끼 양들을 풀어 주었어. 어린 양들은 신나게 연하고 맛있는 풀을 마음껏 먹었지. 다음에 늙은 양들을 풀어 주었어. 늙고 힘없는 양들도 신나게 연하고 맛있는 풀을 뜯어 먹었지. 마지막으로 젊고 힘센 양들을 풀어 주었어. 남아 있는 풀들은 억셌지만 그들도 맛있게 먹었지.

– 《탈무드》 참고

생각 쓰기

1 아우렐리우스(Marcus Aurelius, 121~180)

고대 로마의 황제이자 철학자이다. '명상록' 으로 유명하다. '명상록' 은 전쟁을 수행하고 통치하는 동안 머릿속에 떠오른 생각들을 단편적으로 기록한 책이다. 철인왕(哲人王)의 사상이 담겨 있는 '명상록' 은 오랜 세월 역사상 가장 위대한 책 가운데 하나로 여겨져 왔다.

그 사상은 마르쿠스 자신의 것이긴 하지만 독창적인 것은 아니었다. 그것은 기본적으로 스토아주의의 도덕철학이고, 에픽테토스의 가르침에서 나온 것이었다.

그에 따르면 우주는 지성이 지배하는 하나의 통일체이며, 인간의 영혼은 신이 가진 지성의 일부이기 때문에 혼돈과 변화의 한가운데 홀로 내던져진다 하더라도 더럽혀지지 않고 순수할 수 있다.

2 흄(David Hume, 1711~1776)

영국의 철학자이자 경험론자다. 그는 감각과 내성에서 오는 자료인 인상과 그 자료들을 혼합하고 변경하여 얻는 관념을 구분하고, 모든 관념은 인상에서 생긴다고 했다. 그는 경험론을 극단으로 밀고 가서 인과성을 부인했다.

인과성은 마치 사실들 사이의 필연적인 결합을 뜻하는 것처럼 보이지만, 감각

자료들 사이에는 아무런 인과관계가 없으며, 단지 그 자료들이 자주 연이어서 나타나기 때문에 그 둘을 연결시키려는 습관이 생기고 그 습관이 인과성이라는 허위 관념을 만들어 냈다는 것이다.

칸트는 이런 흄을 경험론의 독단에 빠져 있다고 비판을 하고 인과성을 선험적인 범주로 만들어 그 객관성을 되찾으려고 했다.

이통기국 사상의 이해와 비판

(가) 이통기국이란 ' 기는 국한되고 이는 통한다' 는 뜻이지. 국한된다는 말은 제한된다는 말이야.

기는 각자가 지닌 기질에 따라 다르게 나타나지. 같은 부모에게서 태어난 자식이라고 할지라도 자식들은 생김새도 다르고 성격도 다르지.

기가 제한된다는 말은 이처럼 각자가 자신만의 개성을 가지게 된다는 뜻이야. 이는 통한다는 말은 보편적인 진리인 '이' 가 시간과 공간의 제한을 받지 않고 어디서나 통한다는 말이지. 한번 생각해 봐. 부모가 자식을 사랑한다는 진리는 동양과 서양, 옛날과 지금을 통틀어 언제 어디서나 통하잖아?

자, 이제 이통기국이란 말을 정리해 보자. 앞에서 예를 든 것처럼, 형제들은 서로 다른 개성들을 가지고 있지. 이것이 '기국' 이야.

하지만 가족을 사랑한다는 마음('이')은 모두가 함께 나누어 가지고 있지. 결국 '이통기국' 이라는 말은 각각의 개성과 차이를 가진 '기국' 이라 할지라도 '이통' 을 통해 하나로 화합할 수 있다는 뜻을 담고 있어. 가족 개개인은 한 사람 한 사람이 '기국' 으로서 다른 존재이지만, '이통' 을 통해서 사랑의 보금자리를 만들고 있는 거지.

－《이이가 들려주는 이통 기국 이야기》 중에서

（나）　장생: 좋냐?

공길: 좋아.

장생: 뭐가 그리 좋냐?

공길: 그냥 다 좋아.

－ 이준익 감독, 《왕의 남자》 참고

（다）　사회: 동성애를 정상적인 사랑이라고 주장하는 견해와 비정상적인 사랑이라고
　　　　주장하는 견해가 팽팽히 맞서고 있습니다. 두 분은 어떻게 생각하시는지요?

반대론자: 동성애는 비정상적인 사랑이에요. 자연을 보세요. 모든 것이 암수로 나누
　　　어져 사랑은 모두 암컷과 수컷이 하잖아요. 사랑을 남자와 여자가 하는 것이 자
　　　연의 법칙입니다. 자연의 법칙을 거역하는 동성애는 병적인 사랑입니다. 그런
　　　사람들은 치료를 해야 해요. 하나님이 남자와 여자를 만드실 때는 남자와 여자
　　　가 서로 사랑하라고 하신 거지요. 유교에서도 부부유별이라고 하지 않아요? 남
　　　자와 여자가 사랑을 하고 부부가 될 수 있는 거지요. 전통 윤리에도 맞지 않고
　　　기독교 윤리에도 맞지 않으며, 사회의 미풍양속을 흐리기까지 하므로 사회로부
　　　터 격리시켜야 해요.

찬성론자: 많은 사람이 이성끼리 사랑을 한다고 해서 소수의 사랑 방법인 동성애를 비

301

정상이라고 보는 것은 다수의 횡포입니다. 백인들이 많이 다니는 학교에서 소수의 유색인종을 비정상인이나 열등한 인종으로 바라보는 인종주의와도 같은 다수의 폭력입니다. 그리고 자연에도 동성애는 있습니다. 아예 암수의 구별이 없는 것도 있습니다. 이성애를 자연의 법칙이라고 생각하는 것은 무지의 소치입니다. 그것이 이성애가 자연의 법칙이라면 어떻게 동성애가 존재할 수 있습니까? 게다가 종교적인 이유로 동성애를 반대할 수는 있지만 사회적인 격리까지 요구하는 것은 종교적인 폭력입니다.

㉮ 통일과학을 주장하는 사람들은 모든 과학은 같은 언어, 같은 법칙, 같은 방법을 공유하거나 최소한 이러한 특징들 중 하나 또는 둘을 공유해야 한다고 주장하지. 통일과학 운동은 1920년대와 1930년대에 논리 실증주의자들인 빈 학파에서 시작되었어. 통일과학에 대한 주장은 여러 가지 형태로 오늘날까지 많은 과학 철학자들의 지지를 받고 있지. 언어를 통일한다는 것은 논리 실증주의자들에게 있어 직접적인 경험이나 지각을 기술하는 일련의 기초적인 문장으로 모든 과학 용어를 재구성되거나 환원한다는 것을 뜻했지. 하지만 오늘날 언어를 통일한다는 것은 모든 과학 용어를 물리학 용어로 환원하는 것을 의미해. 법칙을 통일한다는 것은 여러 과학의 법칙들을 몇 개의 기본 법칙에서 연역할 수 있다는 것을 뜻해. 이 기본 법칙으로 여겨지는 것은 보통 물리학 법칙이지. 마지막으로 방법을 통일한다는 것은 여러 과학 영역에서 진술을 검증하고 지지하는 방법이나 절차를 동일한 것으로 통일한다는 것을 뜻해. 예를 들어 생물학자가 이론 물리학자가 사용하는 절차와 근본적으로 같은 방법을 사용해야 한다는 것을 뜻하지.

– 카르납, 《과학철학》 참고

㉯ 통일과학은 불가능해. 현상의 종류가 다르면 그 현상을 기술하는 언어도 달라야

하고, 그 현상에 관철되는 법칙도 다르며, 법칙이 다르니 그 현상을 연구하는 방법도 다를 수밖에 없기 때문이지. 어떻게 무생물의 현상과 생물의 현상이 같을 수 있겠어. 무생물과 생물은 하늘과 땅 차이야. 근본적으로 다른 거지. 생물학을 물리학으로 환원하려는 것은 무생물을 생물로 만들려고 하는 것만큼 어리석은 짓이야. 인간을 연구하는 사회과학을 동물을 연구하는 행동과학으로 환원하려는 것은 인간을 한갓 동물로 만들려고 하는 짓이야. 더구나 사회과학을 물리학으로 환원하려는 것이야말로 인간을 무생물로 만들려고 하는 몰염치한 짓이지. 인간같이 복잡한 현상을 단순한 물리적인 현상으로 환원하려고 하다니. 데카르트가 말했듯이, 사유를 특징으로 하는 정신은 연장을 특징으로 하는 물질로 환원할 수 없어.

— 리처드 러드너, 《사회과학의 철학》 참고

논리 실증주의

실증주의의 전통을 잇기는 하지만 논리를 강조한다고 해서 논리 실증주의라고 한다. 또한 경험을 중요시한다고 해서 논리 경험주의라고도 한다. 1920년대 빈에서 처음으로 형성된 철학이다. 과학 지식만이 유일한 사실적 지식이며 모든 형이상학적 학설은 무의미한 것으로 거부해야 한다고 주장한다. 빈 학파는 철학자뿐만 아니라 수학자·물리학자·경제학자 등 다양한 전공의 회원들로 구성되었다. 그들은 과학이라는 것을 수학 및 논리학과 물리학의 관점에서 통일적으로 파악하고자 했다. 그러한 과학 체계를 구성하기 위하여 언어의 의미를 정의했다. '명제의 의미는 그 명제를 검증하는 방법과 동일하다' 는 것이다. 명제는 그 명제를 참이되게 하는 경험들의 총체라는 것이다. 이 경험은 실제적일 필요는 없고 다만 원칙적으로 가능하기만 하면 된다. 그래서 이것을 검증 가능성의 원리라고 한다.

이 원리에 따르면 어떠한 명제도 만일 그 참인 조건과 거짓인 조건이 알려질 수 없을 때는 무의미하게 된다. 다시 말해 검증할 수 없는 명제는 무의미하게 된다. 즉, '신은 존재한다' 라는 명제는 검증될 수 없으므로 무의미하게 된다. 또한 윤리적 명제도 참이거나 거짓일 수 없으므로 무의미하게 된다.

그러나 문제는 이 원리가 자연과학의 법칙 명제까지도 제외하게 된다는 것이다. '모든 백조는 하얀 날개를 가지고 있다' 라는 명제는 미래의 경우까지 포함한다. 현재의 경우는 실제적으로 모두 검증할 수 없다 하더라도 원칙적으로는 검증이 가능하다. 그러나 미래의 경우는 원칙적으로도 검증할 수 없어. 그래서 그들은 검증원리를 확인 가능성으로 대치한다. 그러나 후자는 너무 느슨하여 제외하고자 하는 명제들까지도 지나쳐 버리게 된다. 이런 문제들을 극복하고자 포퍼는 검증 가능성이 아닌 반증 가능성을 주장하였다.

아비투어 철학 논술

예시 답안

case 1 이이의 사상은 기발이승일도설, 이기불리설, 이통기국설, 경장론으로 간추릴 수 있다. 이 사상들이 환경문제와 관련하여 오늘날에도 타당한지를 알아보려면 그 사상들을 환경문제와 관련하여 새롭게 해석할 필요가 있다. 모든 특수한 존재형태(기)들을 관통하는 보편적인 원리(이)는 생태계를 유지하는 것이다. 모든 특수한 존재양식들은 특수한 존재형태가 드러난 결과이며, 그 존재양식들에는 생태계의 유지라는 보편적인 원리가 담겨 있다. 예를 들면 엽록소를 담고 있는 초록색 잎을 가진 풀의 (존재)형태는 광합성이라는 풀의 존재양식으로 드러나며, 여러 개의 위와 넓적한 어금니들을 가지고 있는 소의 (존재)형태는 풀을 먹는 소의 존재양식으로 드러난다. 날카로운 이빨을 가지고 있는 호랑이의 (존재)형태는 소를 잡아먹는 호랑이의 존재양식으로 드러난다. 그물 같은 균사조직을 가지고 있는 미생물의 (존재)형태는 풀, 소, 호랑이 등을 분해하는 미생물의 존재양식으로 드러난다. 이러한 존재양식들을 통해 생태계의 유지라는 보편적인 원리가 관철된다. 어떤 존재양식은 생태계의 유지라는 보편적인 원리가 드러난 결과이고, 다른 존재양식은 특수한 존재형태가 드러난 결과라는 이황의 이기호발설은 생태계를 설명하는데 설득력이 없다. 오히려 모든 특수한 존재양식은 그것에 상응하는 특수한 존재형태가 드러난 결과이며, 그 모든 존재양식에는 생태계의 유지라는 보편적인 원리가 담겨 있다는 이이의 기발이승일도설이나, 따라서 특수한 존재양식으로 드러나는 특수한 존재형태(기)와 생태계의 유지라는 보편적인 원리(이)는 분리할 수 없다는 이기불리설, 늘 변하고 시공간적으로 제한적인 모양을 띨 수밖에 없는 특수한 존재형태(기)들 속에는 항상 늘 변하지 않으며 그 특수한 존재형태들을 관통하는 생태계의 유지라는 보편적인 원리(이)가 들어 있다는 이통기국설이 생태계를 설명하는 데 훨씬 설득력이 있다.

하지만 자연개발이라는 인간의 특수한 존재양식이 생태계의 유지라는 보편적인 원리와 모순되는 생태계의 파괴라는 원리가 관철되는 결과를 낳는 것을 어떻게 설명할 수 있을까? 이통기국설은 여기서 한계를 드러내는 듯하다. 그러나 이이는 빠져나갈 구멍을 마련해 두었다. 기는 흩어졌다 모였다 하는데 그 과정에서 본래 맑던 기가 흐려져서 생태계의 유지라는 본래의 보편적인 원리를 가리고 생태계의 파괴라는 원리가 관철되는 존재양식으로 드러났다고 설명할 수 있다. 생태계 파괴의 원인은 본래 맑던 인간의 존재 형태(이성)가 흐려졌기 때문이다. 그러므로 생태계의 유지라는 본래의 보편적인 원리를 다시 관철시키려면 흐려진 인간의 존재형태(이성)를 다시 맑게 만들어야 한다. 생태계의 유지라는 보편적인 원리에 대한 각성만이 흐려진 인간의 존재형태(이성)를 다시 맑게 만들 수 있다.

하지만 자연이용이라는 인간의 존재양식은 생태계 파괴라는 원리를 관철하는 결과를 낳기 훨씬 오래전부터 이미 존재하고 있었다. 그때는 그 존재양식을 통해 생태계의 유지라는 보편적인 원리가 관철되었다. 보편적인 원리는 시간과 공간에 따라 다른 존재양식을 통해 관철되므로 시간과 공간에 맞지 않는 존재양식은 그 시간과 공간에 맞는 존재양식으로 바꾸어야 한다는 이이의 경장론은 여기서 효력을 발휘한다. ⓒ는 특정한 시간과 공간에 맞던 인간의 특정한 존재양식이 시간과 공간이 바뀜에 따라 더 이상 맞지 않게 되어 다른 존재양식으로 바뀌는 존재양식의 변천사를 잘 보여 준다. 생태계의 유지라는 보편적인 원리는 옛날에는 자연이용이라는 존재양식으로 관철되었지만 오늘날에는 자연보호라는 존재양식으로 관철된다. 그러므로 시대에 맞지 않는 자연이용이라는 존재양식을 시대에 맞게 자연보호라는 존재양식으로 바꾸어야 한다.

이상으로부터 볼 때 이이의 사상은 오랜 시간이 흘렀지만 환경문제에 관련해서는 오늘날에도 여전히 타당하다.

case 1 ㉮는 이황의 이기이원론이고, ㉯는 이이의 이기일원론이다. ㉰는 플라톤의 이원론적 존재론이고, ㉱는 아리스토텔레스의 일원론적 존재론이다. 공통된 주제는 보편적인 것과 개별적인 것의 관계이다. ㉮는 개별적인 것(기)뿐만 아니라 보편적인 것(이)도 개별적인 것(기)과 따로 존재한다고 주장하고, ㉯는 보편적인 것(이)은 개별적인 것(기)과 독립하여 따로 존재할 수 없으며, 개별적인 것(기) 속에 담겨 있다고 주장한다. ㉰는 ㉮와 마찬가지로 보편적인 것(이데아, 보편적인 개념)은 개별적인 것(이데아의 그림자, 사물)과 독립하여 따로 존재한다고 주장하고, ㉱는 ㉯처럼 보편적인 것(보편적인 개념)은 개별적인 것(사물)과 독립하여 따로 존재할 수 없으며, 개별적인 것(사물)속에 담겨 있다고 주장한다. 결국 ㉮와 ㉰가 이원론적 존재론의 입장을 취하고 있는 반면, ㉯와 ㉱는 일원론적 존재론의 입장을 취하고 있는 것이다.

보편적인 개념이나 원리나 성질이 개별적인 사물과 독립하여 따로 존재할 수는 없는 것 같다. 부력의 원리가 물과 독립하여 어딘가에 따로 존재한다고 생각할 수는 없기 때문이다. 사람이라는 보편적인 개념도 홍길동과 독립하여 어딘가에 따로 존재한다고 생각할 수 없다. 부력의 원리는 액체나 기체와 같은 유체가 가지고 있는 성질이므로, 이 세상에 모든 유체가 사라지는 순간 함께 사라지고 마는 것이다. 사람이라는 보편적인 개념도 개별적인 사람들이 가지고 있는 공통된 성질이므로, 이 세상에 모든 개별적인 사람들이 사라지는 순간 함께 사라지고 만다. 보편적인 것과 개별적인 것은 서로 섞일 수도 없지만 그렇다고 따로 떨어질 수도 없는 숙명적인 공존의 관계를 맺고 있다.

case 2 공통된 주제는 진리의 보편성과 상대성이다. ㉮는 이이가 진리가 보편적이라는 것을 변호하는 내용이다. 이이는 (자식을 괴롭히는 부모가 있고, 부모에게 반항하거나 미워하는 자식이 있으므로) 보편적인 가치(부모와 자식이 서로 사랑한다)가 마치 변한 듯이 보이지만 사실은 보편적인 가치는 절대로 변하지 않으며, 기질이 변해서 변한 것처럼 보인다고 해명한다. ㉯와 ㉰는 진리의 상대성을 보여 주는 그림이다. ㉯는 '안과 밖은 엄격히 구분되므로 경계를 넘어서지 않고는 다른 쪽으로 갈 수 없다'는 영원히 변할 수 없는 진리처럼 보이는 주장이 사실은 경우에 따라서만 타당한 상대적인 주장이라는 것을 보여 준다. 사람들은 경계를 넘어서지 않고 한쪽으로만 돌아다녀도 안으로도 갔다가 밖으로도 갈 수 있다. ㉰는 '어떤 것이 선하면 영원히 선하며, 어떤 것이 악하면 영원히 악하다'는 절대적는 진리처럼 보이는 주장이 사실은 경우에 따라서만 타당한 상대적인 주장이라는 것을 보여 준다. 똑같은 그림이 어떤 부분에 초점을 맞추는가에 따라, 즉 어떤 부분을 관심을 갖고 보는가에 따라 비둘기로도 보이고 박쥐로도 보일 수 있다. ㉰는 진리의 상대성을 보여 주는 영화다. ㉰는 '인간이 원숭이보다 더 뛰어나므로 인간이 원숭이를 지배하는 것은 당연하다' 는 영원히 변할 수 없는 진리처럼 보이는 주장이 사실은 경우에 따라서만 타당한 상대적인 주장이라는 것을 보여 준다. 어떤 행성에서는 정반대로 원숭이가 인간보다 더 뛰어나서 원숭이가 인간을 지배한다. ㉱는 플라톤이 진리(이데아)의 보편성을 주장하는 내용이다. 진리는 언제 어디서든 변하지 않는 보편적인 것이다. ㉮와 ㉱가 진리의 보편성을 주장한다면, ㉯~㉰는 진리의 상대성을 주장한다고 할 수 있다.

㉯~㉰에서 보듯이 언제 어디서나 통하는 영원히 변하지 않는 보편적인 진리는 환상인 것 같다. '태양이 지구 주위를 돈다' 는 사실은 영원히 변하지 않을 보편적인 진리인 줄 알았는데 '지구가 태양 주위를 돈다' 고 한다. 지구가 평평한 줄 알았는데 둥글다고 한다. 공간과 시간은 변하지 않을 줄 알았는데 변한다. 하지만 그 새로운 주장들만은 이제 영원히 변하지 않는 보편적인 진리인가? 과학사를 살펴보면 과학적인 주장들은 특정한 패러다임 속에서만 타당하다는 것을 알 수 있다. 지금까지 여러 번 패러다임이 바뀌어 왔듯이 앞으로도 바뀔 가능성이 훨씬 더 크지 않을까? 보편적인 진리 발견의 유일한 곳인 듯 보이던 자연과학의 경우가 이러한 것으로 보아 보편성보다는 시간적 공간적 차이에 따른 특수성이 많은 인문과학이나 사회과학도 마찬가지일 것 같다. 여자는 남자에게 순종해야 한다고 하더니 이제는 평등해야 한다고 한다. 임금에게 충성을 다해야 한다고 하더니 이제는 국민이 나라의 주인이니 대통령이 국민에게 봉사해야 한다고 한다. 인간이 잘살기 위해서는 자연을 정복해야 한다고 하더니 이제는 자연을 보호해야 한다고 한다. 헤라클레이토스의 말대로 모든 것은 변하는 것이다.

이이의 이기론에서 기능과 형태에 상응하는 것을 찾아보면, 일대일대응은 찾기 어렵다. '이'는 기능이기보다는 원리에 가깝고, '기'도 단순히 형태라기보다는 기능을 가진 형태에 가깝기 때문이다. 하지만 비교를 위해 단순화의 위험을 무릅쓰면, '기'는 형태나 구조에, '이'는 기능이나 원리에 상응한다고 할 수 있다. 이이는 형태(기)에 기능(이)이 담겨 있으며, 형태(기)를 통해 기능(이)이 발휘된다고 했다. 기능(이)을 잘 발휘할 수 있는 좋은 형태(기)가 있으며, 기능(이)이 잘 발휘되지 않는 형태(기)는 그런 형태(기)로 바꾸어야 한다고 했다. 이이의 이기론은 '좋은 형태(기)는 기능(이)으로부터 나온다'는 기능주의를 바탕에 깔고 있다고 볼 수 있다.

제시문은 기능을 잘 발휘할 수 있는 좋은 형태도 이용하는 사람에 따라 그 기능이 잘 발휘되지 않을 수도 있다는 것을 보여 주고 있다. 달리 말하면, 형태와 기능과의 관계는 고정되거나 결정되어 있지 않다는 것이다. 똑같은 형태도 이용하는 사람에 따라 다른 기능으로 이용될 수 있다는 것이다. 그로피우스의 찻주전자의 형태는 네 손가락으로 손잡이를 잡고 엄지손가락은 뚜껑의 판 모양 꼭지를 누르고 따르는 기능에 맞게 디자인되어 있는데 실제로 이용하는 사람들은 여러 가지 다른 기능으로 이용한다. 무엇보다도 관습에 따라 이용하는 경우가 많다. 기능주의에 대한 결정적인 반증인 셈이다. 기능이 형태에 의해 결정되는 것이 아니라 관습과 같은 사회적 환경에 의해 영향을 받는다는 얘기이다.

기능주의가 받는 비판은 기능주의에 바탕을 둔 이이의 이기론도 고스란히 받게 된다. 이(기능)와 기(형태)의 관계가 고정되거나 결정되어 있지 않다는 것이다. 똑같은 기(형태)에서 다른 이(기능)를 끄집어낼 수 있다는 말이다. 달리 말하면 똑같은 기(형태)가 여러 가지 이(기능)들을 담고 있을 수 있다는 것이다. 그 가운데 어떤 이(기능)가 발휘되는가는 그 기(형태)를 둘러싼 환경이나 맥락에 의해 결정된다. 어떤 사람의 기(형태)가 어떤 이(기능)를 발휘할지는 그 사람이 살아온 사회적, 개인적 환경과 그가 처해 있는 그 당시의 상황이나 맥락에 의해 결정된다. 이이의 이기론은 이러한 사회적, 개인적 환경과 상황의 영향력을 고려하지 못했다. 물론 이이가 사회적 환경(제도)을 개선하는 일에 관심이 없었다는 게 아니다. 이이는 사회적 환경(제도)을 바꿈으로써 백성의 기(형태)를 바꾸려 했다. 기(형태)가 바뀌야 그에 맞는 이가 발휘될 것이라고 믿었던 것이다. 똑같은 기(형태)도 사회적 환경에 따라 여러 가지 다른 이(기능)들을 발휘할 수 있다는 것을 몰랐던 것이다. 이이의 이기론이 사회적 환경의 개선보다 개인의 도덕적인 수양을 강조한 이유가 여기에 있다.

주 제 탐 구 **03** 강 사단칠정론의 이해와 비판

case 1 제시문들은 모두 감정을 다루고 있지만 다루는 방식에 차이가 있다. ㉮는 감정을 착한 감정과 나쁜 감정으로 나누고 착한 감정만 가질 것을 권하고 있다. ㉯는 좋은 감정이든 나쁜 감정이든 모든 감정을 없앨 것을 권하고 있다. ㉰는 ㉮와 마찬가지로 좋은 감정을 가질 것을 권하고 있다. 하지만 ㉮는 이성(도덕적 수양)으로 나쁜 감정을 억누르고 착한 감정만 가지게 할 것을 권하고 있는 반면, ㉰는 이성으로 감정을 억누르는 것을 반대하고 좋은 감정을 이성의 속박으로부터 벗어나게 하길 권하고 있다. 좋은 감정에 대해서도 ㉮와 ㉰는 약간의 차이가 있다. ㉮는 주로 불쌍하게 여기는 마음, 부끄러워하는 마음, 사양하는 마음, 옳고 그름을 따지는 마음과 같은 착한 감정을 권하는 반면, ㉰는 착한 감정뿐만 아니라 즐거움이나 쾌락과 같은 좋은 감정을 권한다. ㉭는 ㉯처럼 좋은 감정이든 나쁜 감정이든 모든 감정을 없애기를 권한다. 하지만 그 이유가 다르다. ㉯는 덕이나 본성에 맞는 삶을 살기 위해서고, ㉭는 모든 고통으로부터 벗어나고 싶어서야. 간추리면, ㉮와 ㉰는 좋은 감정을 권하는 점에서 같고, ㉯와 ㉭는 모든 감정을 없애기를 권하는 점에서 같다. 감정을 다스리는 방법에 관해서는, ㉮와 ㉯와 ㉭가 모두 이성에 맡기는 길을 권하는 데 반해, ㉰는 이성으로부터 벗어나는 길을 권한다.

아무리 좋은 감정이라도 지나치면 좋지 않다. 지나치면 집착하게 된다. ㉭에서 말한 것처럼 집착하면 고통이 따른다. 불쌍하게 여기는 마음이 지나치면 불쌍한 사람들에 대한 연민과 동정 때문에 슬프고 고통스럽다. 성인군자가 볼 때는 행복한 눈물로 보이겠지만 슬픔은 슬픔이고 고통은 고통이다. 행복한 슬픔이 어디 있고 행복한 고통이 어디 있는가. 자신의 잘못을 부끄러워하는 마음도 지나치면 자신을 미워하게 돼 자학에 빠지게 되고, 남의 잘못을 미워하는 마음도 지나치면 증오가 된다. 사양하는 마음도 지나치면 자신감을 잃게 되고, 옳고 그름을 따지는 마음도 지나치면 남을 용서해 줄 줄 아는 관대한 아량이 없어진다. 즐거움이나 쾌락도 지나치면 자기 절제를 못하는 방탕에 빠지게 된다. 감정을 다스리는 방법은 처음에는 이성의 도움을 받아야 하는데, ㉮나 ㉯처럼 이성으로 강제로 억누르려 하지 말고 ㉭에서 말한 것처럼 집착에서 벗어나려고 해야 한다. 집착에서 벗어나면 이성의 도움 없이도 습관처럼 몸에 배어 감정이 다스려질 것이다.

제시문들 모두 살기 좋은 사회를 만들기 위한 방법들을 제시하고 있다. 하지만 어떤 사람은 자유가, 다른 사람은 간섭이 필요하다고 주장하고 있다. ㉮는 자유보다는 교육적인 간섭이 필요하다고 주장한다. 사람들을 그대로 두면 좋은 기질을 가지고 있는 사람은 착한 마음을 가지고 착하게 살지만 나쁜 기질을 가지고 있는 사람은 나쁜 마음을 가지고 나쁘게 살기 때문이다. ㉯도 ㉮처럼 자유보다 간섭이 필요하다고 주장한다. 간섭 없이 자유만 주면 남을 배려하지 않는 이기심 때문에 결국 모두가 피해를 입게 되기 때문이다. 하지만 ㉮는 간섭이 필요 없는 착한 사람도 있다고 생각하는 반면, ㉯는 간섭이 없으면 누구나 이기적인 사람이 된다고 생각한다. ㉰는 간섭보다 자유가 필요하다고 주장한다. 간섭으로 얻는 이익보다 자유의 제한으로 잃는 손실이 더 크다고 보기 때문이다. ㉱는 ㉮나 ㉯처럼 자유보다 간섭이 필요하다고 주장한다. 간섭이 없으면 이기적이고 힘센 양(또는 사람)들 때문에 피해를 보는 약한 양(또는 사람)들이 있기 때문이다. 하지만 ㉮가 교육적인 간섭을 주장하는 데 반해, ㉯와 ㉱는 제도적인 간섭을 주장한다.

자유보다 간섭을 주장하는 사람들은 기본적으로 인간에 대한 믿음이 부족한 것이다. 인간은 간섭을 하지 않으면 이기적으로 된다는 뜻이다. ㉰에서 자유를 제한하면 잃게 되는 게 있다고 했다. 바로 인간에 대한 믿음이다. 하지만 그 간섭은 누가 하는 것인가. 사람들이 이기적으로 되지 못하도록 사람들이 간섭을 하는 것이다. 그렇다면 그 간섭을 하는 사람들은 믿을 만한 건가? 간섭도 적어도 간섭하는 사람의 착한 본성에 대한 믿음이 있어야 믿을 만하다. 그러니까 간섭이 필요하다는 주장은 이중적인 바탕 위에 서 있다. 한편으로는 간섭이 필요한 사람들에 대한 불신을 바탕에 깔고 있으면서도, 다른 한편으로는 간섭을 하려고 하거나 하는 사람들에 대한 신뢰를 바탕에 깔고 있다. 결국 간섭의 정당성은 간섭을 하는 사람들에 대한 신뢰로부터 나오는 것이다. 자유와 간섭이 반드시 서로 모순되는 두 원리라고 생각할 필요는 없다. 간섭을 받을 사람들이 직접 자유로운 논의를 통해 간섭을 정하면 된다. 그러면 자유로부터 간섭이 나오는 것이다. 간섭의 민주화라고나 할까? 한편 간섭을 최소화하고 자유를 최대화하면 된다. 자유가 지나쳐서 다른 사람의 자유나 공공의 이익을 심각하게 해칠 때 간섭을 하면 된다. 자유 없는 간섭도 문제지만, 간섭 없는 자유도 문제이다.

주 제 탐 구 **04** 강 이통기국 사상의 이해와 비판

case 1 동성끼리 사랑을 나누는 동성애는 특수한 사랑의 형태들 가운데 하나이다. 이성끼리 사랑을 나누는 이성애도 특수한 사랑의 형태들 가운데 하나라고 할 수 있다. 차이는 이성애를 하는 사람들이 동성애를 하는 사람들보다 많다는 것이다. 동성애를 반대하는 사람들의 논리는 소수는 다수의 길을 따라야 한다는 것이다. 하지만 소수가 다수를 따라야 하는 민주정치의 절차적 원리는 여기서 적용될 수 없다. 그 원리는 여러 가지가 동시에 채택될 수 없을 때만 적용될 수 있다. 동성애와 이성애의 문제는 동시에 채택될 수 있다. 다만 동성애를 반대하는 사람들이 이성애와 나란히 동성애가 존재하는 것을 용납하지 않으려하는 것뿐이다. 게다가 ⓝ의 공길이처럼 태어날 때부터 몸의 겉모습은 남자인데 속은 여자든가, 겉은 여자인데 속은 남자로 태어나는 사람도 있다. 그런 사람들에게까지 이성애를 강요해서는 안 된다.

이성애가 자연의 법칙이라는 주장도 말이 안 된다. ㉤에서 찬성론자가 말한 것처럼 자연에도 동성애는 있다. 암수의 구별이 없는 것도 있다. 그리고 설사 사람을 제외하고 모든 자연이 암수의 구별이 있고 암수끼리 사랑을 나눈다고 하더라도 보편적인 자연의 법칙이 될 수는 없다. 사람도 자연에 속한다. 예외를 허용하는 보편적인 법칙은 모순이다. 더 나아가 백보 양보해서 설사 다른 모든 존재가 이성애를 나눈다고 하더라도 사람도 그것을 따라야 할 이유는 없다. 다른 존재들이 모두 제사를 지내지 않는다고 해서 사람도 제사를 지내지 말아야 할 이유는 없는 것이다. 마찬가지로 다른 사람들이 대부분 이성애를 나눈다고 모두가 이성애를 나눠야 할 이유는 없다. 중요한 것은 사랑을 나누는 일이다. 이성애든 동성애든 사랑하는 사람끼리 사랑을 나누는 것은 똑같다.

다르다고 해서 틀린 게 아니다. 다르면 틀리다는 생각이야말로 이통기국의 원리를 모르는 것이다. 겉은 서로 다르지만(기국), 속은 같은 것을 가지고 있을 수 있다(이통). 동성애와 이성애는 서로 다른 사랑의 형태이지만(기국), 서로 사랑한다는 것은 같다(이통). 사랑을 나누는 것이 잘못이 아니라면, 사랑을 나누는 방법은 개인이 선택할 문제이다. 이이는 '이'가 잘 발휘될 수 있는 좋은 '기'가 있고, 잘 발휘될 수 없는 나쁜 '기'가 있다고 했지만, 여기서는 그대로 적용하면 안 된다. 사랑(이)이 잘 발휘되고 안 되고는 사랑을 나누는 형태(기)의 좋고 나쁨에 달려 있는 것이 아니라 어떤 사랑의 형태를 선택하든 그 사랑을 나누는 사람들의 기질의 좋고 나쁨에 따라 잘 발휘될 수도, 잘 발휘되지 않을 수도 있는 것이다. 이처럼 이이의 이통기국 사상으로도 동성애에 대한 잘못된 편견을 바로잡을 수 있다.

통일과학은 모든 과학을 하나의 과학으로 환원하려고 한다. 이러한 생각의 바탕에는 모든 현상은 하나의 현상으로 환원할 수 있다는 믿음이 깔려 있다. 현상들이 아무리 서로 다르게 보여도(기국), 결국 하나의 보편적인 원리나 법칙을 공유하고 있다는 것이다(이통). 따라서 그 현상을 기술하는 언어도 같은 언어를 사용할 수 있으며, 그 현상을 연구하는 방법도 같은 방법을 사용할 수 있다는 것이다.

학문이 이것저것으로 전문화되어 분리되기 전에는 통일과학은 당연한 것이었다. 이이도 자연이든 인간이든 모든 현상들에는 하나의 보편적인 원리('이')가 관철된다고 믿었다. 그래서 자연과 인간을 기술하고 연구하는데 같은 언어('이' 와 '기')와 같은 방법(사변적 방법)을 사용했다. 하지만 자연과학이 갈라져 나가면서 자연과 인간의 차이가 주목받기 시작했다. 자연에는 더 이상 사변적 방법을 사용하지 않고 경험적인 방법을 사용하기 시작했다. 말하자면 자연과학에서 더 이상 자연현상을 이와 기나 음과 양으로 설명하려 하지 않고, 물리학이나 화학은 원자나 분자의 결합과 운동으로, 생물학은 세포들의 작용으로 설명하려고 했다. 각 학문들은 자신들의 고유한 언어와 방법을 사용했다.

그러나 물리학의 발달은 ㉠와 같이 모든 과학을 물리학으로 통일하려는 희망을 다시 가지게 했다. 하지만 한편으로는 ㉡와 같이 회의적인 생각들도 있었다. 각 학문들이 연구하는 분야의 현상들이 서로 너무나도 다르게 보였기 때문이다. 그러나 연구가 진행되면서 자연과 생물과 인간에는 공통된 법칙이 적용될 수 있을 것이라는 희망이 생긴 것이다. 생물학이 발달하여 생물현상도 물리학이나 화학과 같이 분자들의 결합과 운동으로 설명하려는 분자생물학이 나타났다. 뇌 과학이 발달하여 언어학, 철학, 심리학, 전자공학 등 인지현상과 관련된 학문들이 통합되어 이른바 인지과학이 되었다. 인지과학은 언어, 인식, 사고, 심리, 계산 등 여러 인지현상을 뉴런들의 상호작용과 관련하여, 그 뉴런들의 상호작용도 뉴런들의 연결 통로인 시냅스에 있는 신경전달물질들의 작용과 관련하여 연구하려고 한다. 생물과 인간과 기계 사이에 공통되게 존재하는 법칙을 찾으려는 사이버네틱스도 그러한 인지과학의 흐름을 강화하는 데 일조했다. 요즘은 10억분의 1미터를 뜻하는 나노 단위로 연구하는 나노공학이 발달하여 뇌의 비밀을 밝혀내는 데 커다란 희망을 걸고 있다. 심지어는 나노공학의 발달로 뇌의 비밀을 밝혀내면 인간의 모든 인지현상을 설명할 수 있다는 희망을 말하는 사람도 있다. 이이의 이통기국 사상을 실현하는 것이 한낱 꿈은 아닌 것 같다. 물론 '이'와 '기'로 설명하는 것은 아니지만 큰 틀은 통일과학의 틀과 같기 때문이다.

철학자가 들려주는 철학이야기 008

홉스가 들려주는 리바이어던 이야기

저자_**최지윤**
고려대학교 철학과 박사 과정을 수료하였고, 어린이철학연구소 강사 및 교재 집필을 했으며, 현재 대진대학교에 출강하고 있다.

홉스의 '리바이어던'

홉스의 '리바이어던'

1 인간의 본성

흔히 상식적으로 이해되는 홉스의 인간론은 '성악설'이다. 이는 그를 서양의 '순자'라고 불리게 할 정도로 홉스가 인간의 본성을 악하다고 말한 것으로 오해하게 한다. 이런 오해는 자연 상태에서 살아가는 인간의 모습을 참담하게 그렸기 때문이라고 할 수 있다. 분명 홉스는 자연 상태에서 끊임없이 투쟁하며 살아가는 비참한 인간의 모습을 《리바이어던》에서 생생하게 그려 냈다. '인간은 본질적으로 이기적이고, 자기 생명을 보호하기 위해서는 어떤 일도 할 수 있는 준비가 되어 있으며, 때때로 공격적이고 파괴적인 행위도 서슴지 않을 반사회적인 성격을 지니고 태어난 존재이다.' '자연 상태에서 인간은 만인에 대한 만인의 투쟁 상태'로 살아갈 수밖에 없으며, 특히 '폭력적인 죽음에 대한 공포'를 지속적으로 안고 살아가야만 하는 존재이다. '인간은 인간에 대해 늑대와 같다.' 이런 상태에서 '인간의 삶은 고독하고, 비참하고, 괴롭고, 잔인하며 짧다.' 이 모든 내용은 홉스가 《리바이어던》 13장에서 밝히는 자연 상태에서의 인간의 모습이다. 그러나 홉스는 이러한 인간의 본능적인 이기성 그 자체를 악으로 보지는 않았다. 왜냐하면 인간이 이기적인 행동을 하는 것은 모두 자기를 보호하려는 욕구나 감정으로부터 나오는 것이며, 인간의 욕구나 정념은 그 자체로 죄악이 아니기 때문이다. 이런 점에서 홉스가 인간의 본성을 이기적이라고 본 것은 맞지만 이러한 본성을 '악'이라고 여기지는 않았다는 점에서 그를 '성악설'을 주장한 인물이라고 부르기에는 무리가 있다. 홉스는 인간의 본성 가운데 어두운 면이 있다는 점을 강조했지만 그는 인간이 본성상 사회적인 존재라는 점도 강조하고 있다.《리바이어던》6장에서 그는 자비, 선의지(good will), 자선을 모두 '다른 사람에게 좋게 하고자 하는 욕망'이라고 정의하고 있으며, 이런 정념들은 모두 인간의 선한 본성으로부터 나온 것이라고 말하고 있다.

2 자연권

자연권은 역사적으로 형성되거나 실정법에 의하여 창설된 여러 권리와 대응되는 것으로, 인간이 태어날 때부터 가지는 천부적인 권리를 뜻한다. 실정법론(법실정주의)에서 권리란 법률로써 인정되는 경우에만 성립되므로 법률 이전의 자연권 개념은 인정되지 않으나, 자연법론에서 인간의 자연권은 법률 이전의 천부의 권리라고 하며 국가가 법률로써도 이를 제한하거나 침해할 수 없다고 한다. 홉스는 자연 상태에 있어서 모든 법의 타당성을 부정하며, 자연 상태의 인간은 자기보존의 목적이라면 무엇을 해도 상관없는 '천부적 자연권'을 가진다고 말한다. 아울러 자연권을 사회적으로 실현하기 위한 '이성에 의해서 발견된 계율 또는 일반 규칙'이야말로 자연법이라고 하였다. 이러한 자연권으로 홉스는 자기보존권과 자연적 자유권을 제시하고 있다.

❸ 논리적 가설로서의 자연 상태

홉스가 자연 상태로 그리는 인간의 모습은 전적으로 자기의 이익을 도모하기 위해서만 행동한다는 '심리적 이기주의'를 전제로 하고 있다. 홉스적 인간이 누리는 삶은 '경쟁의 연속이며 달리는 경주와 같고 그 최종적인 목표는 자기만족이며 최고가 되는 것'이다. 자연 상태에서 인간은 자기 보호를 위해 어떤 일도 할 수 있으며, 심지어 다른 사람의 생명을 빼앗을 수 있는 자유와 권리마저 주어져 있다. 왜냐하면 자기 보호(self-preservation)는 모든 사람이 추구하는 궁극적인 목적이고, 이 목적을 위해서는 어떤 수단을 동원하더라도 정당하기 때문이다. 더구나 자연 상태는 아직 도덕과 법률이 만들어지기 이전의 상태이기 때문에 부도덕성도 위법성도 존재하지 않는다. 오직 자연권의 이름으로 자유와 권리가 무제한으로 확대될 수 있을 뿐이다. 이러한 자연 상태는 시민사회와 대비되는 논리적 가설 상황이다. 자연 상태에서 살아가는 인간의 모습이 얼마나 비참한가를 보여 줌으로써 질서와 평화가 유지되는 시민사회의 필요성을 강조하기 위해 도입된 상황이라는 것이다. 따라서 이런 상황에서 묘사되고 있는 인간의 모습도 가설적이거나 제한적일 수밖에 없다. 인간이 이기적이거나 다른 사람에 대해 공격적일 수밖에 없는 상황은 본성이 악해서라기보다는 본성 가운데 어두운 면과 삶의 환경, 즉 무정부 상태나 전쟁 상태와 같은 최악의 환경이 어울렸을 때 나올 수 있는 상황일 것이다. 자연 상태에서는 자기 존재를 부정하거나 제거하려는 적대자와 죽기 살기로 싸움을 해야 한다. 승리에 대한 보장이 없으면서도 싸움은 계속될 수밖에 없다. 자연 상태에서 인간의 행동을 규제할 도덕적 규범이란 오직 자연법밖에 없다.

❹ 폭력의 세 가지 원인

홉스는 자연 상태에서 보이는 폭력적인 성향은 시민사회에서도 기회만 주어지면 표출될 수 있다고 본다. 이렇듯 인간이 폭력적 성향을 가지게 된 배경에 세 가지 욕망이 자리 잡고 있다는 점에 홉스는 주목했다. 즉 폭력적인 전쟁 상태로 빠지게 만드는 심리적 원인을 제시하고 있는 것이다. 이는 바로 '경쟁심, 자기 확신의 결핍, 영광(다른 용어로 경쟁, 불신, 명예)' 이다.

첫째, 경쟁심과 폭력의 관계를 살펴보자. 경쟁심이란 사람들이 무엇인가를 얻기 위해서 다른 사람을 공격하게 만드는 감정이다. 이런 경쟁심은 사회, 경제적 조건에 따라 약화되기도 하고 강화되기도 하지만 17세기 초기 자본주의 체제가 출발한 이래 약화된 적이 없었다. 인간의 마음 안에 내재된 경쟁심은 시장경제 체제에서 점차 폭력적인 양상을 보이기 시작했다. 자본주의사회는 개인의 욕망을 확대, 재생산하고 이를 충족시켜 줄 생산성의 증가를 통해서 유지되는 사회이기 때문에 생산성을 높이기 위해서는 생산력과 생산관계의 변화가 불가피하다. 따라서 경쟁심을 자극하여 상호 간에 경쟁하도록 유도하는 것이야말로 생산성을 높이는 효과적인 방법이라고 할 수 있다. 홉스는 경쟁심과 폭력과의 관계를 다음과 같이 정리하고 있다. "사람의 경쟁심은 다른 사람의 신체, 처자식과 가축까지 모든 것의 주인이 되기 위해 폭력을 사용한다."

둘째, 불신과 결핍, 폭력의 관계를 살펴보자. 자기 확신의 결핍은 안전을 확보하기 위해 다른 사람을 공격하게 만드는 감정이다. 자기 확신이 없다는 것은 자기에 대한 불신과 타인에 대한 불신을 모두 함축하고 있다. 자기 확신의 결핍은 비교 감정에서 나오며 다른 사람과 재치를 겨룰 때 생기는 패배 의식에서 나온다. 외부로부터 가해지는 위협에 대항해서 자기 스스로 방어할 수 있는 능력이 없을 때 자기 불신은 생기며, 동시에 다른 사람이 언제라도 나를 위협할 수 있는 가능성이 있는 한 타자에 대한 불신은 불가피하다. 그래서 이 불신은 자기를 스스로 방어하게 만들며, 필요하다면 내가 먼저 선수를 치기 위해 폭력을 사용할 수도 있다.

셋째, 영광 혹은 명예, 폭력과의 관계를 살펴보자. 명예 혹은 헛된 영광에 대한 욕구는 명성을 얻기 위해 다른 사람을 공격하게 만드는 감정이다. 헛된 영광을 추구하는 일이 사람을 얼마나 경쟁적으로 만들며 다른 사람에 대해 공격적인 태도를 보이게 하는지는 경험적인 사례들을 통해 알 수 있다. 헛된 영광을 추구하는 사람은 자신의 실제 능력보다 더 많은 능력이 있다고 판단하는 사람들이다. 그래서 특권을 누리려고 하며 다른 사람보다 우세한 힘을 얻으려고 애쓴다. 홉스는 이를 다음과 같이 표현하고 있다. "다른 사람에게 상처를 주려는 사람의 의지는 헛된 영광으로부터 생기며, ……미래를 생각하지 않고 보복하는 것도 헛된 영광으로부터 나온다."

5 이성의 소리

경쟁심, 자기 확신의 결핍, 그리고 헛된 영광에 대한 욕망으로 압축되는 권력에 대한 욕망이 바로 인간의 폭력적 행위의 심리적 배경이다. 자연 상태에서 인간은 끊임없는 권력에 대한 욕망으로 폭력적 행위들을 낳고 많은 고통을 초래한다. 이런 욕망이 통제되지 않는다면 인간은 전쟁 상태에서 벗어날 수 없을 뿐만 아니라 시민사회를 구성했다고 하더라도 다시 자연 상태로 전락하고 말 것이다. 그런데 인간에게는 이기적인 본성뿐만 아니라 이성의 소리를 들을 수 있는 선천적인 능력이 있다. 인간은 권력에의 욕망을 따르기보다는 자연의 빛인 이성의 명령을 따르는 것이 더 합리적이라는 생각을 할 수 있다. 그리고 이런 합리적인 이성의 계산 능력은 그동안 작게만 들리던 이성의 목소리에 귀 기울이도록 유도한다. 다행스럽게도 모든 사람은 이성적 존재이기 때문에 이성의 명령으로 전달되는 자연법의 규칙을 들을 수 있는 준비가 언제나 되어 있다. 가장 일반적인 이성의 명령이자 제1자연법의 규칙은 다음과 같다. "모든 사람은 평화를 얻을 수 있다는 희망을 가지는 한 그것을 추구해야만 한다. 그리고 그것을 얻을 수 없을 때 전쟁의 이로움과 도움을 추구하고 이용할 수 있다." 이 명령을 두 부분으로 나누면 앞부분은 '평화를 추구하고 그것을 따르라'는 것이며, 뒷부분은 '우리가 할 수 있는 모든 수단을 통해 우리 자신을 방어하라'는 것이다. '평화를 추구하라'는 명령을 제1자연법에 놓는 이유는 홉스의 정치철학의 목적이 바로 평화의 안정적 확보에 있기 때문일 것이다.

6 사회계약론

홉스의 사회계약론은 개별적인 인간들이 시민사회나 정부를 어떻게 구성할 것인가에 대한 답변이다. 플라톤이나 아리스토텔레스 등이 제시한 국가의 구성 원리인 '자연 발생설'이나 '유기체설' 대신 '계약'에 바탕을 둔 원리를 홉스는 선호하였다. 이러한 사회계약론은 근대 개인주의의 두드러진 특징을 잘 나타내 주고 있다. 계약은

'예비적 계약'과 '정치적 계약'으로 나뉜다. 예비적 계약은 개인과 개인 사이에 맺어지는 계약으로 최소한 자연 상태로부터 벗어나기 위한 첫 단계이다. 자연 상태의 고통을 견딜 수 없는 개인들은 자기 보호를 안정적으로 확보하기 위해 자연권의 상당 부분을 포기하거나 유보하자는 데 동의한다. 이 동의는 계약을 지킬 의무를 발생시키는데, 이때 의무는 강제적인 의무가 아니다. 그래서 누구도 이 의무를 위반한 자에 대해 처벌할 수 있는 힘이 없기 때문에 예비적 계약은 쉽게 파기될 수 있다.

그렇다면 실질적인 안전을 보장하기 위해서는 감히 아무도 계약을 위반할 수 없도록 새로운 방책을 세워야 한다. 즉 모든 개인들이 계약을 위반함으로써 얻어지는 이득보다 위반했을 때 따르는 고통, 즉 처벌이 더 크도록 만들면 된다. 그렇게 하기 위해서는 처벌을 규정으로 만드는 일과 처벌을 집행할 수 있는 힘의 소유자, 즉 통치적 권위의 소유자를 세우는 일이 필요하다. 이 통치적 권위를 세우고 정당화시키는 일이 정치적 계약이며, 이를 통해서만 '자기 보호를 위해서는 평화를 추구하라'는 자연법의 제1명령은 실현 가능한 목표가 된다. 개인과 통치자 사이에 맺어지는 계약을 통해서 통치자는 공동의 힘(common power)을 소유하게 된다. 이 힘을 통해 통치자는 개인들 사이에 나타나는 불일치를 줄이거나 제거할 수 있고, 궁극적으로는 한 의지(one will)에 따라 국민 통합을 이루어 낼 수 있다.

7 국가의 탄생

《리바이어던》 2부의 첫 장을 여는 17장에서 설명하는 국가의 탄생은 자연 상태, 자연법, 평화에 대한 갈망, 그리고 사회계약을 통한 합법적 권위의 창출 등 앞의 논의들로부터 따라 나온 귀결이다. 만인의 만인에 대한 투쟁 상태에서 인간은 그럼에도 불구하고 자기를 보호하고 안전을 확보하고자 한다. 그래서 사회계약을 통해 공동의 권력, 즉 통치권자를 세우고 자기 보호의 안전망을 확보하고자 한다. 그런데 홉스는 국가 또는 통치권자를 상징적으로 나타내기 위해 왜 '리바이어던'이라는 용어를 선택했을까? '리바이어던'이란 용어는 구약성서 욥기 41장에 묘사되는 무적의 힘을 가진 바다 괴물의 이름이다. 성서에서 이 동물은 혼돈과 무질서를 상징하지만 홉스는 그 반대의 뜻으로 이 용어를 사용하고 있다. 통치와 질서를 보장할 수 있는 막강한 힘의 소유자이며, 하느님의 대리자로서 인간의 교만함을 누르고 그들을 복종하게 할 수 있는 존재로 말이다. 하느님이 자연을 창조했듯이 인간은 이제 상호 동의와 계약을 통해 '리바이어던'이라는 인공적 물체를 창조할 수 있게 되었다. 국가라는 인공적 인격체나 통치권자라는 자연적 인격체는 평화와 자기 보호라는 목적 때문에 자연인들로부터 양도받은 모든 자연적 힘과 권리를 갖고 있다. 그 통치권자는 이 양도된 힘을 사용할 최고의 권리를 가지고 있는데, 그 권리는 두 가지 목적을 위해서만 사용될 수 있다. 즉 통치권자는 국내적으로는 국민들 사이에서 평화가 유지될 수 있도록 하기 위해서, 그리고 국외적으로는 외침으로부터 국가를 방어하기 위해서만 맡겨진 통치권을 사용할 수 있다.

8 홉스의 국가론에 대한 평가

홉스는 단순히 무제한적인 절대왕권을 옹호하고자 했던 것이 아니다. 홉스의 정치 철학의 관심과 목표는 통치권의 확립과 통치자의 권위를 위한 정당한 근거를 제공해 주는 것이었으며, 이를 통해 자기보존과 평화 정착이라는 목적을 달성하고자 했던 것이다. 이를 위해 홉스가 선택한 전략이 바로 사회계약론과 절대 군주론의 접합이었다. 때문에 계약론과 권리 양도를 통해 홉스가 얻어 내고자 했던 것이 무엇인지를 정확하게 읽어 낼 필요가 있다. 그의 숨은 의도는 계약을 통한 강력한 통치권의 정당화와 그 결과로 주어지는 절대 군주론의 적절한 조화였다. 그 배후에는 자기 보호와 평화 유지라는 조건이 붙은 백성의 권리 양도가 놓여 있으며, 통치자는 단지 대리인일 뿐이라는 사실도 선명하게 드러나 있다. 그래서 홉스는 계약의 한 당사자인 백성들이 지켜야 할 복종의 의무 조항에 대해 설명함과 동시에 대리인으로서 군주가 지켜야 할 보호의 의무 조항을 지시하고 있다. 보호와 복종의 관계를 수평적인 관계로 놓음으로써, 그리고 의무보다는 개인의 자유와 권리의 개념을 강조함으로써 근대 초기에 급격하게 변화하는 사회와 자유주의 의식을 반영하고자 했다. 이런 점에서 절대 군주론의 예찬자라는 오해 속에 파묻혀 버린 홉스에 대한 오해를 바로잡고 그의 사상을 제대로 평가할 필요가 있다.

01강 홉스의 《리바이어던》이 탄생한 배경은 무엇일까?

홉스(Thomas Hobbes, 1588~1679)는 '최고의 무신론자이며 맘즈베리의 악마' 라는 비난과 '새로운 철학의 빛나는 땅을 개척한 위대한 콜럼버스' 라는 찬사를 동시에 받은 영국 최고의 정치 사상가이며 시민사회의 성립과 정부 구성의 원리를 사회계약론 위에 세운 최초의 근대 정치 철학자이다. 또한 그는 권력 집단으로 변질된 교회와 세속 정치에 물든 성직자들에게 비판의 쓴 소리를 거침없이 날린 예언자 같은 철학자였다. 역사적으로 17세기 초기와 중기는 유럽의 여러 나라들이 사회, 정치적으로 큰 변동을 겪은 시기이다. 1642년에 발발한 영국의 시민전쟁은 찰스 1세가 처형된 후 시민군의 장군이었던 올리버 크롬웰이 정권을 잡은 7년간 절정에 달한다. 홉스는 당시 여러 분파로 나뉘어 치열한 다툼이 벌어지던 때에 《리바이어던》이란 책을 펴내어 자신의 사상을 알렸다. 혼란스러운 조국 영국의 평화와 안전을 진심으로 희망했던 홉스는 자신의 모든 능력을 발휘해서 국가와 관련된 문제들을 연구하였다. 그런 연구를 통해 평화로운 국가를 만들기 위한 해결책을 논리적으로 제시하려 한 것이다.

생각 쓰기

주요 개념 및 배경 지식

1 엘리자베스 1세

엘리자베스 1세(1533~1603)는 영국 그리니치 출생으로 튜더 왕조의 헨리 8세와 두 번째 왕비인 앤 불린의 딸이다. 이복 언니 메리 1세의 가톨릭 복귀 정책이 불만을 사게 되어 와이어트 반란으로까지 확대되었을 때, 그녀도 반란 가담의 혐의를 받고 런던탑에 유폐(1554)되는 등 다난한 소녀 시절을 보냈다. 석방된 뒤 인문주의자 R.어스컴에게 그리스·라틴의 고전을 배우고, 독일·프랑스·이탈리아 등의 외국어를 공부하여 역사·음악·신학에 능통하였다. 메리 1세가 죽자 뒤를 이어 25세에 즉위하였으며, 그녀의 오랜 치세는 영국의 절대주의 전성기를 이루었고, 국민으로부터 '훌륭한 여왕 베스' 라고 불리며 경애의 대상이 되었다.

2 크롬웰

크롬웰(1599~1658)은 청교도혁명 당시 국왕 찰스 1세에 맞선 의회 진영의 장군이다. 잉글랜드 동부 헌팅턴에서 상류 가문의 아들로 태어나 헌팅턴의 그래머스쿨과 케임브리지대학에서 공부하였고, 청교도주의의 영향을 크게 받았다. 그 후 런던의 링컨즈 인에서 법률을 공부하고 1620년에 결혼한 그는 고향으로 돌아와 소유한 영토 관리에 전념하였다. 이 무렵 신앙에 눈을 떠 회심(回心)을 경험하게 되고, 신으로부터 선택받은 사람으로서의 자각을 갖게 되었다고 한다. 1642년 제1차 내란이 일어나자 의회군의 장군 에식스 백작(제3대)과 더불어 기병대를 이끌고 종군하여 에지힐전투에서 전공을 세웠다. 그러나 1648년 의회파 사이에 분쟁이 일어난 틈을 타서 왕이 탈주하여 제2차 내란이 일어나자, 그는 웨일스로 원정하여 침입해 오던 스코틀랜드군을 프레스턴에서 격파하였다.

3 청교도혁명

1640~1660년 영국에서 청교도가 중심이 되어 일으킨 최초의 시민혁명이다. 영국의 절대주의는 튜더왕조 최후의 여왕 엘리자베스 1세 때에 최고조에 달하였다. 그 치세 중에 이미 청교도의 국교회 비판이나 의회에서의 절대주의 비판 등이 있었지만, 당시의 절대주의는 별다른 파탄을 보이지 않고 다음의 스튜어트왕조로 넘어갔다. 그런데 스코틀랜드 출생인 제1대 왕 제임스 1세는 영국의 의회를 충분히 이해하지 못하고 의회 그 자체를 부정하는 왕권신수설(王權神授說)을 주창하였다. 다음 왕 찰스 1세는 절대주의를 한층 더 강화하여 의회의 승인도 없이 관세를 징수하고, 선박세를 부과하였으며, 헌금과 공채(公債)를 강제해서 응하지 않는 자를 투옥하였다. 또한 병사를 민가에 무료 숙박시키고, 군법을 일반인에게까지 적용시켰다. 의회에서는 1628년 코크 등이 중심이 되어 인민의 권리를 수호하기 위하여 '권리청원'을 기초하여 왕에게 제출하였다. 이 때문에 29년 의회가 해산되고, 왕은 40년까지 11년간이나 의회 없는 정치를 하여야만 하였다. 왕은 청교도를 탄압하고, 의회 없이 수입을 얻기 위하여 국왕의 대권을 남용하였다. 뿐만 아니라 왕은 장로

파가 우월한 스코틀랜드에 국교를 강요하려 함으로써 전쟁의 위기를 자초하였고,
이는 청교도혁명으로 확대된다.

02강 인간의 본성과 폭력의 원인

자연은 인간의 신체적·정신적 기능을 평등하게 만들었다. 인간은 이러한 능력의 평등을 알기 때문에 목적에 대한 희망이 생기게 된다. 두 사람이 한 대상을 동시에 갖고자 할 때 두 사람은 적이 된다. 힘을 통해 더 이상 자신에게 위협이 되는 어떤 힘도 없다는 것을 확인할 때까지 모든 사람을 지배하려는 욕구는 자연스럽다.

전쟁은 단지 전투 행위에만 있는 것이 아니다. 전쟁을 하겠다는 의지가 충분하게 알려진 시간의 흔적 안에도 존재한다. 전쟁이 지속적인 공포와 폭력적인 죽음에 대한 위험을 동안다는 것은 자명하다. 이런 때의 인간의 삶은 고독하고, 비참하고, 괴롭고, 잔인하다.

사람의 욕구나 다른 정념들은 그 자체로 죄악이 아니다. 이런 정념들로부터 나오는 행동은 법이 그것을 금지했다는 것을 알 때까지 죄악이 아니다. 옳고 그름, 정의와 부정의 같은 개념들은 전쟁 상태에서는 설 자리가 없다. 공통의 권력이 없는 곳에서는 법이 없으며, 법이 없는 곳에는 정의나 부정의도 없다. 전쟁 상태에서는 소유권도, 지배권도 없으며, 내 것과 당신 것이라는 구분도 없다.

생각 쓰기

가   "사람의 경쟁심은 최악의 경우 다른 사람의 신체는 물론, 처자식과 가축까지, 모든 것의 주인이 되기 위해 폭력을 사용하기도 한다."

  "다른 사람에게 상처를 주려는 사람의 의지는 헛된 영광으로부터 생기며, ……미래를 생각하지 않고 보복하는 것도 헛된 영광으로부터 비롯된다."

  "정념들 가운데 사람들마다 재치의 차이가 생기게 하는 것은 권력, 부, 지식, 그리고 명예를 추구하는 욕망이다. 이 욕망들은 모두 첫 번째 욕망, 즉 권력에 대한 욕망으로 되돌아온다. 왜냐하면 지식과 명예 역시 권력의 일종이기 때문이다."

– 홉스의 《리바이어던》 참고

나   "그렇지만 아저씨, 지금은 그때처럼 혼란스럽지는 않잖아요. 사람들도 그렇게 투쟁적이지 않고, 돈만 있으면 다 가질 수도 있고. 제가 보기엔 평화스러운데……."

  친구끼리 가끔 다투기도 하지만, 그렇게 심각할 정도는 아닌데…… 나는 좀 궁금한 생각이 들어서 물었다.

  "지금은 물론 홉스가 살았던 시대처럼 수십 년 동안 전쟁을 계속한다거나 남의 물건을 빼앗아 가고 목숨이 위협받는 상황은 아니지. 그렇지만 네가 말한 것 말이다. 돈만 있으면 다 가질 수도 있다는 것, 아저씨가 생각하기엔 그것이 또 다른 투쟁 상태인 것 같은데."

"누구든 돈만 있으면 무엇이든 가질 수 있는 건 평화 아닌가요? 칼이나 총으로 빼앗는 것이 아니라 일을 해서 돈을 벌고, 그것으로 필요한 것을 얻는다는 게 왜 투쟁이에요?"

아저씨의 말이 잘 이해되지 않았다.

"너희들도 홉스 책을 봤다니까, 자연 상태에서는 끊임없는 힘의 확장이 필요하다는 것, 그 얘기는 알고 있겠지? 남을 이기고 더 많이, 또 미래에도 무엇인가를 가질 수 있으려면 힘을 계속 키워야 한다는 것 말이다. 그 힘을 돈으로 바꿔 생각해 보면 어떨까? 지금 세상은 더 많이 가지려면 돈이 있어야 한다. 돈이 있어야 원하는 것도 가질 수 있고 얻을 수 있지. 그렇지만 모든 사람이 똑같은 돈을 가질 수는 없다. 아무리 일을 해도 필요한 만큼 충분히 벌 수 없는 사람이 많지. 더구나 무엇인가를 갖고자 하는 인간의 욕심은 끝이 없잖니? 이것을 가지면 다른 것이 또 필요하고, 그것이 채워지면 또 다른 것을 원하고. 그것이 사람이다. 아저씨가 보기엔 결국 홉스가 말한 자연 상태와 지금이 크게 다르지는 않다는 생각이다. 생명을 위협받는 일은 없다 해도 모두가 남보다 더 많이 가지려고 서로를 누르고 이기려고 하지 않니?"

– 《홉스가 들려주는 리바이어던 이야기》 중에서

생각 쓰기

1 인간의 본성

인간이 본래부터 타고난 성품이 어떠하다는 것을 말해 주는 주장들이 있다. 본래 인간은 선하게 태어났다고 주장하는 성선설(맹자)과 선천적으로 인간은 그 성품이 악하다는 성악설(순자), 그리고 인간의 성품은 선하다, 악하다의 도덕적 판단 대상이 아니며 성품은 사회적으로 만들어지는 것이라는 백지설(로크)이 있다. 홉스는 인간의 본성이 이기적이라고 주장했지만 그것을 악이라고 보지는 않았다. 따라서 홉스가 성악설을 주장했다고 단정 짓기는 어렵다.

2 욕망

욕구와 욕망 모두 결핍에서 비롯되는 충동이기는 하지만 내용 면에서 욕구와 욕망은 구분될 수 있다. 욕구는 물리적인 결핍으로 이것은 채워지면 만족이 되지만, 욕망은 대상으로 충족되는 것이 아니기 때문에 채워지지 않는다. 그래서 인간의 욕망은 대상을 취하고도 끊임없이 확대, 재생산된다.

3 정념

정념은 이성의 판단과는 다른 원천으로부터 오는 것이며 '쾌락', '고통'의 정(情)이 기본이다. 윤리학에서는 대상의 자극을 받아서 생기는 감정을 말하며, 특히 현대에는 감정의 격앙·격정을 뜻하는 경우가 많다.

case 1 다음 제시글을 읽고 자연 상태의 인간이 고통스러운 현실을 극복하는 방안으로 무엇을 생각해 내는지 설명해 보고, 그 과정은 인간의 어떠한 능력에 의존하는지 논술하시오.

가 "네 말을 들으니 나도 슬퍼진다. 사람은 그렇게 살 수밖에 없는 거야? 무슨 방법이 있지 않을까? 아, 사회계약! 그런 얘기를 들은 것 같아."

영준이가 말해 주던 리바이어던, 그 얘기가 생각났다.

"홉스 할아버지가 생각해 낸 것이 바로 그것이다. 이렇게 서로를 싸움의 대상으로만 여기다가 마침내는 우리의 목숨까지 위태로워질 수 있겠지? 다행히 인간은 이성을 가졌다. 이성적으로 생각하기에, 모두의 안전을 얻고 목숨을 지키기 위해 다른 방법이 필요하다고 판단할 수 있다는 것이다. 그래서 홉스 할아버지가 탄생시킨 것이 바로 나, 리바이어던이다."

괴물, 아니 리바이어던이 의미심장하게 말했다.

– 《홉스가 들려주는 리바이어던 이야기》 중에서

나 "본질적으로 인간은 태어나자마자 고독을 느끼기 시작한다고 나는 분명하게 말

할 수 있다. 따라서 사람들은 누구나 함께하기를 원하며, 자연이 그렇게 되기를 요구
한다는 것을 부정하지 않는다."

— 홉스, 〈시민론〉 참고

"인간은 본성이 사회적이며, ……자신의 욕망을 충족시킬 뿐만 아니라, 다른 사람
을 도울 수 있는 자신을 발견하는 기쁨을 느끼고자 한다. 여기에 자선(charity)이라는
개념이 자리 잡고 있다."

— 홉스, 〈법의 기초〉 참고

"사람들을 평화로 향하게 하는 것은 죽음의 공포이며, 쾌적한 생활을 위한 욕망이
며, 노력에 의해 그것들을 획득하려는 희망이다. 결과적으로 이성이 사람들을 평화로
인도할 것이다."

— 홉스, 《리바이어던》 중에서

생각 쓰기

"사람들은 자기의 모든 힘과 권력을 내놓는다, 그것을 넘겨받는 무엇인가는 사람들의 안전을 지켜 주기로 약속한다, 그것이 사회계약이지. 그 무엇이란 것은 국가일 수도 있고, 개인일 수도 있고, 왕일 수도 있다."

"계약은 언제든 깨질 수 있어서 강력한 힘이 필요하다던데."

나는 다시 영준이에게 주워들은 말이 생각나 괴물에게 물었다.

"그렇지. 사람들이 힘을 넘겨주고도 다시 계약을 깨고 마음대로 할 수도 있겠지? 그러면 안전은 보장되지 못할 것이다. 목숨을 지키기 위해 그런 계약을 하는데, 계약이 제대로 지켜지지 않는다면 의미가 없겠지. 하나마나한 약속이 될 테니까 말이다. 또다시 만인의 투쟁 상태로 되돌아갈 수도 있을 것이다. 그래서 홉스는, 권리를 위임받은 주권자가 계약자인 국민들의 권리 위에 서서 그들을 제한하고 구속하는 힘, 괴물이나 거인과도 같은 힘을 지녀야 한다고 했다. 리바이어던, 바로 나처럼 강한 힘 말이다."

"그래서 주권자가 그런 힘으로 지켜야 할 것이 평화란 말이야?"

"그래, 내가 지켜 주어야 할 최고의 것은 평화다. 각자의 자기보존의 원리가 지켜지도록 해야 한단 말이다. 어느 누구도 힘에 의해서 남의 권리를 침해하지 않는 것, 남에게 침해받지 않는 것, 그것을 지켜야 한다. 모든 사람이 도덕적 이념이나 양심을 가지고 지켜 준다면 좋겠지만 그것만으로는 강제성이 없기 때문에 어느 누구보다 강한 국가의 힘이 필요한 것이지."

– 《홉스가 들려주는 리바이어던 이야기》 중에서

생각 쓰기

1 자연법

자연법(natural law)은 자연적 성질에 바탕을 둔 보편적이고 항구적인 법률 및 규범이라고 정의된다. 중세에서 자연법은 신이 정한 인간 사회의 질서였고, 따라서 인간은 실천이성을 통해 그 질서를 발견하고 그에 따라 자연법도 발전한다고 본 것이다. 그러나 종교개혁 이후로 중세 교회의 권위와 구속에서 벗어나자 자연법의 개념은 새로운 전기를 맞이한다. 즉 자연법은 인간의 이성이 만들어 낸 것이며 이성에 의해 발견되는 것이므로, 인간의 사회생활을 이성적으로 분석하면 민족이나 시대에 보편적으로 적용할 수 있는 법체계의 기반을 세울 수 있다고 믿은 것이다. 이처럼 법의 근원을 인간의 이성과 일치하는 사회질서에서 찾으려는 시도는 신권설(神權說)에 대항하여 절대왕정의 합리적 법률제도를 정립하는 계기가 되었다.

2 자연권

자연권은 인간이 태어날 때부터 가지는 천부적인 권리를 뜻한다. 자연법 이론에서 인간의 자연권은 법률 이전의 천부의 권리라고 하며, 국가가 법률로써도 이를 제한하거나 침해할 수 없다고 한다. 이러한 자연권으로 홉스는 자기보존권과 자연적 자유권을 제시하고 있다.

3 이성

이성을 어떻게 규정하느냐에 따라 그 정의가 조금은 달라질 수 있지만 일반적인 수준에서 우리는 흔히 동물과 구별되는 인간의 능력으로 이성을 말한다. 이러한 이성은 감각적인 지각 능력과 구별되는 인간의 정신적인 능력을 총칭하는 말로, 이성은 지성, 통찰, 심사숙고 등과 같은 말이라고 할 수 있다. 또한 정념과 대립되는 능력으로 제시되기도 한다.

04_강 국가의 탄생과 국민의 주권

개별 인간은 자연 상태에서 각자 자신의 생명을 보존하고 죽음을 피하기 위해 자연권을 행사한다. 자연 상태에서는 예의범절도 지배도 없고, 내 땅 네 땅도 없으며, 모든 사람이 스스로 지킬 수 있는 동안에만 무엇이든 소유하게 된다. 이러한 불행한 자연 상태에서 빠져나올 방법, 즉 자연 상태의 정념과 이성을 토대로 인위적인 국가를 수립할 방법을 모색했다.

신이 자연 세계를 창조했던 것과 마찬가지로 그것을 모방해서 인간은 인위적인 국가, 즉 리바이어던을 수립해야 한다고 한다. 이성에서 유래하는 자연법에 입각해서 세워진 인위적인 국가는 모든 시민의 생명을 보존하고 영원히 평화를 유지시켜야 한다. 영원히 평화를 유지시킬 유일한 방법은 사람들이 계약을 맺어 절대 국가의 명령에 따르는 것이며, 그것의 명령은 실제로 위반할 수 없을 만큼 강력한 것이다.

생각 쓰기

다수 사람들의 동의에 의해 하나의 공동 권력자를 세우는 정치적 계약을 통해서 다수의 의지는 하나로 모아진다. 이때 공동의 권력자가 반드시 한 사람일 필요는 없다. 한 사람이거나 또는 하나의 통치 집단이라고 해도 상관없다. 모든 개인들은 자신의 자연권을 포기하고 이 포기된 자연권을 통치권자가 될 사람에게 양도한다. 이런 점에서 통치권자의 권위는 국민의 동의라는 관점에서 설명될 수 있다. 하지만 홉스의 이러한 국가론은 결국 독재자의 절대 권력을 긍정하고 정당화하는 이론에 불과한 것이라는 비판도 있다.

홉스의 "절대 권력을 가진 통치권"은 당시 절대왕권을 옹호하기 위한 것은 아니었다. 왕권신수설에 따르면 통치권자의 신성함과 권위는 신의 인정을 통해 확보되는 것이기 때문에 반란은 어떠한 경우에도 인정될 수 없다. 또한 국민은 통치자를 선출하는 일에 아무런 관련도 가질 수 없으며 그 결과 복종에 대한 의무도 상당히 소극적인 것이 될 수밖에 없다. 반면 홉스는 통치자를 단지 국가의 활동과 관련되어 있는 일종의 직책으로 간주하였고, 그가 부정하는 것은 통치권의 절대성이 아니라 통치권의 신적인 기원에 대해서라고 하였다. 통치권은 절대적이어야 하지만 그것이 신적인 근거 때문이 아니라 통치권이 갖고 있는 정항할 수 없는 힘 때문이라는 것이다.

홉스의 주장을 좀 더 깊이 들여다보면 절대 권력이 처음의 계약을 위반했을 경우,

즉 국민들의 생명 보존이 위협을 받는 어떤 상황에 이른다면 계약의 주체인 국민들이 절대 권력을 무효로 만들어 버릴 권리에 대한 이야기도 있다. 그렇기 때문에 홉스의 주장이 독재자와 같은 절대 권력이나 절대왕권을 정당화시키기 위한 논리에 불과하다는 비판은 정당하지 않다.

생각 쓰기

1 권위 양도

한 사람, 또는 하나의 통치 집단에 권위를 부여하는 일은 모든 개인들이 각자 자신의 자연권을 포기하고 이 포기된 자연권을 통치자가 될 사람들에게 양도하는 것으로 이루어진다. 홉스는 《리바이어던》 전편을 통해서 권위는 국민의 동의라는 관점에서 '통치적 권위는 국민의 동의로부터 나온다' 는 견해를 지속적으로 유지하고 있다.

2 왕권신수설

왕권신수설이란 왕의 권리는 신에게서 받은 절대적인 것이므로 국민이나 의회에 의하여 제한되지 않는다는 것을 뜻한다. 이는 영국과 프랑스의 국왕들이 교황이나 신성 로마 황제, 봉건 제후를 누르고 왕권을 확립하는 데에 뒷받침이 된 주장으로 영국의 필머, 프랑스의 보댕 등이 주창하였다. 왕권신수설에 따르면 왕의 거부할 수 없는 권리와 권위는 모두 신으로부터 나온 것이므로 신적인 권위에 근거한 왕권에 대해서는 누구도 저항할 수 없다.

3 주권

'주권' 은 영토, 국민과 함께 국가를 구성하는 3요소의 하나로서 국가권력의 대내적 최고성과 대외적 자주성, 독립성을 의미한다. 주권 개념의 창설자로 알려진 프랑스의 J.보댕은 국왕의 권력은 교황 · 봉건영주 · 도시 등의 권력보다 우월하여 대내적으로는 최고이고, 대외적으로는 독립의 주권이라고 설명하였다. 그러나 '주권재민' 이란 이러한 주권이 국민들에게 있다는 것으로, 국가의 의사를 최종적으로 결정하는 모든 권력이 왕에게 있다는 이전의 관점과는 다르다.

05강 홉스의 국가론에 대한 평가

case 1 홉스의 사상을 잇는 철학자로 로크와 루소를 들 수 있다. 로크와 루소가 바라보는 자연 상태는 어떠하고, 이로부터 이끌어내는 국가론은 무엇인지 홉스와 비교하여 서술하시오.

"홉스가 말하는 자연 상태의 사람들이 실제로 역사 속에 존재했던 것은 아니야. 리바이어던은 역사 교과서가 아니거든. 리바이어던은 국가의 의미와 역할에 대해 생각하는 정치철학서야. 우리가 배운 것처럼 그 당시 영국은 중세가 끝나 가는 혼란기여서 왕과 의회의 세력 다툼이 끊이질 않았어. 그래서 홉스는 두 세력을 조화시키고 평화와 안정을 유지할 수 있는 정치권력론을 구상한 거야. 이렇게 해서 등장한 것이 짜잔, 리바이어던이지. 홉스는 진정으로 국민이 행복하게 살기 위해서 어떤 길이 있는지 생각해 본 철학자였어."

영준이 녀석, 진짜 똑똑하다. 아빠가 대통령이면 원래 아들도 그 방면으로 똑똑해지는 모양이다. 그럼 나도 아빠가 수의사라서 동물의 말을 알아듣는 거야?

"영준아, 내가 생각해 봤는데 말이야. 옛날에 철학자들은 참 살기 힘들었을 것 같아. 왕을 지지하자니 시민이 불쌍하고, 시민을 지지하자니 왕이 무섭고."

똑똑한 영준이에 비해서 내가 하는 생각은 왜 이리 일차원적일까.

"네 말이 맞아. 그래서 홉스가 살던 시대뿐만 아니라 홉스의 뒤를 잇는 철학자들도 국가와 시민, 왕과 권력 등에 대해서 많이 고민을 했지. 혹시 로크나 루소라는 철학자에 대해 들어 봤니?"

일차원적인 내 생각을 지지해 준 것까진 좋았는데 홉스만으로도 벅찬 나에게 또 누구라고?

"엥? 무슨 소?"

난 괜히 못 들은 척해 버렸다.

"로크나 루소는 홉스보다 뒤에 태어난 철학자이지만 홉스의 사상을 많이 발전시킨 사람들이라서 책을 보면 항상 같이 따라 나오더라. 나도 많이 알진 못하지만 말이야. 로크는 홉스와 달리 자연 상태를 자유롭고 평화로운 상태라고 보았어. 그러니까 시민은 최소한의 질서유지를 위해, 최소한의 권리를 국가에 넘겨주면 된다고 본 거지. 루소는 로크보다 한 단계 더 나아가 모든 시민은 평등하게 정치적 권력을 갖고 태어났으며, 대등한 권리를 갖고 올바른 정치를 위해 함께 노력해야 한다고 했어. 그래서 오늘날 루소는 직접민주주의의 선구자라고 불린대. 루소는 홉스나 로크처럼 재산이 많은 사람들뿐 아니라 모든 민중을 나라의 주인인 시민으로 본 거지."

– 《홉스가 들려주는 리바이어던 이야기》 중에서

생각 쓰기

㉮　"네가 맞힌 대로 홉스 할아버지는 조국의 평화를 간절히 원했다. 평화롭고 행복
한 사회가 되기 위한 연구를 많이 했지. 사람들이 끊임없이 권력을 욕망하고, 또 다른
무엇을 욕망하고, 그러면서 서로 대립하고 싸우는 모습들을 보면서 나를 생각하게 된
것이다. 사람들의 모습에서 홉스 할아버지는 인간의 본질을 본 것이지. 홉스 할아버
지는 쾌락은 선이고 고통은 악이라고 생각했다. 그런데 쾌락이나 고통의 기준은 사람
마다 다르고, 때와 장소에 따라서도 달라서 서로가 자신의 선을 추구하기 위해 경쟁할
수밖에 없다는 거지. 그러한 경쟁에서 이기기 위해서는 힘을 가져야겠지? 원하는 대
상에 이를 수 있는 수단이 힘인 것이다. 그런데 이 힘은 끊임이 없다."

㉯　"사람들에게 필요한 건 리바이어던 같은 강력한 통치자가 아니라 마음을 바꾸는
일인 것 같아. 홉스의 말대로 인간은 이성을 가진 존재잖아? 계속 욕심만 내고 나만 더
가지려 하고, 남의 것과 비교할 것이 아니라, 나와 다른 사람들의 행복을 위해서 서로
조금씩 양보한다면 정말 행복한 국가를 만들 수 있지 않겠어? 사람들이 모두 우리처
럼만 생각한다면 세상은 평화, 우리 모두 행복! 그럴 텐데……."

앗! 드디어 영준이에게 나의 다른 면을 보여 줄 수 있는 기회가 왔다. 우하하! 나도

영준이 앞에서 고차원적인 이야기를 좀 해 보겠군.

"그대 자신에게 해 주기를 원하지 않는 것을, 타인에게 하지 말라!'

"아니, 인석이 너 어디서 그렇게 멋진 말을?'

나는 짐짓 별거 아니라는 듯 목소리까지 가다듬으며 말을 이었다.

"여기에서 좀 더 나아가서, 흠흠. 타인에게서 내가 받길 원하는 것을 타인에게 해 주어라! 모든 사람들이 이것만 명심한다면 요즘 같은 경쟁 사회에서도 평화롭게 서로를 사랑하며 살 수 있겠지? 그게 홉스가 바라는 이상적인 국가의 시민상 아니었을까 싶은데, 자네 생각은 어떠신가?'

영준이의 저 놀라는 표정. 아! 감사합니다, 대통령 아저씨!

– 《홉스가 들려주는 리바이어던 이야기》 중에서

1 로크

로크(John Locke, 1632~1704)는 영국의 철학자이자 정치 사상가로, 주요 저서로는 《인간오성론》이 있다. 옥스퍼드대학에서 철학, 자연 과학, 의학 등을 배웠고, 독일 체류 중에 애슐리경(후의 샤프츠베리 백작)을 알게 되어 그의 후원을 받는다. 법ㆍ정치사상에서는 계약설을 취하지만, 홉스의 전제 군주론을 자연 상태보다도 더 나쁘다고 생각하였다. 모든 권리는 국민에게 있다는 주권재민(主權在民)과 국민의 반항권을 인정하여 대표제에 의한 민주주의, 3권분립, 이성적인 법에 따른 통치와 개인의 자유ㆍ인권과의 양립 등을 강조하여 종교적 관용을 역설했다. 그의 정치사상은 명예혁명을 대변하고 프랑스혁명이나 아메리카 독립 등에 커다란 영향을 주어 서유럽 민주주의의 근본 사상이 되었다.

2 루소

루소(Jean Jaques Rousseau, 1712~1778)는 프랑스의 사상가이자 소설가로 그의 대표적인 작품으로는 《신 엘로이즈》와 《에밀》 등이 있다. 평생 동안 많은 저서를 통하여 지극히 광범위한 문제를 논하였으나 그의 일관된 주장은 '인간 회복' 으로, 인간의 본성을 자연 상태에서 파악하고자 하였다. 인간은 자연 상태에서는 자유롭고 행복하고 선량하였으나 자신의 손으로 만든 사회제도나 문화에 의하여 부자유스럽고 불행한 상태에 빠졌으며 사악한 존재가 되었기 때문에, 다시 참된 인간의 모습(자연)을 발견하여 인간을 회복하지 않으면 안 된다는 것이다.

3 직접민주제

국가의 의사 결정 또는 집행 과정에 국민이 직접 참여하는 제도로 간접민주제에 대비되는 개념이다. 데모크라시(democracy)는 그 어원 'demos(국민) + kratia(권력)'가 나타내듯이 국민의 지배를 뜻하므로, 직접민주제가 데모크라시의 진정한 형태이다. 그러나 현실적으로는 간접민주제가 실시되고 있으며, 그에 대한 보완책으로서 직접민주제의 요소가 가미된 제도를 각국에서 채택하고 있다.

아비투어 철학 논술

예시 답안

case 1　1588년 영국 맘즈베리에서 태어난 토마스 홉스는 15세에 옥스퍼드대학교에 입학하였고, 라틴어와 그리스어에 특별한 재능을 보였다. 카벤디쉬 집안의 가정교사로서 윌리암 2세와 3세를 가르치며 계속적인 후원을 받았고, 1651년에 그의 대표작인 《리바이어던》을 런던에서 출간했다. 이 책에는 홉스의 전 사상이 압축되어 담겨져 있다. 홉스가 살았던 당시 영국의 정치 상황은 혼동기였다. 당시 영국의 왕은 찰스 1세였는데, 영국인들은 찰스 1세가 정치를 잘못한다고 생각했다. 1640년 영국의 정치적 상황은 시민전쟁을 향해 치닫고 있었다. 4월 13일부터 시작된 소위 단기의회가 5월 5일에 해산되는 등, 7년간의 시민전쟁이 일어나기 전의 위기감이 점점 고조되고 있었다. 결국 청교도혁명이 일어나는데, 청교도혁명은 1640~1660년 영국에서 청교도가 중심이 되어 일으킨 최초의 시민혁명이었다. 17세기 초기와 중기는 유럽의 여러 나라들이 사회, 정치적으로 큰 변화를 겪는 시기였다. 영국에서는 엘리자베스 1세가 죽은 후 스코틀랜드 왕조인 스튜어트왕조를 새로운 영국의 왕조로 정했다. 그런데 찰스 1세가 왕위에 올라 의회의 승인도 받지 않은 채 조세를 거두고, 청교도를 탄압하고, 국교회를 강요하는 등 정치적으로 많은 실수를 하였다. 이후 시민혁명이 일어나고 당시 영국의 왕인 찰스 1세는 처형을 당하고 만다. 이러한 혼동기에 홉스는 평화로운 국가를 만들기 위한 해결책을 논리적으로 제시하려고 한다. 즉 국가적 통제 없이 인간의 이기적인 본성만이 지배할 때 벌어지는 상황을 제시하고, 그로부터 왜 국가가 필요한 것인가를 밝히려고 한 것이다. 이런 점에서 홉스의 국가론이 갖는 새로운 의미는 그가 국가의 형성과 국민의 의무에 대한 정당성의 문제를 어떤 공동체적 이념이나 규범이 아닌 현실적인 인간의 본성에 대한 고찰과 분석을 통해 이끌어냈다는 점이라고 할 수 있다.

case 1 자연 상태에서 인간은 자기 존재를 부정하거나 제거하려는 적대자와 죽기 살기로 싸움을 계속해야만 한다. 자연 상태에서 자연으로부터 주어지는 자연권은 자기보존을 위해 어떠한 일도 할 수 있으며, 심지어 다른 사람의 생명을 빼앗을 수 있는 자유와 권리마저도 주어진다. 더구나 자연 상태는 아직 도덕이나 법률이 만들어지기 이전의 상태이기 때문에 부도덕성도 위법성도 존재하지 않고, 오직 자연권의 이름으로 자유와 권리가 무제한으로 확대될 수 있을 뿐이다. 자연 상태에서 인간의 궁극적인 목표는 '자기 (생명) 보호'인데, 이기적인 인간은 오직 힘을 무한히 증식해야만 자기 보호가 확보된다고 믿는다. 이러한 신념은 무한 경쟁으로 돌입하게 만들며, 이는 오히려 무한한 불안전으로 인간을 유도할 뿐이다. 자기 보호와는 완전히 반대인 자기 파괴만이 자연 상태에서 존재하는 인간의 마지막 비극적인 결과이다. 인간의 이기적 본성 때문에 인간은 싸울 수밖에 없다. 이것이 바로 자연 상태에서의 인간의 모습이다. 자연 상태에서 인간은 만인 대 만인의 투쟁 상태에 놓여 있다. 인간의 욕망은 끝이 없는 데 반해 재화는 한정되어 있으므로 끊임없는 투쟁의 상태가 되는 것이다. 열 명이 있으면 열 명이 싸우고 백 명이 있으면 백 명이 자기보존을 위해 싸우는 상황이 벌어진다는 뜻이다. 이렇듯 홉스는 인간 본성을 자기보존으로 제시하고, 자기보존을 위해 '원하는 대로 자기의 힘을 쓰는 자유'를 자연권으로 긍정하고 있으며, 이러한 귀결로 자연 상태는 만인의 만인에 대한 투쟁 상태라고 말하고 있다.

case 2 홉스에 따르면 인간의 본성은 이기적이고 이러한 이기심은 권력에 대한 욕망을 그 배경으로 하고 있다. 그런 의미로 홉스가 남긴 유명한 말이 있다. '인간의 본성에는 싸움에서의 중요한 원인 세 가지가 포함되어 있다. 그것은 경쟁, 불신, 명예이다'라는 것이다. 홉스가 생각하기에 인간은 처음부터 싸움에 대한 본성을 타고났다. 인간의 본성에는 경쟁심이 있기 때문에 좋은 것을 가지려고 싸움을 하며, 불신의 마음이 있기 때문에 나 자신의 안전을 위해 싸움을 하고, 헛된 명예를 추구하는 본성 때문에 좋은 평을 듣기 위해 싸움을 한다고 보았던 것이다. 17세기의 자연 상태와 21세기의 세계화 논리에서 발견되는 유사성은 삶의 조건이 비슷해서가 아니라 인간 본성의 공통성 때문이라고 할 수 있다. 17세기 영국 사회에서 살았던 사람들이나 오늘의 한국 사람이나 본성에 대한 동일한 설명이 가능하며 유사한 심리적 성향을 가지고 있다는 사실은 행동 양식에서도 유사할 것이라는 개연성을 높여 준다. 홉스의 설명이 여전히 유효한 이유는 그가 사회, 정치 현상을 인간의 본성과 심리적 조건을 근거로 해서 설명하고 있기 때문이다. 그렇다면 치열한 경쟁 사회인 오늘날에도 사람들의 이기심을 모두 내놓게 만드는 리바이어던 같은 권력이 요구된다고 할 수 있다.

case 1 고통스러운 자연 상태에서 인간은 사회계약을 생각해 낸다. 이러한 사회계약은 리바이어던을 탄생시키는데, 이 과정에 이르는 데 있어 홉스가 의존하는 인간의 능력은 바로 선한 인간 본성과 이성 능력이다. 홉스는 인간의 본성에는 어두운 면과 밝은 면이 모두 있다고 본다. 즉 인간의 어두운 면인 이기성과 공격성만을 부각시킨다면 홉스의 인간관에 대한 오해를 불러일으킬 수 있다. 홉스는 인간의 이기적인 본성을 강조하면서도 인간은 사회성을 갖고 있다고 보았다. 즉 인간은 자비, 선의지, 자선이란 '다른 사람에게 좋게 하고자 하는 욕망'을 가지고 있어서 이러한 정념은 인간의 선한 본성에서 나오는 것이라고 말하고 있다. 뿐만 아니라 인간은 이성의 소리를 들을 수 있는 능력이 선천적으로 주어져 있다고 홉스는 생각했다. 인간은 권력에의 욕망을 따르기보다는 자연의 빛인 이성의 명령을 따르는 것이 더 합리적이라는 생각을 할 수 있다. 그리고 이런 합리적인 이성의 계산 능력은 그동안 작게만 들리던 이성의 소리에 귀 기울이도록 유도한다. 모든 사람은 이성적 존재이기에 이성의 명령으로 전달되는 자연법의 규칙을 들을 수 있는 준비가 되어 있다. 이 명령은 바로 '평화를 추구하라'는 내용이다.

case 2 홉스에 따르면 자연 상태에서 인간은 끊임없는 투쟁 상태에서 벗어나 안전을 확보하는 길이 있다는 이성의 소리를 듣는다. 자기 보호와 안전을 확보하고자 하는 인간은 사회계약을 통해 공동의 권력, 즉 통치권자를 세우는 일이 곧 자기 보호의 안전망을 확보하는 일임을 알게 된다. 그렇다면 이때의 계약은 개인 간의 계약이 아닌 개인과 국가, 통치권자가 맺는 계약이다. 개인 간의 계약은 둘 중 한 사람이 계약 의무를 다하지 않을 때 깨지게 마련이다. 그런데 국가와 개인 간의 계약이 이렇게 느슨해서는 안 될 것이다. 그렇게 된다면 개인의 안전을 보장할 길이 없는 자연 상태로 다시 돌아가게 될 것이기 때문이다. 따라서 보다 굳건한 계약이 필요하다. 이때의 계약은 아무도 계약을 위반할 수 없는 방식이어야 한다. 즉 모든 개인들이 계약을 위반함으로써 얻는 이득보다 위반했을 때 뒤따르는 고통, 즉 처벌이 더 크도록 만들면 된다. 그렇게 하기 위해서는 처벌을 규정으로 만드는 일과 처벌을 집행할 수 있는 힘의 소유자, 즉 통치권의 소유자를 세우는 일이 필요하다. 이 통치적 권위를 세우고 정당화시키는 일이 곧 정치적 계약이며 이를 통해서만 '자기 보호를 위해서는 평화를 추구하라'는 자연법의 제1명령은 실현 가능한 목표가 된다. 이렇듯 특정한 개인이나 집단에게 자연권의 일부를 양도함으로써 그 개인이나 집단은 통치적 권위를 갖게 되며, 권리 양도의 대가로 양도인들인 개인은 통치권자로부터 '보호'를 보장받게 된다.

<hr>

주 제 탐 구 **04** 강 국가의 탄생과 국민의 주권

case 1 홉스에 따르면 개인은 자신의 생명 보호와 안전을 위해 국가에게 자연권을 양도하는 계약을 했다. 그런데 이 계약은 개인이 마음대로 파기할 수 있는

계약이 아닌 정치적인 계약으로, 개인은 국가로부터 보호를 받는 대신 국가에 복종해야 한다. 그렇지 않다면 다시 인간은 만인 대 만인의 투쟁 상태인 자연 상태로 돌아가게 되고 말 것이다. 여기서 중요한 문제는 역사적으로 국가의 시작이 어떠했는가가 아니라 왜 개인이 국가가 지우는 의무에 복종해야 하는가 하는 정당화의 문제이다. 인간은 이기적인 인간의 본성상 폭력과 공포를 낳는 자연 상태에서 자신의 생명을 보호하고 안전을 지키기 위해, 다수의 개인들의 의지가 하나로 통합되어 나타난 통치권자와 계약을 맺었고, 이 계약이 복종이란 의무를 개인들에게 지운다는 것이 홉스 국가론의 핵심이다. 그리고 국가는 국민들의 평화와 안전을 위해 그 통치권을 사용해야 한다. 즉 국가는 국민들을 보호할 의무를 지는 것이다. 홉스 정치철학의 관심과 목표는 통치권의 확립과 통치자의 권위를 위한 정당한 근거를 제공해 주는 것이었으며, 이를 통해 자기보존과 평화 정착이라는 목적을 달성하고자 했던 것이다. 이를 위해 홉스가 선택한 전략은 사회계약론과 절대 군주론의 접합이었다.

case 2 홉스가 말하는 거부할 수 없는 통치권자의 절대 권력은 마치 당시의 절대왕정을 정당화하고 독재자와 같은 절대 권력을 휘두르는 자를 옹호하는 것이라고 여겨질 수 있다. 그러나 왕의 권리는 신에게서 받은 절대적인 것이므로 사람들은 절대 복종해야 한다는 왕권신수설과 달리 홉스가 말하는 절대 권력은 사람들의 자발적인 계약 관계에 의해 성립했던 것임을 잊어서는 안 될 것이다. 즉 정치 공동체의 주권이 어디까지나 국민에게 있다는 것임을 알아야 한다는 것이다. 왜냐하면 홉스가 말하는 절대 권력은 사회 구성원들이 행복을 추구하기 위한 목적으로 맺은 계약으로부터 개인의 자발적 의지에 의해 생겨난 것이기 때문이다. 결국 홉스가 말하는 주권이란 개개인에게 주인 된 권리가 있다는 민주주의 주권 원리의 뜻을 담고 있는 것이다.

case 1 로크와 홉스가 살았던 당시 시대 배경을 살펴보면 홉스가 활동하던 시대는 시민 자본주의가 막 성장하는 단계였고, 로크가 활동하던 시대는 이러한 자본주의 체계가 무르익던 시기였다. 그래서 홉스가 말하는 자연 상태가 수요에 비해 턱없이 부족한 재화가 문제되었던 상황이라면, 로크 시대는 공급이 넘쳐나고 이로 인해 사유재산을 쌓아 나가는 시기였다. 그래서 홉스에 비해 로크는 개인의 자유와 평등이 중요한 가치라고 보고, 왕 역시 법률 아래 서 있는 자로서 왕이 법률을 어기고 자기에게 일부 양도된 권력에 맞지 않는 일을 한다면 왕에게 맡겨진 권력을 폐할 수 있는 권리가 국민에게 있다고 주장했다. 왕에 대한 국민의 복종 서약은 다만 법률에 대해서만 타당한 것이므로, 법률에 반해 행동하는 왕은 지배권을 상실한다는 것이다. 이러한 시민 저항권을 주장하는 이유는 자연 상태에서 모든 인간은 자유롭고 평등한 상태이고, 다만 분쟁의 시비를 가릴 주권적 세력이 필요하기에 계약을 통해 자기의 사적 재산권을 보장하기 위해 국가를 형성한다는 생각 때문이다. 즉 개인은 그의 자유와 힘을 국가에게 양도하지만 국가권력에 대한 복종은 자유의지에 의한 것이며, 계약에 의해 자연의 권리를 빼앗기는 것이 아니라는 주장이다. 따라서 최고의 권력은 입법권이다. 루소는 더 나아가 자연 상태를 문명 상태를 비판하는 무기로써 사용하고 있다.

오히려 자연 상태는 일체의 사회적 모순이 생기기 이전의 무색투명한 상태였고, 오히려 자연 상태에서 인간은 선량했다고 말하고 있다. 홉스와 로크, 루소는 각각이 처한 시대적 상황이 달랐고, 그래서 각각이 바라보는 세계에 대한 형이상학적 전제도 달랐다. 인간의 본성, 자연 상태에 대한 가설, 국가의 형성 과정에서 권위 양도의 문제 등의 관점 차이로 인해 그 논리적 귀결인 국가에 대한 복종 의무와 권리문제에서의 내용도 달랐던 것이다.

case 2 홉스가 바라는 이상적인 국가의 모습과 시민상은 평화로운 상태에서 타인에 대한 자비심, 배려심을 갖는 모습일 것이다. 홉스가 볼 때 '자기 보호'와 '평화의 추구'는 실질적으로 동의어라고 할 수 있다. 왜냐하면 평화를 추구하는 일과 자기 보호는 동일한 목적의 다른 두 표현이라고 보아야 하기 때문이다. 평화에 대한 보장 없이 자기 보호란 있을 수 없으며, 자기 보호가 보장되지 않는 평화는 강요된 평화이거나 평화가 아니기 때문이다. 그리고 '평화에 대한 보장이 없는 모든 시간은 전쟁 상태이며 그 외의 시간이 평화'라고 한 홉스의 진술은 실제로 평화 시대보다는 전쟁 상태가 더 오래 지속되고 있고 지금도 전쟁 상태와 같다는 것을 암시한다. 평화를 추구하라는 명령은 자연 상태에서 벗어나기 위해서만 요청되는 것이 아니라 이미 시민사회로 들어온 이후에도 여전히 요구된다.

철학자가 들려주는 철학이야기 009

공자가 들려주는 인 이야기

저자_**유성선**
현재 강원대학교 철학과 교수로 재직 중이다.

01강 《논어》를 통한 공자의 사상

case 1 공자의 철학은 '유가 사상' 또는 '유가 철학'이라 불린다. 아래의 글을 읽고 당시 춘추시대의 어떤 정치적 상황에 대해 공자가 비판적이었는지 서술하시오.

춘추전국시대는 서주시대(西周時代)의 봉건제도가 해체되고, 진(秦)·한(漢) 황제의 중앙집권 체제가 형성되어 가는 과도적 시대를 말한다. 100여 개의 제후국이 존속했던 춘추시대는 전통적 기풍이 강하였으나, 전국칠웅이 성립한 전국시대는 각국의 군주가 스스로 왕이 되어 광대한 영역을 통치할 관료기구를 정비하고, 서로 경쟁하였다. 그러나 결국 칠웅 중 진나라가 천하 통일을 이루게 된다.

이 시대는 농업 생산력의 향상이 정치적 변동을 가져왔는데 춘추시대 말에는 철제 농기구가 사용되기 시작하였고, 전국시대에는 소로 밭을 가는 우경(牛耕)이 처음 시작되어 물길을 트는 방법들도 발달되었다. 이는 곧 경지면적 증대를 가져왔으며 이렇게 개척된 농지에서의 수확이나 산과 바다에서 나는 잉여물에 대한 과세로써 전국시대의 군주들은 권력을 강화해 나갔다.

더불어 소금이나 철 등의 생산이 많아지고, 교환경제가 발달하여 청동제 화폐가 유통되는 등의 경제적 발전은 사회조직에도 변화를 가져왔다. 이전까지의 씨족 형태는 무너졌고, 거기에서 나온 사람들은 노예가 되기도 하고, 광대한 토지를 취득해 호족

(豪族)이 되기도 하였다.

또한 이 시대는 본인의 능력만으로 출세가 가능한 시대이기도 하였다. 몰락귀족의 자손이나 상공업자, 농민들도 출세를 위해 군주나 유력 인사에게 접근하여 자질에 따라 각 분야에 진출하였으며, 다양한 인재의 등용을 위해 망명자도 차별하지 않았다.

'제자백가' 라고도 불리는 이 시대는 정치적, 사회적 변동이 활발했던 시기로, 질서 회복을 위해 여러 학파가 다양한 사상을 이야기하였다. 공자·맹자·순자 등의 유가(儒家)는 효제, 인의, 예를 바탕으로 정치를 해야 한다고 주장하였고, 묵가(墨家)는 겸애(兼愛)의 정신을 이야기하였으며, 한비자로 대표되는 법가(法家)는 법의 일원적 지배, 군주 권력의 절대화에 의한 부국강병의 실현을 정치의 목표로 삼았다.

주요 개념 및 배경 지식

1 봉건제도(封建制度)

봉건(封建)이란 '토지를 봉(封)하여 나라를 세운다' 는 뜻으로, 군주가 관료 제도로서 전국을 직접 지배하는 군현제와 대응되는 말로 쓰인다.

춘추시대에는 봉건의 유풍이 잔존하여 맹주(盟主), 즉 패자(覇者)가 제후를 이끌고 왕실을 받들었으나, 전국시대로 들어서자 제후들은 완전히 독립하여 봉건제도는 붕괴되었다.

2 제자백가(諸子百家)

제자백가란 중국 선진(先秦) 시대부터 한나라 초까지 중국 전국시대에 활약한 학자와 학파들을 말한다. 공자와 순자로 대표되는 유가, 노자와 장자로 대표되는 도가, 법가에 한비자까지 다양한 학파들이 전국시대에 활약하였다. 이중에서 공자의 유가가 가장 먼저 등장하여 인(仁)의 사상을 수립하였고, 그다음으로 묵적(墨翟)이 겸애(兼愛)를 주창하여 묵가를 일으켰으며, 뒤를 이어 노자, 장자 등의 도가와 기타 여러 학파가 나타나 사상계는 매우 활발한 시대를 누렸다.

02 _강 공자의 정치사상

case 1 공자의 중심 사상은 인(仁)이다. 아래의 제시문을 보고 그 내용을 설명해 보시오.

공자(孔子)께서 말씀하셨다.

"뜻있는 선비와 어진 사람은 살기 위하여 인(仁)을 해치는 일이 없고, 오히려 자신의 목숨을 바쳐 인(仁)을 행할 뿐이다."

공자께서 말씀하셨다.

"진실로 인에 뜻을 두면 나쁜 것이 없다."

"인을 구하여 인을 얻었으니 또 무엇을 원망하였겠느냐?"

"거처할 때 공손히 하며, 일을 행할 때 경건하게 하며, 남을 대할 때 진심으로 하는 것이다."

"지사(志士)와 인인(仁人)은 삶을 구하여 인을 해침이 없고, 몸을 죽여서 인을 이룸이 있다."

생각 쓰기

제자: 선생님 안녕하십니까? 시간 내 주셔서 고맙습니다.

공자: 반갑네.

제자: 선생님께서 사신 시대에는 주나라의 봉건 체계가 무너져 매우 혼란스러웠다
고 들었습니다. 그러한 상황을 해결하기 위해서는 어떻게 해야 합니까?

공자: 정치는 덕으로 하는 것이네. 위정자는 덕으로써 백성을 다스려 혼란을 안정
시켜야 할 것이네.

제자: 덕으로만 다스린다면 악한 자들에 대한 처벌이나 그러한 행위에 대한 예방이
힘들지는 않을는지요?

공자: 권력을 써서 따라오게 하고 형벌로 다스린다면 백성들이 면하려고만 하지 부
끄러운 줄을 모르네. 하지만 덕으로 이끌고 예로 다스리면 부끄러워할 뿐 아
니라 스스로를 바로잡아 선하게 될 것일세.

생각 쓰기

1 유가의 덕치사상

공자는 윗사람이 깨끗하고 올곧아야 아랫사람에게 깨끗하고 올곧도록 지도할 수 있다고 하였다. 즉, 윗사람이 잘하면 아랫사람도 자연히 본받아서 잘하게 되어 있다는 것이 바로 덕치의 기본이다.

형벌로써 백성에게 복종을 강요하는 것이 아니라, 덕으로써 백성들을 감화시켜 백성이 스스로 복종하여 법을 준수하게 되는 것이 중요하다고 하였다. 엄한 법으로 다스리는 것을 법치주의(法治主義)라 한다면, 유가의 덕치사상은 바로 인치주의(人治主義)라 할 수 있다.

2 공자의 제자

공자의 뛰어난 제자들 10명에 대해 공자는 사과(四科) 중 덕행(德行)에는 안연(顏淵), 민자건(閔子騫), 염백우(冉伯牛), 중궁(仲弓), 언어에는 재아(宰我), 자공(子貢), 정사(政事)에는 염유(冉有), 계로(季路), 문학에는 자유(子游), 자하(子夏)가 뛰어나다고 꼽았다.

《논어》〈선진편(先進篇)〉에 공자가 진채(陳蔡)의 들판에서 위난을 당하였을 때 함께 있던 제자들로 이 10명의 이름을 들었다.

03 _강 공자의 인(仁)과 예(禮) 그리고 교육관

공자께서 말씀하셨다.

"배우고 생각하지 않으면 답답하고, 생각하기만 하고 배우지 않으면 위태롭다."

"아는 것을 안다고 하고 모르는 것을 모른다고 하는 것, 이것이 아는 것이다."

공자께서 말씀하셨다.

"군자는 말을 하는 데 있어서는 어눌하게 하고 행동하는 데 있어서는 민첩하고자
한다."

공자께서 말씀하셨다.

"덕을 닦지 못하는 것, 학문을 익히지 못하는 것, 의를 듣고 옮겨 가지 못하는 것, 이
것이 우리들의 걱정거리이다."

생각 쓰기

어질다는 것은 사랑, 건강, 남의 입장에 서는 것들을 뜻한다. 논어에는 어짊에 관한 이야기가 가장 많이 나온다. 공자의 제자인 자하가 어느 날 공자에게 물었다.

"선생님, 만약 백성에게 널리 베풀고 어려움에 빠진 백성을 건질 수 있다면 어질다고 말할 수 있을까요?"

공자는 말했다.

"어찌 어질다는 것에 그치겠느냐? 반드시 성스러운 경지일 것이다. 옛날 누구보다도 백성을 아끼던 임금인 요임금과 순임금도 오히려 그 어진 사랑을 부족하게 여기셨다. 어진 사람은 자기가 서고자 하면 남을 서게 하며, 자기가 출세하고자 하면 남을 먼저 출세하게 한다. 가까운 곳에서 한 단계씩 넓혀 갈 수 있으면 사랑을 실천하는 좋은 방법이라고 말할 수 있다."

남을 아껴 주고 사랑하는 것보다 더 좋은 것은 없다. 이런 일은 공자의 말처럼 어질다는 것 이상으로 거룩한 일이다.

– 《공자가 들려주는 인 이야기》 중에서

생각 쓰기

공자가 주나라 무왕과 성왕의 정치를 도왔던 주공을 모신 사당 태묘에 들어가 이 일 저 일을 물었다. 그러자 어떤 사람이 벌컥 화를 내며 말했다.

"누가 추땅 사람 아들이 예를 안다고 말하였는가? 태묘에 들어와 이렇게 매사를 묻는데도 말이야."

추땅은 노나라 한 읍의 이름이고, 공자가 태어난 곳이다. 추땅 사람이란 공자의 아버지 숙량흘을 가리키는데, 공자는 어릴 적부터 예절에 대하여 잘 아는 것으로 소문이 나 있었다. 그런 공자가 제사 지내는 예절을 물으니 그 사람은 화가 난 것이다. 공자가 이 말을 듣고 말하였다.

"이것이 예절이다."

묻는 것이 곧 예이다. 예라는 것은 우리의 행동을 삼가는 것이 중요하다. 주공을 모신 사당인 태묘의 일에 감히 소홀하거나 대충할 수 없으니, 꼼꼼히 살피고 조심스럽게 하는 것은 참으로 중요하다. 때문에 이렇게 하는 것이 바로 예의이자 예절로, 알고 알지 못함을 모두 좇아 묻는 것은 그 일을 철저하게 하기 위한 것이다.

– 《공자가 들려주는 인 이야기》 중에서

생각 쓰기

1 동양의 정명 사상

정명주의(正名主義)는 유가 학설의 중심적 사상으로, 정명(正名) 사상이란 이름을 바로잡는다는 뜻이다. 이는 이름이 서로 부합해야 한다는 것으로, 모두가 자기의 직책에 맞게 모든 힘을 쏟고, 군신(君臣)과 부자(父子)가 각자의 명분을 지키고 침범하지 않으면 사회의 질서가 바로잡힌다는 사상이다.

2 유가(儒家)의 정치사상

유가(儒家)의 정치사상은 인생철학에서부터 시작한다. 정치와 윤리는 결합하여야 하고 정치의 원동력은 윤리에 있다는 것이다. 세상의 근본은 국가에 있으며, 국가의 근본은 가정에 있다는 가족 중심의 윤리를 가장 중요시한다는 것이다.

유가의 인생철학은 두 가지 단계가 있다. 첫 번째 단계는 인(仁)을 중심으로 하는 인생철학으로, 여기서 말하는 인은 모든 덕(德)을 아우르는 완성된 인격을 의미한다. 인(仁)은 자신의 몸을 중심으로 삼아 인의 참뜻인 일종의 동정심을 말한다. 인애(仁愛)란 동정심의 표현이며, 자애(慈愛)는 인을 중심으로 싹튼다. 따라서 인이란 모든 윤리의 근본이자 민족의 미덕이라 할 수 있다. 두 번째 단계는 효(孝)와 충(忠)이다. 충과 효는 인류 결합의 근본요소로, 효는 직접적인 혈연관계에서 생기는 결합 요소이며, 충은 효가 확대되어 간접적인 혈연관계까지 관계 맺는 사회 전체의 결합 요소이다. 따라서 충은 사회를 이루게 하는 힘이 되는 것이다. 유가에서는 이러한 윤리 관념을 시작으로 하여 정치가 이루어진다고 하였다.

정치의 '정'(政)은 바르다는 것(正)을 뜻하며, 자기 몸이 올바르면 어떤 명령 없이도 잘 행해지고 몸이 바르지 못하면 비록 명령이 있다 하여도 행해지지 않는다는 말이다. 따라서 올바른 백성, 즉 건전한 백성이 없으면 건전한 정치란 존재할 수 없다는 생각을 하는 것이다. 왜냐하면 정치란 세상의 정치이기 때문이다. 유가는 이와 같은 인성적(人性的) 정치관을 가지고 있기에 정책도 이에 맞도록 세워지게 되는 것이다.

04강 공자 사상의 현대적 조명

case 1 동양과 서양은 어떠한 문화적, 사상적 차이가 있으며, 그 근본 원인은 어디에서 온 것일까? 다음 제시문을 읽고 설명하시오.

21세기는 '문화의 세기'가 될 것이다. 과학 기술의 발전으로 교통과 통신의 발달이 전 세계를 한 마을 단위로 좁히면서 나라들 간의 경제 전쟁이 더욱 심해져 가고 있다. 하지만 더 심각한 전쟁은 지금도 곳곳에서 일어나고 있고 앞으로는 더욱 강화될 문화 전쟁이다. 그 이유는 대부분의 민족 단위 국가들이 자신의 정체성을 유지하며 강화하는 길은 자신들의 고유문화를 보존하고 확산하는 데 달려 있다고 보았기 때문이다. 이 경우 문화의 기반은 그 속에 담긴 종교 및 사상이며, 때문에 오늘날 대부분의 국가들이 계속해서 자신들의 종교나 사상을 강화해 가고 있다.

역사적으로 볼 때 18세기 이후 서양이 동양을 압도하기 시작하면서 동양 여러 나라들의 문화와 사상은 전근대적이고 비합리적이며 비과학적이라는 비판을 받기 시작하였다. 이러한 평가를 하는 기준은 서구의 문화와 사상이었고, 그와 같은 시각을 오리엔탈리즘이라고 한다. 물론 서구적인 시각으로 그 문물에 오래 길들여진 우리 자신도 이러한 시각으로부터 자유롭지 못하다. 그러나 서구 과학 기술 문명의 발달이 가져온 인류 문명의 위기는 동양 문화와 사상을 보도록 해 주었다. 특히, 서구 자본주의가 만들어 낸 도덕적 타락과 인간성 상실로 인한 비윤리성, 환경오염으로 인한 생태학적 위기 등이 서구 문화와 그 근간을 이루는 서구 사상을 되돌아보게 했다. 그리고 그 토대 위에 근대 이후 서구의 주도권에 압박당하고 있던 동양의 여러 나라들이 국가 간의 냉혹한 경쟁 속에서 자신의 정체성을 확립하기 위하여 고유문화와 사상에 주목하여 시작한 것이 또 다른 원인이 되었다.

사실 서양인만이 아니라 우리 자신까지도 동양의 문화와 사상이 비과학적, 비합리적, 비현실적이라고 무작정 덮어 두고 생각했던 사실은 매우 부끄러운 일이다. 동양이 추구한 이상적 인간형인 성인(聖人)이나 그 성인이 추구하는 도(道)는 결코 주관적이거나 신비한 것이 아니라 아주 현실적인 것이었다. 물론 동양철학이 신비적이고 주관적인 탐구 방법을 전혀 추구하지 않은 것은 아니다. 하지만 그런 요소는 서양철학에서도 볼 수 있었다. 따라서 동양에 대한 오해는 문화적 차이를 잘못 이해했다는 것에서 온 것이다.

예를 들어 달력을 보면 우리의 전통력은 태음태양력이다. 태음은 달을 뜻하고 태양은 해를 뜻하는데 특히, 전통력의 '24절기'는 태양의 움직임을 알 수 있도록 한 것이기에 농사짓는 일에는 아주 정확하게 들어맞았다. 이런 점에서 보면 전통력이 양력에 밀려난 것은 과학성의 부족이 아니라 문화적인 차이가 그 근본 이유라 할 수 있다. 현재의 양력보다 더 정확한 '세계력'이 1954년 유엔에 상정되었지만 강대국들의 종교적 전통 때문에 채택되지 못하였다는 사실은 이러한 현실을 잘 보여 주는 한 예이다.

생각 쓰기

계로가 귀신 섬기는 것에 대해서 묻자 공자께서 말씀하셨다.

"사람을 섬길 수 없다면 어떻게 귀신을 섬길 수 있겠는가?"

다시 죽음에 대해서 묻자, "삶을 알지 못한다면 어떻게 죽음에 대해서 알겠는가?"

공자께서 말씀하셨다.

"사람이 도를 넓힐 수 있는 것이지 도가 사람을 넓힐 수 있는 것이 아니다."

생각 쓰기

공자께서 말씀하셨다.

"군자는 의(義)에 밝고 소인은 이(利)에 밝다."

위나라 임금의 초청을 받은 공자가 제자들과 더불어 위나라를 향해 가고 있을 때, 자로가 공자에게 물었습니다

"위나라 임금이 선생님을 모시고 정치를 해 보려 하는데, 선생님께서는 어떤 일을 먼저 하시겠습니까?"

"명분을 바로잡겠다."

"선생님은 사정에 너무 어두우십니다. 어째서 명분 같은 것부터 바로잡으려고 하십니까?"

"거칠구나, 자로여. 군자는 자기가 알지 못하는 일에는 함부로 나서는 것이 아니다. 명분이 바르지 못하면 말이 순할 수 없고, 말이 순하지 못하면 일이 이루어질 수 없고, 일이 이루어지지 못하면 문화가 일어나지 못하고, 문화가 일어나지 못하면 형벌이 적절할 수 없고, 형벌이 적절하지 않으면 백성들이 손발을 둘 데가 없다."

생각 쓰기

1 맹자의 사상

맹자의 사상은 성선설이 기초가 되는 인의설(仁義說)과 이에 입각한 왕도 정치론으로 나뉜다. 공자의 인(仁) 사상은 육친(六親) 사이에서 생기는 자연스러운 친애의 정을 널리 사회에 전파하려 한 것이다. 이 경우, 소원한 쪽보다 친근한 쪽으로 정이 더 간다는 것이 당연하다는 것은 가족제에 입각한 차별애이기 때문이다.

맹자는 이를 근본으로 받아들이는 한편 인애의 덕을 주장하고, 한편으로는 그 인애의 실천에 있어 현실적 차별상에 따라 적합한 태도를 결정하는 의의 덕을 주장하였다.

'인은 사람의 마음이요, 의는 사람의 길' 로, 의는 인의 실천에서 준거할 덕이며, 유교 사상은 이로부터 도덕 사상으로서의 엄격함을 가지게 되었다. 성선설은 그러한 인심(仁心)이 누구에게나 갖추어져 있다고 강조하였다.

인간의 본성으로서는 악에 이르는 욕망도 사실 존재하나 맹자는 그 사실을 인정하면서도 도덕적 요청으로서의 본성이 선한 것이라고 주장하고 그렇게 함으로써 모든 사람의 도덕에 대한 의욕을 조장하려 하였다. 따라서 사람으로서의 수양은 '욕심을 적게' 하여 본래의 그 선성(善性)을 길러 내는 일이다.

왕도 정치는 그러한 인심에 입각한 정치로 군주는 민중에 대한 사랑을 바탕으로 정치를 해야 하며 경제적으로 넉넉하게 한 다음에 도덕교육을 해야 한다고 주장하였다. 또한 불인(不仁)한 군주는 쫓아내어야 한다는 주장도 하였다. 그러니 당시의 제후가 맹자를 받아들이지 않은 것도 무리가 아니었다.

유교는 맹자에 의하여 비로소 도덕학으로서 확립되었을 뿐 아니라 정치론으로서 정비되었다. 그 후 유교의 정통 사상으로 계승되어 유교를 '공맹지교'라고 부를 정도로 중요시 되었다.

2 순자(荀子, BC 298?~BC 238?)

중국 전국시대 말기의 사상가로서 이름은 황(況)이다. 50세 무렵, 제나라에서 유학을 하고, 진나라와 조나라에서 유세(遊說)하였다. 제나라의 왕건 때 다시 제나라로 돌아가 직하의 학사 중 최장로로 존경받았다고 전해진다. 순자는 예의로써 사람의 성질을 교정할 것을 주장하며 맹자의 성선설에 대하여 성악설을 제창하는 등 그의 저서에는 《순자》가 있다.

3 공자의 영향

공자는 많은 제자들을 교육하여 인의 실현을 가르치며 자기 자신 또한 그 수양에 힘써, '종심소욕불유구(從心所欲不踰矩)'라고 마음속에 품고 여러 가지 생각을 말할 정도의 인격에 도달했기 때문에, 생전에도 커다란 영향력을 지니고 있었다. 사후에는 제자들이 각지로 그 가르침을 전파하였으나, 제자백가가 일어남으로써 교육 세력이 약해졌다. 이를 다시 일으킨 사람이 맹자였으며, 또 전국 말기에 순자

가 다른 세력의 사상도 받아들여 집대성하였다. 그 후 한(漢)나라의 무제가 유교를
국교로 택함으로써 공자의 지위는 부동이 되었으며, 각 시대의 유교 내용에 큰 변
화가 있었음에도 불구하고, 공자 자체는 이 가르침의 비조(鼻祖)로 청조 말까지 계
속 존경받았다. 그러나 민국혁명(1912) 이후 오우와 노신은 공자를 중국의 봉건적
누습(陋習)의 근원이라고 비난하였다. 이 같은 논법은 인민 중국에도 계승되어 '비
림비공운동'(1973)에서 절정에 이르다 4인방 실각 후 진정되었다.

4 거경궁리(居敬窮理)

주자학에서 주창하는 학문 수양의 기본 방법으로 거경과 궁리를 말한다.《근사
록》에서는 '수양은 모름지기 경으로 하여야 하고 진학은 지식을 이루는 것에 달려
있다' 고 하였다. 거경의 경이란, 경을 두고 정신을 집중하여 외물에 마음을 두지
않는다는 정신으로, 마음을 한군데에 집중하여 잡념을 버리는 것을 말한다. 그러
나 그렇게 하는 것은 내면적인 집중만이 아니고 외면적으로도 엄숙한 태도를 지녀
야 한다.

정호도 '경으로써 안을 바로잡고 의로써 밖을 바르게 한다' 라고《근사록》 권4
에서 강조하고 있다. 주희는 2정자를 계승하여 그 구체적인 방법으로 정좌를 권
한다.

궁리란, 이른바 격물치지이며, 그 방법으로는 박학, 심문, 신사, 명변, 독행을 들
었다. 거경과 궁리는 사람의 두 발과 같이 함께 있어야 비로소 인(仁)을 실현할 수
있다 하였다.

유가 사상의 본질은 다음과 같다.

첫째, 인본주의 정신을 기본으로 한다. 유가는 인간의 본성을 좋은 것(善)으로 보고 그 선을 계발하는 이론을 정립하였다. 성악설을 주장한 순자도 선인(善人)이 목표였고, 그 목표를 성립하기 위해 인위적인 능력을 인정하며 궁극적으로는 인본주의를 향해 갔다. 이처럼 인간에 대한 근본적인 신뢰와 인간 중심 사상은 유가의 근본 바탕이다.

둘째, 천인합일의 일원적 사유를 기본으로 하며, 천인합일은 우주와 인간의 원리를 하나로 보고 이 둘을 유기적 전체로 이해하는 것이다. 이것을 잘못 이해하면 인간 중심적인 가치 원리를 존재의 세계로까지 확대시키는 것으로 볼 수 있으나 유가의 기본 입장은 우주에서의 인간의 위치와 역할을 생각하는 것이라는 점을 잊어서는 안 된다. 여기에서 유가는 나와 타인, 인간과 세상의 모든 사물, 인간과 우주를 언제나 조화적인 발전 단계로 보는 존재의 이해를 기본 방식으로 형성하였다.

셋째, 모든 문화 현상을 실천적으로 다루는 실천철학의 성격을 보인다. 유가 사상은 문화철학, 정치철학으로 여겨질 만큼 서양철학과는 달리 문화의 여러 가지 문제에 대해 실천적 관심을 보였다. 이것은 문화가 인간의 산물이며 유가는 인간의 여러 가지 문제에 관심을 갖고 관계 중심으로 생각하는 특성에서 비롯된다는 것이다.

넷째, 유가는 전통의 계승과 새로운 창조를 조화 있게 이룩해 간 철학이다. 공자가 일찍이 온고지신을 말한 것에서 알 수 있듯이 그들은 역사나 문화의 전개가 극복적 혁명 방식으로 이루어진다고 보지 않고, 언제나 인습과 창조의 조화 속에 이루어진다고 보았다. 이것은 인간이 추구하는 것은 유행이 아니라 진리의 세계요, 그 실천에 있으며, 이 진리의 체득과 실천은 물리적 시간의 제한을 받지 않는다는 기본 입장을 반영하는 것이기도 하다. 즉 과거의 진리를 천명하고 실천한 철인과 시대가 있었다면 그것은 언제나 계승되어야 한다는 진리에 대한 사랑을 뜻할 수도 있다.

철학자가 들려주는 철학이야기 010

정약용이 들려주는 경학 이야기

저자_**박민수**

연세대학교 독문과를 졸업하고 동 대학원에서 석사 학위를 받았다. 지금은 독일 베를린 자유대학에서 '근대 미학에서 미적 가상의 개념' 이란 주제로 박사 논문을 준비하고 있다. 전문 번역가로도 일하고 있으며, 그동안 번역한 책으로는 《우리의 포스트모던적 모던》, 《데리다-니체, 니체-데리다》, 《신의 독약》, 《책벌레》, 《크라바트》 등이 있다.

01강 인간의 본성

case 1 정약용은 인간의 품성을 '성기호론'으로 설명한다. 다음 제시문을 읽고, '성기호론'의 내용을 서술하시오.

"들어 보아라. 인간의 성품이 비록 천부적으로 주어졌다 하더라도 고정적으로 정해진 것은 아니란다. 말하자면 인간의 도덕성은 정해진 상태로 주어지는 것이 아니다. 인간의 본성에는 기호만 있다. 자신의 마음이 끌려서 좋아하게 되는 것을 '기호'라고 하는데, 인간의 본성에는 이 기호의 성향만 있다는 것이지. 우리가 커피나 차 등을 '기호 식품'이라고 말할 때 바로 그 기호란다."

"그러니까 미나는 원래부터 착하지도 나쁘지도 않다는 뜻이네요? 그저 자신이 끌려 좋아하는 기호가 있을 뿐이고."

"그렇지."

나는 더 자세히 알고 싶어졌다.

"기호란 것에 대해 더 자세히 알려 주세요!"

"하하, 그래. 기호란 다른 말로 경향성인데, 인간에게는 두 가지 기호가 있단다. 하나는 영지(靈知)의 기호, 즉 품성이나 지성으로 즐기며 좋아하는 것이고, 다른 하나는 형구(形軀)의 기호, 즉 육체적 또는 감각적으로 즐기며 좋아하는 것이다. 영지의 기호란 우리가 선을 즐거워하고 악을 미워하며, 덕행을 좋아하고 더러움을 부끄럽게 여기는 마음이다. 이것이야말로 우리 인간이 가지고 있는 본성이며 도의의 성품이라고도 한다. 형구의 기호란 우리 눈이 좋은 빛깔을 좋아하고, 입이 맛있는 요리를 즐겨하며, 따뜻하게 입고 배부르게 먹는 것을 좋아하는 것 등을 말한다. 이것은 인간뿐 아니라 동물도 가지고 있는 성품이지. 이것을 기질의 성품이라 한단다. 인간은 도의의 성품과 기질의 성품 중 어떤 성품을 가지고 있을까?"

"음, 두 가지 성품 모두 가지고 있는 것 아니에요?"

"그래, 맞다. 인간은 도의와 기질의 성품을 동시에 가지고 있는 존재이다. 그러나 동물은 단지 기질의 성품만 가지고 있지. 그러니까 인간은 동물과 구별되는 것이야. 만약 인간에게서 도의의 성품을 없애 버리면 인간은 동물과 다름없어지겠지? 그러나 기질의 성품 때문에 곧 나쁜 사람이 되는 것은 아니야. 사람이 나쁘게 되는 것은 기질의 성품 때문이 아니고 '자신의 행동을 스스로 결정할 권리인 자주지권' 이 있는데 그 권리를 어떻게 사용하느냐에 따라 착하게도 되고 나쁘게도 되지."

"그러니까 미나가 착하거나 착하지 않는 것은 미나의 타고난 성품이 아니라 전적으로 미나의 마음에 달렸다 그런 말씀인가요?"

"그렇단다."

– 《정약용이 들려주는 경학 이야기》 중에서

생각 쓰기

㉮ "사람의 본성이 선한지 악한지를 가리는 것은 동양철학에서 아주 오래된 주제였습니다. 유학자들은 맹자의 주장처럼 사람의 본성이 모두 선하다고 보았습니다. 성리학에서도 사람의 선한 본성이 날 때부터 정해져 있으며 불변하는 것이라고 봅니다. 그것이 저 유명한 '사람의 본성이 바로 하늘의 이치'라는 '성즉리(性卽理)'의 명제입니다. 다산 이전까지 대다수의 유학자들은 그렇게 믿고 있었습니다. 그러나 다산은 성즉리를 부정하고 인간의 본성은 무엇을 좋아하는 기호(嗜好)에 불과하다고 합니다."

– 《정약용이 들려주는 경학 이야기》 중에서

㉯ 실학자로서의 다산은 경학적 태도로 성리학을 비판하는 입장에 섰습니다. 그것을 다른 말로 말하면 현실 사회에 대한 개혁을 위한 철학적 작업이라고 말할 수 있습니다. 성리학의 절대성을 비판한다는 것은 당시 주도적인 신분 관계나 제도도 바뀔 수 있다는 점을 내포하고 있습니다.

– 《정약용이 들려주는 경학 이야기》 중에서

㉰ "그런데 여기서 중요한 점은 바로 인간은 기본적으로 평등하게 태어난다는 점

이다.”

“그거야 당연한 거 아닌가요? 인간은 평등해요!”

아저씨는 그러나 고개를 가로저으며 말씀하셨다.

“1800년의 조선 시대에는 그렇지 않았단다. 백성들은 자신의 아버지가 양반이면 자식도 양반으로 태어나고, 아버지가 천민이면 자식도 천민이 될 수밖에 없었다. 21세기의 대한민국은 신분제도가 없니?”

“네! 그런 건 없어요! 모든 국민들은 평등해요. 대통령이나 정치인도 국민들이 직접 뽑고요.”

내 말을 들은 아저씨는 놀랍다는 듯이 눈을 깜박였다.

“정말 세상이 좋아졌구나! 내가 원하던 것이 모두 이루어진 세상인가 보구나. 나는 내가 살던 시대에 사람들이 흔히 생각하듯, 왕은 하늘의 명령을 받아서 되는 것이라고만은 생각하지 않았어. 그리고 나는 한때 백성들이 직접 대표를 선출하는 민주 정치를 생각해 본 적도 있지. 또한 왕이 백성들의 뜻에 거스르는 행동을 하면 마땅히 교체될 수 있어야 한다고 생각하기도 했어. 그러나 꽉 막힌 1800년의 조선에서 내 주장은 전혀 실현 가능성이 없었다. 앞으로 나에게 21세기의 대한민국의 모습에 대해 더 자세히 이야기해 주겠니?”

“당연하죠!”

– 《정약용이 들려주는 경학 이야기》 중에서

생각 쓰기

1 경향성

경향성은 인간의 생각이나 감정이 어떤 방향으로 쏠리는 성향을 말한다.

2 영지(靈知)

영지란 신령스러운 지혜나 슬기를 일컫는다.

3 형구(形軀)

형구는 생명체의 몸, 몸집을 말한다.

02강 백성의 권리와 의무

case 1 다음 제시문을 읽고 정약용은 백성의 권리이자 의무를 무엇이라고 생각했는지 설명하시오.

㉮ 내가 곡산 고을의 부사로 부임하기 전에 곡산 고을에 큰 사건이 발생했단다. 조선에서는 군대를 가지 않는 대신 베를 세금으로 내야 했는데, 상황에 따라서는 그것을 돈으로 내기도 했지. 그런데 이백 냥을 걷어야 할 것을 아전들이 터무니없이 과도하게 구백 냥을 거두어서 백성들의 원성이 자자했던 거야. 결국 고을 백성 천여 명은 관아로 몰려가서 '곡산 부사는 물러가라!' 외치면 시위를 했지. 시위를 한 백성들의 우두머리는 바로 이계심이라는 자였단다. 이계심은 곡산 부사의 권위에도 굽히지 않고 백성들을 대변해 당당히 자신의 주장을 펼쳤단다. 관아에서 체포하려 들자 백성들이 항의를 하며 몸으로 막아 주었다. 결국 이계심은 도망을 쳤고 관아에서는 그를 잡으려고 수사망을 좁혔으나 끝내 잡히지 않았다.

그리고 나서 내가 곡산 고을에 부사로 부임한 것이다. 나에게는 이 사건을 처리할 임무가 주어졌고, 고위층의 누군가는 나에게 시위의 주동자를 잡아서 죽이라고 명령했단다.

곡산으로 부임하는 나의 행차가 비로소 곡산 경내로 들어섰을 때, 나는 길가에 엎

드려 있는 한 백성을 보게 되었다. 그가 바로 이계심이었어. 이계심은 백성을 병들게 하는 열두 가지 조항을 적은 글을 나에게 보여 주었다. 아전들은 이계심을 끌고 가겠다고 했으나 나는 그러지 못하게 했다. 제 발로 찾아온 사람이 도망을 치겠느냐는 생각에서였지.

그리고 나는 따로 이계심을 관아로 불러 벌을 내리기는커녕 격려를 하고 그가 무죄임을 입증해 주었다. 나는 그에게 말했지.

"수령이 현명하지 못한 이유는 백성들이 몸을 사려 수령에게 대들지 않기 때문이다. 형벌이나 죽음을 두려워하지 않고 백성들의 억울함을 풀어 주려 했으니 너와 같은 사람은 관아에서 마땅히 천 냥이라도 주고 사야 한다."

- 《정약용이 들려주는 경학 이야기》 중에서

나 기자 4: 그렇다면 국민들은 어떻게 행동해야 합니까?

다산: 억울한 일을 당하면 국민들은 스스로의 처지를 어쩔 수 없는 일이라며 숙명적으로만 받아들이지 말고 주체적으로 나서서 밝은 정치를 구현할 수 있는 한 가닥 실마리를 잡아야 합니다.

- 《정약용이 들려주는 경학 이야기》 중에서

생각 쓰기

그가 〈탕론〉이란 글에서 천자(왕)의 절대성까지 부정한 것은 바로 이러한 생각에 근거하고 있습니다.

"천자란 어떻게 해서 있게 된 것인가? 천자는 하늘에서 내려와 세운 것인가? 아니면 땅에서 솟아나 천자가 된 것인가? 다섯 집이 린(隣)이 되는데 다섯 집에서 장(長)으로 추대된 자가 인장(隣長)이 되고, 5린이 리(里)가 되는데 5린에서 추대된 자가 이장이 된다. 또 5비가 현(縣)이 되는데 5비에서 장으로 추대된 자가 현장이 되고, 여러 현장이 함께 추대한 자가 제후가 되며 제후가 함께 추대한 자가 천자가 되니, 천자란 것은 대중이 추대하여 된 것이다."

이 말은 대중의 뜻에 따라 천자도 바꿀 수 있다는 뜻이 됩니다.

〈원목〉이라는 글에서도 이와 비슷한 말을 했는데, '백성을 위해 통치자가 존재하는가? 통치자를 위해 백성이 존재하는가?' 라고 하였습니다.

– 《정약용이 들려주는 경학 이야기》 중에서

생각 쓰기

1 부사

부사는 조선시대 지방 장관직의 하나이다. 부사에는 대도호부사와 도호부사가 있었다. 대도호부사는 안동, 강릉, 안변, 영변 등 네 곳에 파견했고, 도호부사는 가구 수가 천 호 이상인 고을에 파견했다.

2 탕론

〈탕론〉은 정약용의 수많은 저작들 중 하나이다. 〈탕론〉에서 정약용은 신하였던 탕왕이 군주였던 걸왕을 몰아낸 행위가 과연 정당한가를 검토한다. 걸왕은 고대 중국 하나라의 마지막 임금으로 정사를 돌보지 않아 나라가 혼란에 빠졌다고 한다. 그러자 걸왕의 신하였던 탕왕이 여러 제후들과 논의하여 걸왕을 몰아내고 은 왕조의 시조가 되었다. 정약용은 이런 탕왕의 행위가 옳았는지에 대해서 분석한 후에, 걸을 축출한 탕의 행위는 정당하다는 결론을 내렸다.

3 원목

〈원목〉은 통치자론이라 할 수 있는 정약용의 저작이다. 원목에서는 '군주나 관리가 백성을 위해 존재하는가, 아니면 백성이 군주나 관리를 위해 존재하는가? 라는 문제를 제기하고는 이에 관해 분석한다. 그리고 마지막에 정약용은 군주나 관리가 백성을 위해 존재한다는 결론을 내리고 있다.

03강 개혁과 이상 사회

case 1 다음 제시문을 읽고, 조선 사회를 개혁하기 위해 정약용이 주장한 구체적 방안은 무엇이었는지 서술하시오.

　　다산 정약용이 주장한 사회사상의 중심에는 '개혁'이 자리 잡고 있었습니다. 그 가운데 가장 중요한 것은 제도의 개혁이고, 제도의 개혁 가운데서도 가장 시급한 것은 토지제도의 개혁이었습니다.

　　오늘날에도 땅 투기를 하여 가진 자는 더 많이 갖게 되고 없는 자는 가난을 극복하기 힘든 경향을 보이는데, 조선 시대 때도 마찬가지로 농민이 아닌 부자들이 대부분의 땅을 가졌기 때문에 개혁이 필요했던 것입니다.

　　토지제도의 개혁은 토지의 소유 관계를 바로 잡자는 것이었습니다. 정약용은 원칙적으로 토지를 농민이 소유해야 하며, 생산물은 직접 그 생산에 종사한 사람들의 것이어야 한다고 주장했습니다. 그래서 그가 생각해 낸 것이 '여전제(閭田制)'로의 개혁입니다. 그것은 모든 사람들이 땅을 공동으로 소유하고 공동으로 경작하여, 생산물을 노동에 참여한 날 수에 따라 공동으로 분배하자는 것이었습니다.

　　또한 정약용은 토지제도뿐만 아니라 세금 제도 등에 대해서도 개혁을 주장하였습니다. 그 외에 신분제도의 개혁과 지역적 차별, 적서의 차별, 당쟁으로 인해 인재가 적절한 곳에 등용되지 못함을 비판하고, 이에 대한 개혁까지도 강력히 주장하였습니다.

"그래. 그렇단다. 실학자들은 크게 농업을 중시한 학자들과 상공업을 중시한 학자들로 나눌 수 있지."

"그럼 아저씨는 어느 쪽이신가요?"

"하하, 나는 내가 실학자라고 말한 적 없는걸?"

"아저씨는 분명히 실학자이세요! 아저씨 같은 분이 백성들이 굶어 죽어가는 데도 모른 체하고 책상에 앉아 공부만 할 것 같진 않다고요! 또 지난번 경학에 대해 설명해 주실 때 벌써 눈치 챘어요!"

아저씨는 멋쩍어하시면서 대답하셨다.

"하하하, 들켰구나. 그래, 굳이 나누자면 나는 농업과 상공업을 아울러 중시했다고 할 수 있지. 특히 나는 공동 농장을 만들어 그곳에서 다 같이 일을 하면 어떨까 구상해 보았단다. 다 같이 일하고 똑같이 분배를 하는 거지. 또는 나라에서 토지를 농민들에게 분배해 주는 방법도 좋겠고."

생각 쓰기

　　주자학에 대한 거부는 이전의 조선 사회의 제도나 이념에 대하여 개혁이 필요함을 철학적으로 주장하는 셈이 됩니다.

　　그러면 이렇게 이전의 철학이나 학풍에 대항해서 새로운 경전 해석을 시도한 이유는 무엇일까요? 그것은 다름 아닌 중국의 전설적인 성군인 요·순 임금이나 주공·공자가 바랐던 세계가 바로 자신이 추구하는 것이라는 점입니다. 그와 같이 지금의 임금으로 하여금 이들과 같이 되게 하여 이상 세계를 건설하는 것이 바로 그가 추구하는 경학의 도착점입니다.

　　그런데 그가 요·순 시대의 정신을 회복한다고 해서 역사의 시계 바늘을 그 시대로 바꿀 수는 없는 것입니다. 실제로는 이전의 학문적 태도를 비판하고 새로운 학문에서 개혁을 시도하는 것이라 이해하면 되겠습니다. 마치 기독교에서 '예수의 본래 모습으로 되돌아가자' 라고 하는 것이 기독교 발전의 후퇴가 아니라 새로운 개혁을 위한 표어라는 것과 같은 맥락으로 이해하면 되겠습니다.

– 《정약용이 들려주는 경학 이야기》 중에서

주 요 개 념 및 배 경 지 식

1 사회사상

사회사상은 현실 사회를 분석하고 문제점을 비판하면서 바람직한 사회상을 제시하는 체계적 사상을 말한다.

2 적서 차별

적서 차별은 적자와 서자의 차별을 말한다. 조선 시대에는 양반 남자의 경우 정부인 외에 첩을 둘 수가 있었다. 이때 정부인에게서 낳은 자식과 그 자손을 적자라고 하고, 첩에게서 나온 자식과 그 자손은 서자라고 했다. 서자는 신분상으로는 양반에 속했지만 가정이나 사회에서 적자에 비해 많은 차별을 받았다.

3 요순

요순은 아주 오랜 옛날 중국의 임금이었던 요제와 순제를 가리키는 말이다. 두 임금 요제와 순제는 현명하게 나라를 통치해서 태평한 시대를 누렸다고 한다.

4 주공

주공은 기원전 11세기에 중국에서 주나라가 건설될 때 큰 공을 세운 사람이다.

주공은 주나라가 여러 차례 위기에 처했을 때 현명한 정략으로 주나라 왕실을 견고하게 지켰다. 주공은 후일 중국 역사에서 충신과 성인으로 추앙받게 되었다.

아비투어 철학 논술

예시 답안

case 1 정약용에 따르면, 인간의 품성은 날 때부터 선하지도 악하지도 않다. 인간의 본성은 처음부터 정해져 있지 않다는 뜻이다. 정약용은 사람의 본성이란 어떤 경향성, 즉 어떤 방향으로 쏠리는 힘이라고 말한다. 그는 이를 '기호'라고 불렀다. 기호란 그 자체로서는 선악의 구별을 갖지 않는 강한 힘일 뿐이다.

그런데 정약용에 의하면, 인간에게는 두 가지 기호가 있다. 그것은 영지의 기호와 형구의 기호이다. 여기서 영지란 지혜나 슬기를 말하며, 따라서 영지의 기호란 생각하는 능력을 뜻한다. 정약용은 이를 도의의 성품이라고도 부르는데, 서양철학의 용어로 이성이라 말할 수 있을 것이다. 그에 비해 형구란 몸을 말한다. 따라서 형구의 기호란 육체적인 기호, 육체적인 욕구를 뜻하며, 정약용은 이를 기질의 성품이라고도 부른다. 이는 서양철학의 용어로 이성에 대비되는 감성이라 말할 수 있을 것이다.

동물은 형구의 기호만을 가진 반면에, 인간에게는 형구의 기호와 영지의 기호가 있다. 그리고 이 점이 동물과 인간을 가르는 기준이 된다. 하지만 이때 주의해야 할 것은, 형구의 기호는 악의 근원이고 영지의 기호는 선의 근원이라고 생각해서는 안 된다는 점이다. 형구의 기호든 영지의 기호든 그 자체로서는 선하거나 악하지 않기 때문이다.

인간은 이 두 가지의 상호 작용 속에서 어떤 결정을 내리고 어떤 행동을 하는가에 따라 선하게도 되고 악하게도 된다. 즉 인간에게는 선택과 결정의 자유, 정약용의 말로는 자주지권이 있는데, 그런 자유에 의해 어떤 생각과 행동을 하느냐에 따라 나쁘게도 되고 좋게도 된다. 이것이 바로 정약용의 성기호론이다.

case 2 성리학에서는 인간의 본성이 날 때부터 선하다고 하였다. 여기에는 인간에 대한 존중의 의미가 내포되어 있다. 그러나 성리학은 바로 이런 점 때문에 현실을 미화하는 경향도 갖는다. 인간의 본성이 날 때부터 선한 것이라면, 인간이 이 세상에서 만들어 내는 모든 것 역시 근본적으로는 선하다고 할 수 있다. 그렇다면 현실의 정치적·사회적 제도 역시 근본적으로는 좋은 것이라 생각할 수 있으며, 그 모든 것을 '성즉리'의 원칙에 따른 하늘의 뜻이라고 여길 수도 있다. 그렇게 되면 양반과 평민의 차별을 비롯한 사회의 모든 불평등과 모순까지도 모두 좋은 것이라고 생각하며 하늘의 뜻이라고 정당화할 수도 있다.

조선의 지배 세력이 성리학을 강조한 데는 이와 같은 맥락의 이유도 있었을 것이다. 즉 지배 세력은 성리학 이념에 근거해서 제도적 현실의 정당성을 주장할 수 있었던 것이다.

정약용이 성리학에 반기를 들었다는 것은 그 자체로 큰 의미를 갖는다. 성리학의 절대성을 부인하고 경전 해석에 대해 새로운 가능성을 주장하는 것은 어떤 점에서는 기존 체제에 도전하는 의미를 갖고 있었던 것이다.

그리고 인간 품성에 대한 정약용의 새로운 견해는 이보다 더 적극적인 의미를 갖는다. 그 견해에 따르면, 선함이란 애초부터 인간의 품성에 주어진 게 아니라 오로지 인간이 그때그때 결정하고 행동하는 것에 의해 정해지는 것이다. 그렇다면 모든 인간, 가령 지배계급도 결정과 행위에 따라 악할 수 있고, 이들이 만든 제도 역시 불완전하며 경우에 따라 악하다는 뜻이 된다. 그리고 이렇게 되면 기존의 제도에 문제를 제기하고 변화를 촉구하는 것 역시 정당화된다. 요컨대 지배 계층을 거부할 권리가 생긴다는 것이다.

그리고 이러한 견해는 기본적으로 모든 인간이 평등하다는 주장을 함축한다. 성기호설에 의하면, 지배 계층이나 피지배 계층이나 결정과 행동에 따라서만 선악의 판정을 받아야 하기 때문이다.

주 제 탐 구 02 강   백성의 권리와 의무

case 1 위의 글에서 정약용은 자신의 경험을 토대로 하여 백성의 권리이자 의무가 무엇인지 이야기하고 있다. 정약용이 부사로 부임하기 전에 이 고을에서는 탐관오리들의 착취로 백성들이 궐기하는 사건이 있었다. 곡산 관아에서는 이 사건의 주동자인 이계심을 잡으려 했으나, 이계심은 다른 백성들의 도움으로 도주했다.

그 후 정약용이 곡산 부사로 부임할 때 이계심은 백성을 병들게 하는 열두 가지 조항이 적힌 글을 갖고서 자수했다. 정약용은 그를 관아로 불러 격려하고 무죄임을 입증해 주었다. 정약용은 그에게 백성을 수탈하는 수령에게는 두려움을 이기고 저항하는 것이 백성의 권리이자 의무라고 말했다. 그것이 의무이기도 한 것은 그런 저항이 있어야 나라의 문제점이 개선될 수 있기 때문이다. 국민들이 결코 억울한 일에 대해 체념하지 말고 분명한 의사 표현을 하면서 저항해야 나라의 정치도 개선될 수 있다는 것이 정약용의 생각이었다.

 〈탕론〉이란 글에서 정약용은 천자(天子)는 사실 '하늘의 아들' 이 아니라고 말한다. 그렇다고 해서 땅에서 솟듯 어디선가 불쑥 튀어나온 존재도 아니다. 그렇다면 천자 또는 왕은 어떻게 해서 생겨난 것인가?

정약용은 왕이란 백성들이 필요에 의해 선출한 존재일 뿐이라고 말한다. 즉 작은 단위의 사람들이 일종의 대표를 선출하고, 그 대표들의 대표가 선출되고, 또 그 대표가 선출되는 방식으로 생겨난 존재가 왕이라는 것이다. 〈원목〉이란 글에서도 정약용은 백성을 위해 통치자가 존재하는 것이지 통치자를 위해 백성이 존재하는 것은 아니라고 주장했다. 이러한 논리에 따르면, 왕이란 백성의 필요에 의해 언제라도 바꿀 수 있는 존재이다.

주 제 탐 구 **03**강 개혁과 이상 사회

 정약용은 사상이나 풍습 같은 것보다 현실의 여러 가지 제도가 개혁되어야 한다고 생각했다. 그리고 제도 중에서도 백성의 먹고사는 문제와 직결된 토지제도가 바뀌어야 한다고 보았다. 토지제도란 토지를 누가 소유하느냐의 문제였다. 정약용은 토지를 가지고 부를 얻는 자와 토지에서 일을 하는 자가 일치하지 않는 것이 문제라 생각하고, 일을 하는 자가 토지를 가져야 한다고 주장했다. 이런 생각에서 그가 구상한 것이 '여전제' 라는 제도였다. 이는 토지에서 일하는 백성들이 일정 지역별로 토지를 공동 소유하게 하고 거기서 공동 노동과 평등 분배를 실시하자는 복안이었다. 또 정약용은 백성을 쥐어짜는 세금 제도 역시 시급히 개선되어야 한다고 보았다. 그 밖의 평등 원칙에 어긋나는 신분제도와 적서 차별, 지역 차별 등이 폐지되어야 한다고 보았다. 더불어 정약용은 상공업을 발전시켜 국가 경제를 활성화해야 한다고 생각했다.

case 2 정약용의 주자학 비판은 조선 사회의 제도와 이념에 대한 거부의 표현이었다. 그리고 기존 제도와 이념을 거부한다는 것은 곧 개혁을 원한다는 의사 표현이었다.

학문적인 입장에서 정약용은 주자학, 즉 유가 사상에 대한 주자의 해석 대신 독자적인 경전 해석을 시도했다. 그리고 이런 경학에 의해 유가 사상의 본래적 핵심에 도달할 수 있으리라고 믿었다. 그 본래적 핵심이란 전설적인 태평성대, 즉 요순시대라는 이상적 사회이거나 이상적 사회를 추구했던 공자의 이념이었다.

경전에 대한 나름의 철저한 해석, 즉 경학에 의해서 과거 어느 시대가 이상적이었다는 사실, 그리고 그런 이상적인 사회를 다시 추구하는 사람이 최고의 현자였다는 사실이 확인된다면, 현재 사회를 비판하고 개혁하는 데서 정당성을 얻는다. 그런 확인에 의해 우리는 사회가 언제나 지금과 같아야 하는 것은 아니라고 인식할 수 있다. 인간의 역사 속에는 지금보다 훨씬 더 나은 사회가 있었으니 앞으로도 그런 사회가 없으리라고는 말할 수 없다. 즉 그런 사회에 대한 희망이 결코 망상에 불과한 것은 아니라는 것이다. 또 최고의 현자가 추구했던 이상에 우리는 얼마나 멀리 있는지도 확인할 수 있다. 그리고 우리가 현자에게서 본받아야 할 점은 이상적 사회를 실현하려 애썼던 그 모습일 수도 있다.

논술 답안 쓰기

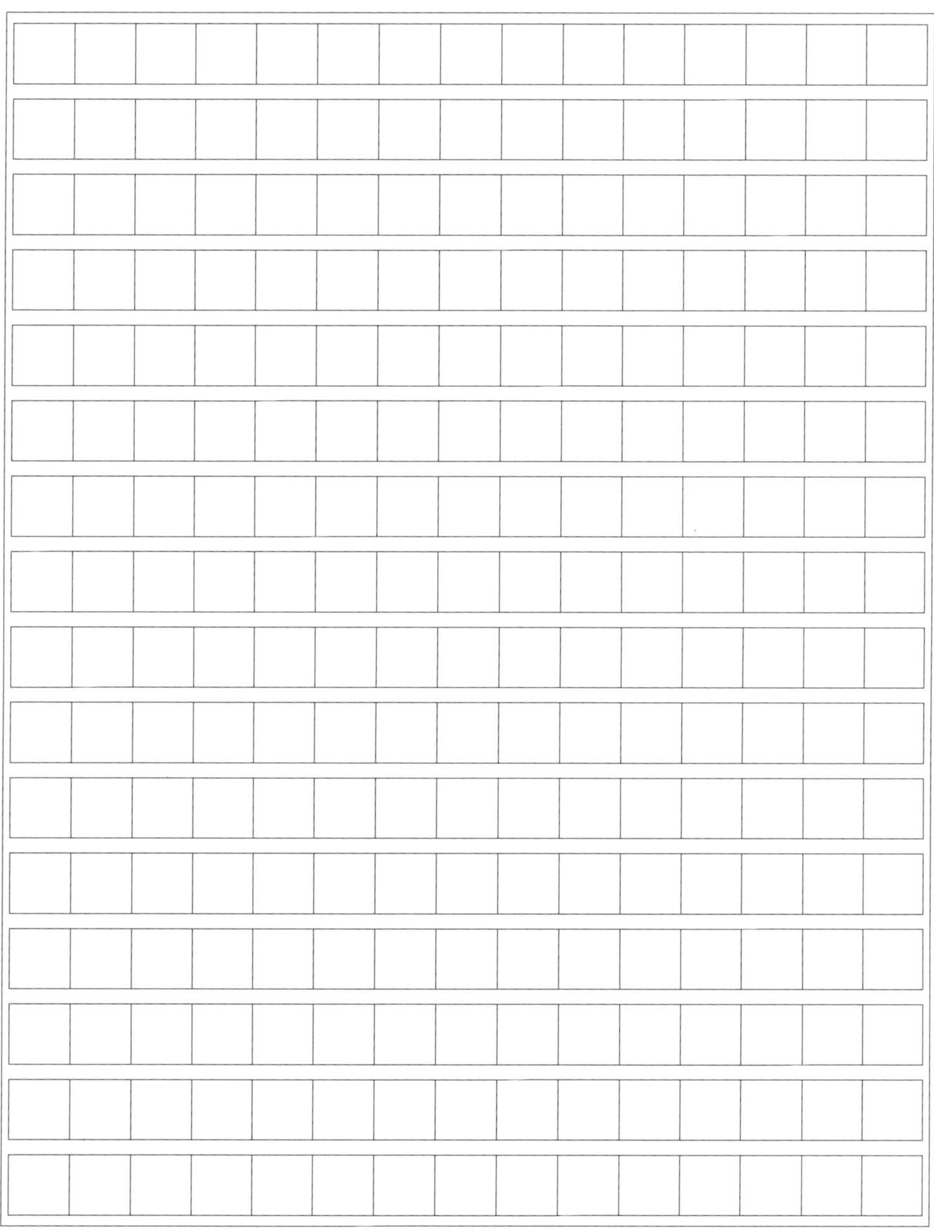